2020年江苏省高校思政课教育教学改革创新示范点项目；"'金课'引领助推思政课改革"阶段性成果；2020年常州工程职业技术学院专业带头人项目资助；2018年常州工程职业技术学院科技创新团队"习近平新时代中国特色社会主义思想研究"（编号：1130800218002）阶段性成果

马克思唯物史观视域中的工厂观探析

谢存旭　徐爱玲　邹丽琼　著

东北大学出版社

·沈　阳·

ⓒ 谢存旭　徐爱玲　邹丽琼　2020

图书在版编目（CIP）数据

马克思唯物史观视域中的工厂观探析 / 谢存旭，徐爱玲，邹丽琼著. — 沈阳：东北大学出版社，2020.11
ISBN 978-7-5517-2555-2

Ⅰ.①马… Ⅱ.①谢… ②徐… ③邹… Ⅲ.①历史唯物主义—研究 Ⅳ.① B03

中国版本图书馆 CIP 数据核字（2020）第 222130 号

出　版　者：东北大学出版社
　　　　　　地址：沈阳市和平区文化路三号巷 11 号
　　　　　　邮编：110819
　　　　　　电话：024-83687331（市场部）　83680267（社务部）
　　　　　　传真：024-83680180（市场部）　83687332（社务部）
　　　　　　网址：http：//www.neupress.com
　　　　　　E-mail:neuph@ neupress.com
印　刷　者：沈阳市第二市政建设工程公司印刷
发　行　者：东北大学出版社
幅面尺寸：170 mm × 240 mm
印　　张：13.5
字　　数：242 千字
出版时间：2020 年 11 月第 1 版
印刷时间：2020 年 11 月第 1 次印刷
策划编辑：张　媛
责任编辑：孙　锋
责任校对：孙德海
封面设计：潘正一

ISBN 978-7-5517-2555-2　　　　　　　　　　　　定　价：48.00 元

前　言

唯物史观的建立不仅使马克思和恩格斯实现了哲学领域中的伟大变革，而且为他们创立马克思主义理论体系奠定了坚实的历史观和世界观基础。唯物史观不仅在实践中诞生，而且在实践中得到检验。马克思所处的19世纪正是资本主义工业革命风起云涌的时代，工厂作为当时最先进生产力的典型形式，是资本主义生产方式的产物。马克思正是通过对资本主义工厂形成历程的考察，揭示了资本主义的起源及其生产秘密。

囿于时代与历史实践，马克思工厂观思想散见于其著作中。它萌芽于《1844年经济学哲学手稿》，发展于《德意志意识形态》，成熟于《资本论》，历经了行会手工业、工场手工业及机器大工业发展时期。马克思工厂观作为马克思唯物史观建构过程中的必然理论环节，不仅确证、丰富和发展了唯物史观，而且对于我们正确认识当代资本主义工厂仍然具有重要的现实意义。

本书主要从以下三个方面来探讨马克思工厂观：

第一，全面考察了马克思工厂观的思想来源。在《1844年经济学哲学手稿》中，马克思通过对异化劳动的分析，揭示了异化劳动是私有财产的根源，然而，马克思遇到了两个理论困境：私有财产的本质来历以及异化劳动发生的根源。于是，马克思在《德意志意识形态》中，选择了分工来破解其理论难题。分工的不同阶段，也是所有制的不同形式，即分工导致所有制关系经历了一个由"部落所有制"到"工业资本"现代所有制的演进历程。最后,马克思在《资本论》中,通过对分工协作的发展、雇佣劳动及剩余价值理论的阐释,全面揭示了工厂观思想。

第二,系统阐述了马克思工厂观的基本内容。本书从行会手工业、工场手工业、机器大工业三个方面阐述了马克思工厂观的基本内容。首先,伴随着分工的不断发展,在城市中慢慢形成了行会手工业。行会的基本职能就是协调本行业成员之间的关系,以及在涉及本行业的利益冲突中保护行会成员的利益不被他人所侵害。在行会手工业制度形成之后,师傅、帮工、学徒之间的地位开始固化,成员之间有着严格的身份差异,从而构成了行会内部的等级制度。随着行会内部民主精神的坍塌、内部关系的失衡、行会章程的阻碍、包买商的出现、宗教改革的影响等因素,行会手工业开始逐渐解体与转型。其次,纺织业由于本身的特性,摆脱了行会手工业的束缚,出现了最早的工场手工业。在工场手工业中,随着劳动工具的专门化和分工的固定化,商业资本逐渐取代等级资本,越来越多的工人受同一资本指挥,劳动者开始成为局部工人。工场手工业以牺牲工人来加强资本的增殖,具有了资本主义的性质。最后,工业革命的爆发促成了机器大工业的建立。随着劳动资料从工具演变为工作机、工作机随着机械动力的采用发展为机器体系分工协作,工厂制度得以产生。工厂制度普遍建立之后,一方面,使生产力得到了迅猛发展,导致工场手工业、手工业、家庭劳动、农业的巨大变革,促进了工业资本的确立及整个资本主义生产方式的建立;另一方面,扩大了工人被剥削的范围,提高了工人被剥削的程度,使工人得到"畸形"发展。

第三,立足于马克思工厂观,彰显马克思工厂观的唯物主义性质。把马克思工厂观作为唯物史观建构过程中的必然理论环节,对于丰富和发展唯物史观并确证其科学性,正确认识当代资本主义工厂的新变化仍然具有重要的理论和现实意义。首先,马克思对资本主义工厂的分析是《资本论》研究的必要环节,同时也是唯物史观创制过程的一个关键性环节。如果没有对资本主义工厂的分析,马克思就不能发现剩余价值理论,也就无法构建起《资本论》这一宏伟巨著。如果没有对工厂的产生与发展历程的探析，马克思就不可能全面理解资本主义，就不能揭示出资本主义经济运行的一般规律。马克思工厂观确证、丰富和发展了唯物史观。其次，当代资本主义的工厂已经发生了深刻变化，如科技的变化、生产组织形式的变化、经营权与管理权的分离及"中产阶级"的出现等，都给马克思工厂观提出了巨大挑战。但是，马克思工厂观所坚持的基本理论和立场依然没有改变。在当代资本主义工厂中，工人仍然被当作机器，从事着异化劳动，他们依然是被资本剥削的对象，依然是"单向度"的人。

本书可以为学者及相关专业的大学生或研究生更深层地认识和把握马克思工厂观提供参考。

本书的研究和撰写得到了多位专家的指导和同行的帮助。在此，我要特别感谢我的导师上海财经大学卜祥记教授长期以来对我的精心指导、帮助与鼓励。没有导师的严格要求与耳提面命，我对马克思工厂观研究的兴趣不可能建立。感谢上海财经大学鲁品越教授、张雄教授、范宝舟教授、郝云教授给予的指导和帮助，感谢上海财经大学邹丽琼博士和何华征博士给予的支持和帮助，感谢东北大学出版社编辑对本书的修改和完善提出宝贵建议。本书在撰写过程中借鉴了许多专家的研究成果，引用了国内外多方面的资料，恕不一一备注，在此表示衷心的感谢。

尽管我做出了很大的努力，但由于本人水平有限，研究和探索还不够深入，本书中难免存在错误和不足，敬请专家和读者批评指正。

谢存旭

2020 年 8 月

目 录

第一章 导　论 ·· 1

第二章 马克思工厂观的形成历程 ·· 16
 第一节 马克思工厂观提出的理论前提 ·· 16
 第二节 唯物史观的草创与工厂的初步历史叙事 ································ 23
 第三节 《资本论》研究的全面展开与工厂秘密的昭示 ······················ 30

第三章 作为资本主义工厂前身的封建行会手工业 ······························· 41
 第一节 封建行会手工业的来历 ·· 41
 第二节 封建行会手工业的劳动性质及其组织形式 ···························· 50
 第三节 封建行会手工业的解体与转型 ··· 62

第四章 工厂的雏形：资本主义性质的工场手工业 ······························· 70
 第一节 工场手工业的生成机制 ·· 70
 第二节 工场手工业的形成路径 ·· 78

第三节　工场手工业的生产组织形式 …………………… 84
　　第四节　工场手工业的资本主义性质 …………………… 92

第五章　工厂的现代形式：资本主义的机器大工业 ……… 102
　　第一节　机器大工业的产生 ……………………………… 102
　　第二节　机器大工业的生产组织形式 …………………… 112
　　第三节　机器大工业的社会后果 ………………………… 120

第六章　马克思工厂观在唯物史观构建中的作用 ………… 134
　　第一节　唯物史观创制过程的关键性环节 ……………… 134
　　第二节　《资本论》的必要理论环节 …………………… 144

第七章　马克思工厂观的当代意义 ………………………… 151
　　第一节　当代资本主义工厂的新变化 …………………… 151
　　第二节　工厂观对当下现代性批判的现实意义 ………… 167
　　第三节　传统工厂观面临的理论挑战 …………………… 176

第八章　结　语 ……………………………………………… 196

参考文献 ……………………………………………………… 198

第一章 导 论

一、本书研究缘由与理论实践意义

（一）研究缘由

马克思主义哲学的创建是人类哲学史上的一次伟大变革，而马克思主义哲学之所以能够引起这次巨大变革的关键在于，马克思发现了唯物史观和剩余价值学说，从而使得社会主义从空想变为科学。马克思唯物史观的创立是马克思非凡智慧的结晶，也是历史发展的必然产物。唯物史观的发现不仅使马克思和恩格斯实现了哲学领域中的伟大变革，而且为他们创立马克思主义理论体系奠定了坚实的历史观和世界观基础。恩格斯指出，唯物史观的发现，"不仅对于经济学，而且对于一切历史科学（凡不是自然科学的科学都是历史科学）都是一个具有革命意义的发现。"① 唯物史观的创立开创了社会科学发展的新纪元，极大地促进了历史本身及历史科学的发展。

唯物史观不仅在实践中诞生，而且在实践中得到检验。马克思所处的19世纪正是资本主义工业革命风起云涌的时代，工厂作为当时最先进生产力的典型形式，是资本主义生产方式的产物。马克思正是通过对资本主义生产方式起源的探寻，特别是通过对工厂产生的历史，即通过对行会手工业、工场手工业、机器大工业及工厂制度的确立的探寻来阐述资本主义产生的历史及生产的秘密，从而厘清了人类历史发展的规律，有力地验证、丰富与发展了唯物史观。但是在学界，马克思工厂观及这一思想对马克思唯物史观形成的影响并没

---

① 马克思、恩格斯：《马克思恩格斯文集》第2卷，人民出版社，2009，第597页。

有得到应有的重视。此外，马克思工厂观对于人们透视当代现代性仍然具有重要意义，具体如下：

其一，马克思工厂观思想没有得到足够的重视。不少学者的研究已经涉及马克思工厂观的部分内容，如马克思的机器观、马克思的机器大工业思想，等等，但这只是马克思工厂观的一些碎片化思想片段，而非整体的、系统的工厂观思想。

其二，马克思工厂观思想对马克思唯物史观的影响没有得到应有的重视和挖掘。对于这一方面，由于学界缺乏足够的关注，目前相关的研究成果较少。

其三，马克思工厂观体现了马克思对现代性的反思与批判。机器大工业的建立使工人成为机器的一部分，在机器大生产的轰鸣中，工人的劳动过程表现为工人的非现实化，表现为对象的丧失和被奴役，表现为劳动的异化和外化。工人在异化劳动中逐渐丧失了自己的主体性和个性，失去了自我思考和判断的能力，成为生产线上的奴隶，沦为屈从于机器现实而自我感觉良好的"单向度"的人。

所以，本书以唯物史观为视角对马克思工厂观的形成历程及内容进行考察，来探求马克思工厂观思想及其对唯物史观的影响和作用，展现马克思工厂观重大的理论意义及现实的指导意义。

（二）本书选题的理论意义

立足于马克思工厂观，彰显马克思工厂观的唯物主义性质，把马克思工厂观作为马克思唯物史观建构过程中的必然理论环节，对于确证、丰富和发展唯物史观具有重要的理论意义。

第一，马克思工厂观是马克思唯物史观创制过程的一个关键性环节。如果没有对工厂的产生及发展历程的探析，马克思就不可能全面理解资本主义，不能揭示出人类历史发展的一般规律，唯物史观关于人类历史的宏大叙事就无法建构起来。

第二，马克思对资本主义工厂的分析也是《资本论》研究的必要理论环节。没有对资本主义工厂的分析，马克思就不可能发现剩余价值理论、工作日理论等，也就无法构建起《资本论》这一宏伟巨著。

（三）本书的实用价值

马克思工厂观对于人们认识当代资本主义工厂仍然具有现实的指导意义。当代资本主义的工厂和工人状况都发生了很大变化，如科技的变化、生产组织形式的变化、经营权与所有权的分离及"中产阶级"的出现，等等，都给马克思工厂观提出了巨大挑战。但是，马克思工厂观所坚持的基本理论和立场依然没有改变，它对于人们今天透视和批判现代性依然具有重要的现实意义。在当代资本主义工厂中，工人依然被当作机器，从事着异化劳动，他们依然是"单向度"的人，依然是被资本剥削的对象。

二、研究现状与文献综述

关于工厂的论文和著作很多，主要是从两个方面来研究。一个方面是从工业、经济和管理的角度来论述，主要分为以下几个问题：第一，工厂化问题。主要涉及工厂化养殖、工厂化农业、工厂化育苗等行业。主要讨论了食用菌的工厂化问题、蔬菜种植的工厂化问题、水产养殖的工厂化问题及苗木的工厂化问题，等等。第二，工厂的设计问题。主要涉及工厂的选址、规划及注意事项等。第三，各种具体的工厂问题。主要涉及食品工厂、机械加工工厂、化工原料工厂、植物工厂、电子工厂、数字化工厂的生产、管理、技术、节能等问题。第四，世界工厂的问题。

另一个方面是从社会学、政治学的角度谈工厂。主要涉及以下几个问题：第一，工厂的劳资矛盾问题；第二，工厂的用工荒问题；第三，工厂工人的权益问题；第四，工厂的社会责任问题；等等。

关于马克思工厂观研究的著作、论文，就笔者搜集的资料来看，还没有看到相关的研究，但是很多著作、论文已经涉及马克思工厂观的部分内容，现综述如下：

（一）关于封建行会手工业的研究

国外对行会手工业的研究相对较早，集中探讨了手工业行会的起源、劳动章程、对内对外职能、行会内部的分化、帮工及学徒的起义。汤普逊在《中世纪经济社会史》一书中对行会起源于古代日耳曼原始社会中的团体及庄园经济的观点给予了批判。他认为在早期中世纪，"下层社会到处觉得有组成某种集团的必要性，并按照情况与目的采取了不同的形式。"① 此外，汤普逊还在《中世纪晚期欧洲经济社会史》一书中探讨了行会、城市贵族的形成及手工业者的斗争。他指出，行会与市民阶级的产生和城市的形成是同时发生的，起初，各类商人与各类工匠是组织在一起的，但后来却产生了技术或职能的分化过程，导致了各种行会的形成。② 伴随着行会的发展，行会中的贵族阶级开始成长起来，他们篡改行会的章程，不断排斥等级较低的工人。到了14、15世纪，城市的工匠、手工业者开始了持续一个多世纪的斗争与起义。P. 布瓦松纳在《中世纪欧洲生活和劳动》一书中探讨了自由手工业和结盟行会的起源、形成与发展。他认为结盟行会"建立了一个以职业能力为基础的强有力的等级制度，并保证他们得到劳动的独立与尊严。它们致力于抑制或限制以前的领主权利，和保证它们成员的经济平等，从而使得劳动者得以享受自己的劳动成果。"③ 然而，随着行会的发展，工人被剥夺了尊严与责任，他们再也不可能获得行东的身份，最后，很多工人开始了抗争与暴动。马克斯·韦伯在《经济通史》中探讨了欧洲行会的起源与瓦解。他认为，中世纪后期行会开始逐渐瓦解，主要通过行会内若干手艺人上升为资本家雇主、一个行会可能以另一个行会为牺牲而上升、行会依附于进口商、行会可能依存于出口商四条路径瓦解的。④

国内对行会手工业的研究滞后于国外，但是研究的范围较广，涉及行会手工业的起源，行会手工业的性质、等级、章程及分化与瓦解。曲彦斌在《行会史》一书中认为中国古代的手工业"则是亦工亦商，既包括专事加工制造的手工匠人，也包括'前店后厂'式的各种手工作坊"。⑤ 此外，他还介绍了木匠、铁匠、陶瓷业、秤戥业、磨坊等手工业行会。金志霖在《英国行会史》一书中，通过对英国行会史的产生、发展及灭亡的论述，深刻地揭示了英国封建制度的解体、资本主义的原始积累及资本主义产生的历史。他还把行会的发展分为商人行会、手工业行会以及工会三个时期。⑥ 马克垚在《西欧封建经济

---

① 詹姆斯·W. 汤普逊：《中世纪经济社会史》下册，商务印书馆，1963，第438页。
② 詹姆斯·W. 汤普逊：《中世纪晚期欧洲经济社会史》，商务印书馆，1992，第559页。
③ P. 布瓦松纳：《中世纪欧洲生活和劳动（五至十五世纪）》，商务印书馆，1985，第215页。
④ 马克斯·韦伯：《经济通史》，姚曾廙译，上海三联书店，2006，第96-97页。
⑤ 曲彦斌：《行会史》，上海文艺出版社，1999，第89页。
⑥ 金志霖：《英国行会史》，上海社会科学院出版社，1996，47。

形态研究》一书中探讨了手工业行会的性质、等级、行会规章。他认为，行会不仅是一个经济组织与政治性组织，更是一个社会组织。行会手工业作坊由师傅、帮工及学徒构成，这是一种等级制度之下的师徒关系、学艺与传艺之间的关系。为了反对自由竞争，手工业行会制定了一系列的行会规章，对生产产品的原料、设备、店铺的规模、招牌的样式、产品的销售等都做了较为详细的规定。①厉以宁在《资本主义的起源——比较经济史研究》一书中探讨了行会手工业的分化过程。伴随着行会的发展，富裕起来的行东逐渐形成了行会的上层。当富裕的行东把持了本行会的领导权之后，又通过本行会的影响进入城市领导机构。富裕的行东对行会限制的最重要的突破，就是雇工人数超出了限额，并且使作坊规模扩大很多。而当雇工超过了一定人数之后，手工作坊的性质就发生了根本性的变化。②高德步、王珏在《世界经济史》一书中探讨了行会制度的起源与演变。最初各类商人和手工业者是组织在一起的，从事某一行业的工人倾向于集中在某一街道或区域，主要是为了职业的方便，更是为了抵抗封建主势力的压迫。行会还规定了产品的质量和数量、作坊的规模等。行会的发展会造成两个方面的倾向：一是平均主义，使每个小生产者都能在自己的经营活动中机会均等；二是反对自由竞争，在本行业内师傅之间不能自由竞争，在行业外形成垄断。随着行会的向前发展，特别是到中世纪之后，行会已经开始阻碍经济的发展。③李鹏在其博士论文《规模经济的制度分析》中探讨了行会的对内对外政策、行会手工业制度的缺点。首先，行会的对内政策是尽一切手段为所有行会会员提供平等的机会，防止造成分化。对外政策则是具有纯垄断性质的，例如建立行会区，对这一地区实行垄断权。其次，行会手工业制度的缺点主要表现为：没有创新性，影响生产力的发展；阻碍了劳动力和技术的流动，制约了生产规模的扩张；抑制了技术的发展和进步；等等。④

国内外学者从经济史的视角对手工业行会的起源、劳动章程、对内对外职能、行会内部的分化及行会的瓦解进行了探讨，研究比较深入。但是，人们很少从唯物史观的视角去分析整个欧洲行会手工业的发生、发展及消亡的历程。

---

① 马克垚：《西欧封建经济形态研究》，中国大百科全书出版社，2009，第336-339页。
② 厉以宁：《资本主义的起源——比较经济史研究》，商务印书馆，2003，第157-160页。
③ 高德步、王珏：《世界经济史》，中国人民大学出版社，2001，第143-145页。
④ 李鹏：《规模经济的制度分析》，博士学位论文厦门大学，2003。

（二）关于马克思工场手工业思想的研究

关于马克思工场手工业思想的研究，国内学者主要是从经济史的角度来讨论工场手工业的起源、内涵。厉以宁在《资本主义的起源——比较经济史研究》一书中探讨了手工工场的三种形成途径，即从行会手工业分化而来的手工工场、由包买商控制的家庭手工业而形成的手工工场、由采矿与冶炼业小生产者合伙组织向手工工场的演变。①林其泉在《分工的起源与发展》一书中对工场手工业内部的劳动分工形成与发展进行了阐述。他认为工场手工业的分工是资本主义生产方式特有的创造物。从手工业到工场手工业的生产，是由当时市场扩大的需要和资产阶级对剩余价值的要求而促成的。"手工工场中劳动的分工已经使劳动完全丧失了专业的性质，由于劳动工具的专门化，劳动者在劳动中重新组合；劳动者的劳动被分解了，每个人都只是一个专业中的简单部分。"②宋则行、樊亢在《世界经济史》一书中简单地探讨了资本主义工场手工业产生的两种途径，即集中型工场手工业及分散型工场手工业。③

吴承明在《论工场手工业》一文中对工场手工业的内涵及界限进行了界定，指出工场手工业是资本雇佣劳动者的生产形式。文章主要探讨了工场手工业对我国近代化的促进作用，并把商人雇主制与包买商制都看作散工制，归类于工场手工业之中。④刘淑兰在《英国资本主义工场手工业和中国乡镇企业的比较研究》一文中认为英国资本主义工场手工业的形成与发展主要有封建制度的彻底瓦解、英国的农业结构、世界市场的扩大、欧洲大量熟练工匠移民英国四个方面的原因，指出资本主义工场手工业的发展为大机器工业的产生准备了技术条件。⑤徐雅民、薛汉伟在《原始积累、工场手工业、产业革命与空想社会主义》一文中认为工场手工业时期并不是工场手工业在国民经济中占据主导地位的时期。英国是从16世纪进入到工场手工业时期，而非18世纪。⑥丁珂

---

① 厉以宁：《资本主义的起源——比较经济史研究》，商务印书馆，2003，第154-186。
② 林其泉：《分工的起源与发展》，厦门大学出版社，1988，第111页。
③ 宋则行、樊亢：《世界经济史》上卷，经济科学出版社，1998，第10页。
④ 吴承明：《论工场手工业》，《中国经济史研究》1993年第4期。
⑤ 刘淑兰：《英国资本主义工场手工业和中国乡镇企业的比较研究》，《经济理论与经济管理》1987年第5期。
⑥ 徐雅民、薛汉伟：《原始积累、工场手工业、产业革命与空想社会主义》，《教学与研究》1992年第4期。

在《浅析工场手工业生产向机器生产的过渡——从马克思的机器观视角》一文中则认为正是分工导致了工场手工业的产生，其主要特点首先体现在它是以手工生产为主，并在生产中实行了较为细致的分工。此外，他还分析了机器生产与工场手工业生产之间的区别。[①]

国内学者从经济史的视角探讨了工场手工业的产生过程及发展过程，而没有从唯物史观的视角去分析工场手工业，特别是对工场手工业的资本主义性质缺乏足够的重视。

（三）关于马克思的机器与大工业思想的研究

总体来讲，国外对马克思的机器思想研究比国内时间早，而且相对比较深入。Donald MacKenzie 在 Marx and the Machine 一文中认为马克思的"手工磨产生的是封建主为首的社会，蒸汽磨产生的是工业资本家为首的社会"观点，思想深刻，具有重要的导向及指导意义。[②]舍伍德、陆建申在《恩格斯、马克思和马尔萨斯论机器》一文中认为马克思眼中的"机器"是一个中性的概念，但是机器在资本主义社会的应用就不再是中性的了，而成为压迫与奴役工人的"刽子手"。[③]Paul S. Adler 在 Marx,Machines,and Skill 一文中认为马克思对机器的资本主义使用进行了较为细致的阐述及尖锐批判。[④]尼克·迪尔-维斯福特在《马克思的机器观》一文中认为资本的贪婪导致了机器的产生。马克思不仅翔实地阐释了机器带来的一系列后果，而且指出机器还会带来人类解放。[⑤]

近年来，在科技哲学"技术转向"的大背景下，国内的一些学者开始对马克思的机器及大工业思想进行探索。例如，乔瑞金在《马克思技术哲学纲要》一书中认为机器的最基本特征在于它是一个由不同要素构成的体系；机器昭示了社会生产方式的巨大变革与社会生产规模的巨大扩展；机器的价值在社

---

① 丁珂：《浅析工场手工业生产向机器生产的过渡——从马克思的机器观视角》，《技术与市场》2012 年第 2 期。

② Donald MacKenzie, "Marx and the Machine," Technology and Culture,Vol.25,no.3(Jul.1984):473-502.

③ 舍伍德、陆建申：《恩格斯、马克思和马尔萨斯论机器》，《现代外国哲学社会科学文摘》1987 年第 2 期。

④ Paul S. Adler, "Marx,Machines and Skill," Technology and Culture, Vol.31,no.4(1990):780.

⑤ 尼克·迪尔-维斯福特、罗燕明：《马克思的机器观》，《当代世界与社会主义》2001 年第 4 期。

会劳动产品中得到表现；机器生产促进了社会组织的巨大变化，产生了工厂管理的重大问题；机器产生了它的对立物，导致技术与工人的相互对立；机器及其生产竞争产生新的产业并引发社会危机；机器大工业导致人的社会生存方式发生重大变革。① 计海庆在其博士论文《"机器人"观念的形成及其影响的哲学考察——以分析技术的本质和人与机器（人）关系为视角》中对"机器人"观念是如何形成的及该观念产生了什么样的影响进行了较为细致的分析。② 魏丽在论文《论马克思的机器观》中比较深入地探讨了马克思的机器思想，分析了手工工具与机器的区别及机器的构成，指出机器体系对生产方式及社会变革起到了重要的决定作用，同时也导致了人与机器关系的错位及工人的异化等问题。③ 王伯鲁在《马克思技术思想纲要》一书中对马克思的机器技术思想进行了较为系统的阐述。他认为机器技术至少经过了通用型工具、专门化工具、机器的出现三个阶段，并认为机器在资本主义的应用导致机器对工人排斥，异化为资本统治的帮凶，使得工人阶级处境更加恶化。④ 王荣在《马克思机器大工业思想探析》一文中认为马克思从工艺学的视角对机器大工业的发展历程进行了剖析，对工具与机器的差别做了比较，指出它们之间的差别不但是工艺上的差别，还是生产方式的重大差别。马克思对机器大工业的产生做了较为细致的分析，其研究的目的就是呈现机器大工业不仅是导致社会异化及雇佣劳动的源泉，而且更是扬弃社会异化及雇佣劳动，使人摆脱片面发展，走向自由全面发展的重要路径。⑤

学者对马克思机器及大工业思想的探讨，更多的是对机器本身所具有的性质、机器大工业带来的后果等方面的阐释，而对于机器大工业的生产组织方式的研究，以及机器大工业对《资本论》与唯物史观建构的历史作用缺乏重视，研究较少。

（四）关于当代资本主义工厂新变化的研究

谢富胜在《分工、技术与生产组织变迁——资本主义生产组织演变的马克

---

① 乔瑞金：《马克思技术哲学纲要》，人民出版社，2002，第160-181页。
② 计海庆：《"机器人"观念的形成及其影响的哲学考察——以分析技术的本质和人与机器（人）关系为视角》，博士学位论文复旦大学，2005。
③ 魏丽：《论马克思的机器观》，硕士学位论文大连理工大学，2008。
④ 王伯鲁：《马克思技术思想纲要》，科学出版社，2009，第106-114页。
⑤ 王荣：《马克思机器大工业思想探析》，硕士学位论文吉林大学，2014。

思主义经济学阐释》一书中以生产组织的变迁为线索,较为详细地阐述了工厂制度、福特制、丰田生产方式的形成与发展。泰勒的科学管理和科技进步促进了劳动过程分工的深化,产生了流水线作业,最终形成了福特制生产方式。20世纪70年代以来,由于市场环境的变化,福特制出现了危机。日本汽车行业首先形成的"精益生产"模式,实现了以低成本来进行小批量、多品种的生产。20世纪90年代以来,在吸收日本"精益生产"的基础上,美国出现了大规模定制的网络化生产组织。[1]李琮在《当代资本主义论》一书中通过大量的数据显示了第二次世界大战后工人阶级收入的提高,但同时也出现了剩余价值率的提高,意味着雇佣劳动者被剥削的程度趋于提高。他还分析了当代资产阶级、工人阶级、中间阶层的结构及其特征。自20世纪70年代以来,当代资本主义社会的工人运动走向低潮,罢工和游行示威已经不再是工人阶级斗争的主要手段。[2]

倪力亚在《论当代资本主义社会的阶级结构》一书中,对当代资本主义社会的工人阶级、资产阶级、中间阶层进行了较为详细的分析,通过实证研究对美国、英国、法国、德国、日本、意大利社会的阶层结构进行了剖析。他认为所谓"中产阶级"不过是一个人为制造的范畴。[3]

胡连生、杨玲在《当代资本主义的新变化与社会主义的新课题》一书中对阶级结构进行了分析,指出无产阶级的生活水平得到极大改善,开始出现"中产阶级化"现象。但是,当代资本主义的根本性质没有改变。[4]黄素庵、甄炳禧在《重评当代资本主义经济——科学技术进步与资本主义经济的变化》一书中指出了现代雇佣劳动者阶级在行业上、职业上的新变化,以及资本收入趋于扩大、两极分化仍在加剧等。[5]黄安森在其主编的《当代资本主义的发展与马克思主义》一书中阐释了当代发达资本主义国家阶级结构的变化及其特点,分

---

[1] 谢富胜:《分工、技术与生产组织变迁——资本主义生产组织演变的马克思主义经济学阐释》,经济科学出版社,2005,第179-250页。

[2] 李琮:《当代资本主义论》,社会科学文献出版社,2007,第278-286。

[3] 倪力亚:《论当代资本主义社会的阶级结构》,中国人民大学出版社,1989,第187页。

[4] 胡连生、杨玲:《当代资本主义的新变化与社会主义的新课题》,人民出版社,2000,第141-149。

[5] 黄素庵、甄炳禧:《重评当代资本主义经济——科学技术进步与资本主义经济的变化》,世界知识出版社,1996,第197-225页。

析了资产阶级的多层次性及其特点、工人阶级的变化、中产阶级的地位等。[①]

刘俊奇在《当代资本主义的发展与危机》一书中阐述了当代资本主义生产劳动过程的一般发展变化及分配体制的变化，指出资本主义的基本矛盾依然存在。[②] 高峰、张彤玉在《当代资本主义经济研究》一书中阐释了资本主义的劳动从福特主义向后福特主义的转变过程，剖析了资本主义的就业人数与职业结构、工资等状况的变化，指出马克思的剩余价值理论对于当代资本主义生产的适用性。"它关于资本主义生产的科学论述，仍然是我们观察和分析当代资本主义生产的最锐利的理论武器。"[③]

综上所述，很多学者对马克思工厂观的部分内容进行了一些探索，也提出了一些颇有见地的观点，但是存在着两点不足：第一，由于对马克思工厂观缺乏足够的关注和探讨，呈现给人们的只是一些碎片化的、零碎的思想片段，而不是系统的、全面的整体架构，即对工厂观的形成历程的整体性把握。第二，学者们都是从经济史及科技史的视角来探索工厂或工厂的形成历程，没有从唯物史观的视角来讨论马克思工厂观的形成历程及对唯物史观建构的重大影响。目前著者没有检索到这方面的著作或文献。

本书以唯物史观为视域来探讨马克思工厂观形成历程，深入挖掘马克思著作中关于工厂的思想、观点，彰显马克思工厂观在唯物史观建构过程中的伟大历史作用。本书将努力向纵深挖掘，力求将马克思唯物史观视域中的工厂观思想展现出来，使其重新焕发应有的光彩。

三、研究思路方法与相关概念

（一）研究的基本思路

本书在马克思唯物史观的视域下来分析马克思工厂观的形成、内容及理论与现实意义。马克思在《1844年经济学哲学手稿》中揭示了异化劳动是私有财产产生的根源，同时马克思也遇到了两个迫切需要解决的难题：私有财产的

[①] 黄安淼主编《当代资本主义的发展与马克思主义》，中国人民大学出版社，1994，第54-65页。

[②] 刘俊奇：《当代资本主义的发展与危机》，中国社会科学出版社，2014，第75-76页。

[③] 高峰、张彤玉：《当代资本主义经济研究》，中国人民大学出版社，2012，第130页。

本质来历与异化劳动发生的根源。于是，在《德意志意识形态》中，马克思以分工作为破解难题的钥匙，通过对劳动组织形式及所有制关系的变化分析，初步阐释了人类历史的演进历程。最后，马克思在《资本论》中对工厂观进行了全面而深刻的揭示。马克思工厂观不仅是《资本论》研究的必要环节，更是马克思唯物史观创制过程中的一个关键环节，它确证、丰富与发展了唯物史观。马克思工厂观在当下仍然具有重要的现实意义。研究的基本思路具体如下：

第一章导论部分介绍了选题缘由与研究的理论实践意义、国内外研究现状与文献综述、研究思路方法、"工厂""企业"概念的厘定。

第二章介绍了马克思工厂观的形成历程。首先，在《1844年经济学哲学手稿》中，马克思揭示了异化劳动是私有财产的根源，但他面临两个问题：私有财产的本质来历和异化劳动发生的根源。其次，马克思在《德意志意识形态》中，选择了分工来破解其理论难题；分工的不同阶段，也是所有制的不同形式，即"分工"导致所有制关系从"部落所有制"到"工业资本"的发展历程。最后，马克思在《资本论》中全面揭示了工厂的起源及资本主义生产的秘密。

第三章介绍了作为资本主义工厂前身的封建行会手工业。随着海外贸易的扩大、城市和乡村的分离，行会手工业得以产生。这一时期的资本，主要是由住房、手工劳动工具及自然形成的世代相袭的主顾组成的，是一种等级资本。在城市中，各行会之间的分工是很少的，而在行会内部也基本没有什么分工。分工的进一步发展导致生产和交往的分离，商人开始出现，城市之间建立联系。行会手工业逐渐瓦解并开始转型。

第四章介绍工厂的雏形：资本主义性质的工场手工业。纺织业由于本身的特性，摆脱了行会手工业的束缚，成为最早的工场手工业。以分工协作为基础的工场手工业主要通过把不同种专长的手工业者集合在一个工场和把同一专长的手工业者联合在一个工场中两种形式产生，其生产组织形式有混成的工场手工业、有机的工场手工业两种形式。在工场手工业中，随着劳动工具的专门化和分工的固定化，工业资本逐渐取代等级资本，越来越多的工人受同一资本指挥，劳动者开始成为局部工人。工场手工业以牺牲工人来加强资本的自行增殖，具有了资本主义的性质。

第五章介绍了工厂的现代形式：资本主义的机器大工业。关税和货币制度的发展、世界市场与相对世界市场的形成，以及对工场手工业产品的需求，导致了工业革命爆发，机器的出现构成机器大工业的技术基础。随着劳动资料从工具演变为工作机，工作机随着机械动力的采用，发展为机器体系分工协作，工厂制度开始产生。机器大工业一方面扩大了工人被剥削的范围，提高了被剥削的程度；另一方面导致工场手工业、手工业、家庭劳动、农业的巨大变革，促进了工业资本的确立及资本主义生产方式的形成。

第六章介绍了马克思工厂观在唯物史观构建中的作用。首先，马克思工厂观是马克思唯物史观创制过程的一个关键性环节。如果不清楚工厂观是如何产生的，就不明白资本主义的产生历程，也就无法完整地研究资本主义，必然会导致唯物史观关于人类历史的宏大叙事无法构建。其次，马克思对资本主义工厂的分析是《资本论》研究的必要环节。如果没有对工厂观的探析，《资本论》关于剩余价值理论、工作日理论、局部工人与整体工人理论是建构不起来的，更是不完整的。马克思工厂观验证、丰富和发展了唯物史观。

第七章介绍了马克思工厂观的当代意义。当代资本主义的工厂和工人状况都发生了很大变化。如科技的变化、生产组织形式的变化、经营权与所有权的分离及无产阶级的"中产阶级化"，等等，都给马克思工厂观提出了巨大挑战。但是，马克思工厂观所坚持的基本理论和立场依然没有改变，在当代资本主义工厂中，工人依然被看作机器，其劳动依然是异化劳动，工人依然是"单向度"的人，依然是被资本剥削的对象。同时，马克思工厂观也遇到了诸如无产阶级革命理论的当代适用性问题、"中产阶级"的阶级立场问题，等等。学者们要在坚持马克思工厂观基本立场与基本观点的同时，不断进行理论创新，才能使马克思工厂观思想不断与时俱进。

（二）研究方法

（1）唯物史观的视角。本书以唯物史观的视角来分析马克思工厂观的形成过程，并审视现代资本主义工厂的新变化。

（2）实证主义与分析主义相结合的方法。在探析马克思工厂观的过程中，不可避免地要涉及一些实证数据的研究，从行会手工业经过工场手工业，最后到机器大工业及当代资本主义企业的新变化都要涉及一些实证主义的方法，在此基础上进行分析和总结，探寻其中的规律性，以便更清晰地理解马克思工厂观。

（3）比较分析的方法。在探析马克思工厂观思想的过程中，马克思"工厂"与现代意义上的"工厂"的差别，行会手工业、工场手工业、机器大工业的组织形式及资本的变化，当代资本主义的新变化，等等，这些都要涉及比较分析的方法。对马克思工厂观的探析不能局限于某一个国家的某个时期，必须在不同国家的不同时期的比较研究中，才能真正清晰地剖析马克思工厂观，探求其当代意义。

（4）历史和逻辑相一致的方法。把工厂的历史演变描述与逻辑分析的研究方法相结合。

（三）相关概念

1. 一般意义上的"工厂"概念

Plant 这个词具有工厂、设施等含义。在美国，有的地方通常也使用它的同义词 facility（成套设施）。Facility 是众多设施（facilities）的集合体。主要包括工厂进行生产活动直接或间接所需的一切设施，其中有土地和不动产、厂房和其他建筑物、生产设备和其他设备，以及为此服务的仓库、办事处及其所需的器具维修部门及锅炉房之类的服务性设施，还有停车场、储气罐等附属设施，甚至包括福利保健设施等。人们有时把设施（facilities）称为设备，也有时称为装置等。然而不管称作什么，都存在概念不太明确的缺点。

工厂或成套设施这样的用语，作为物的系统来理解似乎是方便的。如果将工厂这种物的系统一一细分并展开，便是各种设备。若要进一步细分展开下去，便是各种零部件和材料。工厂是将机械、装置及其他有关的各种因素，有机地、系统地组合起来的集合体，其目的在于将输入的劳动力、原材料和资金等进行处理，从而输出具备设计功能的产品（包括由此而获得的收益）。简言之，工厂是为了完成某种职能而系统地配置或组合起来的一系列机械、装置及其相关因素的综合体。①

保尔·芒图认为，把近代生产的全部设备包含在墙垣之内并把近代生产原则本身表现为显著形式的特有建筑物，就是工厂。工厂有很多巨大的车间、传布动力的皮带或传递线遍达各个车间；有精细有力的机械设备使它充满着活动；又有遵守纪律的人员在紧张劳动，机器好像把他们带到自己的节奏中去

---

① 中井重行：《工厂工程管理》，庄拯时、邓英、吴肇鸿等译，广西人民出版社，1984，第3页。

了。这一切的目的仅仅在于生产商品，在于尽可能快地生产无限量的商品。①

《现代工业企业管理词典》认为，工厂是指直接从事工业生产活动的经营单位。一般由若干车间、仓库、科室等组成。②在我国有全民所有制工厂（即国有工厂）、劳动群众集体所有制工厂（如合作工厂、街道工厂、社办工厂等）、私人所有制工厂、中外合资经营的合营工厂及外商独资经营的工厂企业等。

由以上界定可以得出，现代意义上的工厂不仅是一种生产组织形式的场所，还是一个生产单位。其基本职能就是生产职能，即把工人、机器和物资组织起来生产出产品。工厂制度的建立与发展不但是生产力水平不断提高、机器设备技术不断更新的必然结果，而且是资本主义生产关系不断形成与发展的必然结果。而从经济史的角度来看，工厂制度的建立是机器大工业发展的必然结果。

2. 马克思的"工厂"概念

马克思的"工厂"概念是通过对英国的化学家、资产阶级庸俗经济学家安德鲁·尤尔对工厂的评述得出的。尤尔"一方面把工厂描写成'各种工人即成年工人和未成年工人的协作，这些工人熟练地勤勉地看管着由一个中心动力（原动机）不断推动的、进行生产的机器体系'；另一方面，又把工厂描写成'一个由无数机械的和有自我意识的器官组成的庞大的自动机，这些器官为了生产同一个物品而协调地不间断地活动，因此它们都从属于一个自行发动的动力'。"③

马克思认为，按照尤尔的第一种说法，工人是主体，机器体系则表现为客体，工人可以自由地支配机器，机器从属于工人。第二种说法则与第一种说法截然相反，机器体系成为主体，工人沦为客体，工人被机器所支配。马克思比较赞同尤尔的第二种说法，因为这种说法鲜明地指出了现代工厂制度的特点。资本主义的工厂是以大规模的机器体系为主体的，工人仅仅处于一种被奴役、被支配地位，资本家榨取工人剩余价值的一种协作组织。在资本主义工厂中，工人受到机器的支配，成为机器的附属品。

---

① 保尔·芒图：《十八世纪产业革命》，商务印书馆，1983，第10页。
② 陈伯林、闫达寅：《现代工业企业管理词典》，北京大学出版社，1990，第10页。
③ 马克思、恩格斯：《马克思恩格斯文集》第5卷，人民出版社，2009，第482页。

3. "企业"的概念

一般而言，企业是指依法设立，以营利为目的，运用各种生产要素，向市场提供商品或服务，实行自主经营、自负盈亏、独立核算的具有法人资格的社会经济组织。[①] 企业具有经济性、营利性、竞争性及独立性等特点。

企业是历史发展到一定阶段的产物。最早出现的是工业企业。工业企业的发展经历了手工业作坊、工场手工业、工厂企业、现代企业四个阶段。手工业作坊是工厂的萌芽，工场手工业则是工厂的初期形态。随着机器的诞生，企业的典型形式——工厂制度就在机器生产的基础上发展起来了。这种工厂就是工业企业的近代形式。早期企业都是个体业主制的，不具有法人资格，所有权与经营权是重合的。伴随着企业规模的扩大及资本的积累，合伙制企业诞生。合伙制企业虽然扩大了资金的来源，但具有不稳定性、风险性，同时也制约了企业的融资规模，逐渐被公司制企业所代替。现代企业是指企业所有权与经营权分离，并达到技术现代化及管理现代化的企业组织形式。[②]

企业概念的外延要比工厂广泛得多。企业一般可以分为工业企业、商业企业、农业企业、科技企业及文化企业，等等。工业企业一般是指从事工业性生产的经济组织，它利用科学技术、合适的设备对原材料进行加工，使其改变形状或性能，为社会提供需要的产品，同时获得一定的利润。而工厂一般是指直接从事工业生产活动的经营单位。从这个意义上讲，企业的外延包含工厂，即工业企业。本书中所涉及的企业，一般特指工业企业。

[①] 齐永兴、王景峰：《现代企业经营管理——理论与实验模拟》，经济科学出版社，2015，第6页。

[②] 胥悦红：《企业管理学》，经济管理出版社，2013，第10-11页。

第二章　马克思工厂观的形成历程

马克思工厂观起始于《1844年经济学哲学手稿》，发展于《德意志意识形态》，成熟于《资本论》。在《1844年经济学哲学手稿》中，马克思以异化劳动和私有财产为前提，来探求资本主义经济运行的规律。但是，他却面临两个理论任务需要解决：私有财产的本质来历及异化劳动发生的根源。于是，在《德意志意识形态》中，马克思借助于分工理论破解了其理论困境，初步草创了唯物史观，并使工厂观得到了进一步发展。最后，在《资本论》中，马克思通过对工厂的历史定位、工厂劳动的基本性质、工厂的劳动机制及工厂的资本主义性质做了较为详细的阐释，深刻而全面地揭示了工厂的秘密，创立了工厂观思想。

第一节　马克思工厂观提出的理论前提

马克思工厂观研究理论诉求发端于《1844年经济学哲学手稿》的哲学批判。在《1844年经济学哲学手稿》中，特别是在其中的"以异化劳动为主体的经济学批判"中，产生了工厂观研究理论诉求的初始表达。然而，马克思遇到了两个理论困境：私有财产的本质来历及异化劳动发生的根源。于是，马克思进展到《德意志意识形态》，选择了分工理论来破解其理论难题，初步草创了唯物史观。

一、工厂观研究理论诉求的初始表达

马克思工厂观研究理论诉求发端于《1844年经济学哲学手稿》中"对国民经济学的批判"。和一般思想家立足于私有财产的天然前提去反思当前的异

化现象不同的是，马克思一开始就把批判的矛头直接指向国民经济学的前提假设——私有财产关系，并把揭示私有财产的本质来源作为批判国民经济学的重要任务。① 在整个《1844年经济学哲学手稿》中，特别是在其中的"以异化劳动为主体的经济学批判"中，就是紧紧围绕揭示"私有财产的本质来历"这一任务展开的，正是在这样一种"异化劳动学说"的研究中，产生了马克思工厂观研究理论诉求的初始表达。

马克思在认真研读了让·巴·萨伊的《论政治经济学》和亚当·斯密的《国民财富的性质和原因的研究》之后意识到，国民经济学研究的仅仅是抽象概念及各概念之间抽象的逻辑关系。国民经济学在对某一个国家经济状况进行考察时，常常以该国家的人口情况等具体因素为考察对象。但是，马克思认为"人口"概念不是一个具体的概念，而是一个抽象的概念，因为在现实的生活中，人口是按照等级划分的，此依据在于资本、雇佣劳动等因素，如果不对资本、雇佣劳动等因素进行考察，"人口"只能是一个纯粹的抽象概念。尽管国民经济学已经意识到劳动是财富创造的源泉，是价值的根源，然而，国民经济学视域中工人的劳动是一种抽象的"一般劳动"，并以此取代了具体的生产、分配、交换等活动，对所有类型的具体物质生产活动都一般对待，而没有考虑工人同生产的直接关系。

随后，马克思开始对国民经济学的立场和观点进行批判。马克思首先从国民经济学的立场和前提出发，观察到国民经济学所谓"经济事实"，即"工人生产的财富越多，他的生产的影响和规模越大，他就越贫穷。工人创造的商品越多，他就越变成廉价的商品。"② 这种异化的事实使国民经济学陷入了理论困难："劳动价值论"和"工资规律"的矛盾。

国民经济学为什么会产生理论困惑呢？一方面，国民经济学提出了劳动价值论。按照劳动价值论，工人的劳动所得就是他的劳动产品，但在现实的生活中，工人得不到他全部的劳动所得；另一方面，国民经济学又把私有财产当作人类历史发展的一个天然合理、天然存在的根本前提。这样，国民经济学必然要陷入理论的矛盾。国民经济学面对的理论困惑实际上是其理论前提矛盾的必然表达。马克思对这一前提预设提出批评，指出国民经济学预设了私有财产的

---

① 卜祥记：《〈资本论〉的理论空间与哲学性质》，《中国社会科学》2013年第10期。
② 马克思、恩格斯：《马克思恩格斯文集》第1卷，人民出版社，2009，第156页。

天然合理性，就意味着它们不可能去追问私有财产的本质来历，因为国民经济学已经把私有财产的天然合理性设定为一个最终的根据。

马克思借用现象学还原方法，对国民经济学的"经济事实"进行了还原。"现象学还原"方法来自胡塞尔，他认为对"现象"本质的研究要把所有的自然科学和文化知识"正如要求自然态度的科学一样，都要加以排除"，[①]以达到回到事情本身的目的。马克思把工人还原为劳动者，把商品、财富还原为劳动产品，而工人劳动的产品，作为一种不依赖于劳动者的存在物，是与劳动相对立的。

马克思对异化劳动的四层规定性进行了深入剖析。劳动的异化首先表现为劳动产品的异化。工人在生产领域不仅丧失了劳动产品，而且被劳动产品所异化。工人与劳动产品之间关系的异化是指劳动产品不仅不能归属于劳动者所有，反而成为控制、强迫劳动的工具与手段。由于劳动已经不再是劳动者为确证自己的本质力量而进行的自由自觉的活动，所以，在劳动的过程中创造的劳动产品必然会成为劳动者的异己存在物。"工人把自己的生命投入对象；但现在这个生命已不再属于他而属于对象了。因此，这种活动越多，工人就越丧失对象。凡是成为他的劳动的产品的东西，就不再是他自身的东西。因此，这个产品越多，他自身的东西就越少。"[②]当劳动产品不依赖于劳动者时，劳动者却反过来依赖于劳动产品，受到劳动产品的控制与压迫。工人只有通过自己最大的努力才能占有那部分能够维持自身生存的劳动产品，工人生产的东西越多，他自己所占有的那部分就越少，进而就越来越依赖于这部分劳动产品。工人劳动的产品已经不再属于工人，而是作为一种异己存在物同工人相对立、相敌对。其次，劳动产品的异化根源于劳动本身的异化。正是工人在劳动过程中发生异化，从而导致了劳动产品的异化。对工人来讲，"劳动"不是人的最原初的存在状态，只是一种满足人生理机能的手段。劳动成为工人为了满足自己动物机能的一种谋生手段，是使"生"成为"活"的唯一目的活动。劳动活动本身对工人来讲已经没有任何的意义，只是一种被迫的劳动。再次，人的类本质的异化。所谓"类本质"就是自由自觉的人类劳动，人由于其感性对象性活动而使自己成为类存在物，证明自己能够自由地面对自己的劳动产品，能够自由

---

① 胡塞尔：《纯粹现象学通论》，李幼蒸译，商务印书馆，1992，第150页。
② 马克思、恩格斯：《马克思恩格斯文集》第1卷，人民出版社，2009，第157页。

地运用自身的内在尺度来构造劳动产品。人正是在生产劳动中明证了自己是类存在物,所以,劳动产品就是人的类生活的产物。然而异化劳动却把人的类生活变成维持人的动物机能的谋生手段。最后,人与人之间的异化。"人同自己的劳动产品、自己的生命活动、自己的类本质相异化的直接结果就是人同人相异化。"① 在劳动活动中,工人的劳动产品作为异己的力量与自身相对立,它不再属于工人,而被资本家所占有,所以劳动产品与工人的对立,实质上是资本家与工人之间关系的对立,劳动产品的异己力量则是资本家与工人之间异化关系的物质表现。

异化劳动必然会导致私有财产关系,在这个必然性关系中,国民经济学所谓"劳动价值论"和"工资规律"的矛盾,实质上就是异化劳动的必然结果。"工资和私有财产是同一的,因为用劳动产品、劳动对象来偿付劳动本身的工资,不过是劳动异化的必然后果,因为在工资中,劳动并不表现为目的本身,而表现为工资的奴仆。"② 在异化劳动中,劳动被分解为自身与工资,而工人本身则被当作资本和商品。

于是,马克思展示了一个与国民经济学不同的理论范式,即异化劳动是私有财产的原因,而不是结果。私有财产并不是天然存在的,它是异化劳动产生的必然结果。仅仅当私有财产发展到"工业资本"阶段,异化劳动和私有财产才表现为相互作用的关系。正是在此种意义上,我们才能够表达,私有财产不仅是异化劳动的产物,还是异化劳动的原因。于是马克思指出:"正如我们通过分析从异化的、外化的劳动的概念得出私有财产的概念一样,我们也可以借助这两个因素来阐明国民经济学的一切范畴,而且我们将重新发现,每一个范畴,例如买卖、竞争、资本、货币,不过是这两个基本因素的特定的、展开了的表现而已。"③ 正是在马克思的这一表述中,我们可以清晰地领悟到马克思工厂观研究理论诉求的初始表达。

---

① 马克思、恩格斯:《马克思恩格斯文集》第 1 卷,人民出版社,2009,第 163 页。
② 同①书:第 167 页。
③ 同②。

二、《1844年经济学哲学手稿》遗留的两个理论任务

诚然，从《1844年经济学哲学手稿》的最初理论表白到《资本论》对工厂观思想的全面揭示存在着巨大的理论差距，也存在着诸多迫切需要解决的理论难题。实际上，马克思已经明确地意识到这一点。所以，在提出以私有财产和异化劳动概念为前提来揭示国民经济学的一切范畴的诉求之后，马克思已经自觉地意识到必须要解决两个问题，即私有财产的本质来历的问题及异化劳动是何以发生的。马克思指出："但是，在考察这些范畴的形成以前，我们还打算解决两个任务：①从私有财产对真正人的和社会的财产的关系来规定作为异化劳动的结果的私有财产的普遍本质。②我们已经承认劳动的异化、劳动的外化这个事实，并对这一事实进行了分析。现在要问，人是怎样使自己的劳动外化、异化的？这种异化又是怎样由人的发展的本质引起的？我们把私有财产的起源问题变为外化劳动对人类发展进程的关系问题，就已经为解决这一任务得到了许多东西。"①

对于当时的马克思来讲，这两大问题在《1844年经济学哲学手稿》中是不可能完成的。首先，关于私有财产的本质来历。马克思在《1844年经济学哲学手稿》中结合重商主义、重农学派及国民经济学的学说史的演进，阐释了私有财产关系的产生、发展历程。马克思还借助于国民经济学家的学说对劳动价值论做了一种简单的提炼。当然这种分析是结合学说史的分析来进行的，而不是结合人类社会的发展历史来进行的。私有财产是如何在人类历史的进程中发生的，马克思并没有给出明确的答案。对这个问题的解决将引导着马克思继续探索资本主义的生产关系是如何产生的及资本逻辑是如何成为左右资本主义经济活动的内在逻辑的。

其次，关于异化劳动是如何发生的。马克思在《1844年经济学哲学手稿》里没有能够解决这个问题，他只是简单地提示到异化劳动在社会发展中的关系问题，可以为解答这一问题提供一些帮助。这种提示为解决"异化劳动是何以发生的"提供了正确的方向——必须要到人类的历史发展中去寻求答案。私有财产关系源自异化劳动，异化劳动肯定是劳动的异化，这个过程是在人类历史

---

① 马克思、恩格斯：《马克思恩格斯文集》第1卷，人民出版社，2009，第167–168页。

发展长河中的某一历史环节和某一历史阶段发生的。

所以，劳动是如何创造社会关系的，这种劳动创造社会关系的进程在何种阶段上由于何种因素变为异化的劳动及异化的社会关系，然后这种异化劳动又如何一步步向前发展，而作为其结果的异化的社会关系即私有财产关系又怎样向前推进，最后产生出资本的。这就是马克思迫切需要解决的问题。所以，《德意志意识形态》的出现是私有财产的本质来历及异化劳动发生的根源两个理论任务解决的必然归宿，也是马克思唯物史观创建的关键性环节。

三、两个理论任务的解决与唯物史观的草创

马克思在《德意志意识形态》中借助于"自发分工"这一概念阐释了异化劳动发生的根源及私有财产关系的本质来历，破解了《1844年经济学哲学手稿》所遗留下来的两大问题和任务。

分工理论最早由亚当·斯密提出。斯密认为"分工"不过是资本家为了提高劳动生产率的手段而已，是天然合理的。斯密举了扣针制造业的事例论证分工提高了生产率。在没有分工的情况下，一个劳动者一天连一枚扣针都生产不出。但是如果进行分工的话，有的人抽丝，有的人拉直，有的人切截，等等，这样一人就可生产出4800枚中等针。斯密认为，对其他的工艺和制造业来讲，可能分工不是那么精细，但是分工的结果是一致的，都能极大地提高劳动生产率。"凡能采用分工制的工艺，一经采用分工制，便相应地增进劳动的生产力。"[①] 此外，分工也是社会文明进步的一个重要标志，例如，在落后的社会里一个人从事的工作，在较先进文明的社会里则是几个人共同承担的任务。在文明的社会里，农民只是进行农业劳动，工人也仅仅进行工业生产。

马克思则认为，应当从异化劳动的视角来分析分工，这是由于分工的本质就是劳动，而资本统治下的劳动是一种异化劳动。所以，在《1844年经济学哲学手稿》中，马克思是从否定的角度去思考分工问题，由于无法阐明自发分工如何产生异化劳动的问题，以致我们只能观察到马克思关于分工问题的认知停留在"懵懂"状态。然而在《德意志意识形态》中，由于马克思对经济学研究的不断深入，特别是受到李斯特经济思想的影响，他已经认识到工业大分工的伟大历史作用，进而把分工作为一个重大课题引入到自己的哲学中，即通过

---

① 亚当·斯密：《国民财富的性质和原因的研究》，商务印书馆，1972，第7页。

分工这一重大理论追问异化劳动乃至私有制产生的根源。

马克思的分工理论恰恰揭示了私有制来历的本质环节。在马克思唯物史观的构建中，分工理论的确立是一步具有革命性意义的工作。因为分工理论在人类存在状态的"感性活动"与造成当前经济现状的"异化劳动"之间构建起一座桥梁。[①]《德意志意识形态》创立的分工理论真正回答了异化劳动的发生根源，"只要分工还不是出于自愿，而是自然形成的，那么人本身的活动对人来说就成为一种异己的、同他对立的力量，这种力量压迫着人，而不是人驾驭着这种力量。"[②] 分工理论解决了异化劳动的本质来历问题。

正是《德意志意识形态》中"分工理论"的形成，使私有制的本质来历历史地呈现出来。"分工的各个不同发展阶段，同时也就是所有制的各种不同形式。"[③] 劳动活动发生了分工，这种分工意味着劳动活动本身的异化。分工的出现打破了劳动的自由状态，形成了一套固定的生产模式，人成为这一生产模式中的一个环节，受到与自己相敌对的力量的控制，人的现实劳动裂变为异化劳动。与异化劳动的生成相适应的必定是交往方式的异化，也就是私有财产制度的生成，随着分工的不断发展，最终形成了作为私有制完全形式的现代资本的统治。

所以，马克思的分工理论与亚当·斯密的分工理论已经具有完全不同的意义。分工不仅是提高劳动生产率的手段，也是推动人类社会发展的动力，更是追问资本主义起源的原初性历史依据。分工也已经超越了亚当·斯密理解的只作为交换需要的东西，蜕变成交换关系的依据。在这个意义上，马克思的分工理论已经成为马克思历史哲学中的一个重要的理论环节。

《德意志意识形态》是马克思唯物史观草创的标志性作品。唯物史观不只是一种历史观，而是把唯物主义原则与历史原则统一起来的新本体论境域。然而，《德意志意识形态》在《1844年经济学哲学手稿》及《资本论》之间的历史作用依然没有被重视。只要我们把工厂观研究理论诉求的初始表达追溯到《1844年经济学哲学手稿》时，就能非常清晰地观察到：一方面，《德意志意识形态》就是《1844年经济学哲学手稿》所遗留的两个问题的展开，是有关

---

① 卜祥记:《资本主义起源问题的检讨》,《社会科学在线》2009年第1期。
② 马克思、恩格斯:《马克思恩格斯文集》第1卷,人民出版社,2009,第537页。
③ 同②书,第521页。

人类历史宏大叙事的唯物史观的草创；另一方面，《德意志意识形态》中"大工业生产"和"工业资本"就是《1844年经济学哲学手稿》中的"异化劳动"与"私有财产"的另一种说法，所以，《德意志意识形态》中对异化劳动和私有财产的发生根源的探析，实质上是对工业资本主义来历的剖析，也是对工业资本主义前史的探源。正是在此种意义上，《德意志意识形态》不仅是马克思唯物史观草创的关键性作品，也是马克思工厂观及《资本论》研究的重要理论环节。

第二节 唯物史观的草创与工厂的初步历史叙事

《德意志意识形态》是马克思唯物史观草创的关键性作品。"现实个人的劳动"是人类历史存在的基础，自发分工的扩大不仅是异化劳动产生的根源，也是私有财产的本质来历，工业资本正是"自发分工"发展的必然结果，而共产主义则是未来历史发展的必然趋势。资本主义的工厂经历了行会手工业、工场手工业、机器大工业三个不同的发展阶段。

一、人类历史的开启及其历史演进

在《德意志意识形态》中，马克思立足于实践活动对费尔巴哈的哲学进行了彻底的清算，标志着马克思唯物史观的初步形成。《德意志意识形态》第一章有以下理论构架。

（一）人类历史的前提——"现实个人的劳动"

"现实个人的劳动"起始于《1844年经济学哲学手稿》，历经《神圣家族》的思想积淀和《关于费尔巴哈的提纲》中"实践"的确立，现在成为把握人类历史的一把钥匙。

在《1844年经济学哲学手稿》中马克思已经对劳动的本质及劳动创造社会进行了较为准确的阐释。马克思在指出黑格尔否定性辩证法伟大功绩的同时，也指出了黑格尔哲学的症结所在，黑格尔寻到的只是一条思辨的精神自我运动、自我发展的道路，他所谓现实不过是抽去一切内容的纯粹的形式。马克思则把"抽象劳动"言说为现实个人的劳动，在感性活动的基础上把人的本质与社会历史的展开勾连起来。"当现实的、肉体的、站在坚实的呈圆形的地球上呼出和吸入一切自然力的人通过自己的外化把自己现实的、对象性的本质力量设定为异己的对象时，设定并不是主体；它是对象性的本质力量的主体性，因此这些本质力量的活动也必定是对象性的活动。对象性的存在物进行对象性活动，如果它的本质规定中不包含对象性的东西，它就不进行对象性活动。它所以创造或设定对象，只是因为它是被对象设定的，因为它本来就是自然界。"[①] 这是马克思对劳动即"感性活动"的详细表述。人类通过感性活动把人的本质力量外化为对象的存在，以此来确证其感性和现实性。人的感性活动不仅明证了人的感性对象性存在方式，而且明证了人与自然的关系是感性对象性关系。

《神圣家族》的理论高度主要体现在对《1844年经济学哲学手稿》的"以异化劳动为主体的经济学批判、以共产主义批判思潮为主体的社会批判及对黑格尔的辩证法和整个哲学的批判"三大批判的继续推进，并且以"感性活动"原则对形而上学实现了超越，从而确立了它在马克思哲学革命中的重要地位。[②]

《关于费尔巴哈的提纲》是马克思新世界观的"第一个文件"。马克思在费尔巴哈唯物主义止步的地方，开始了自己的新唯物主义。马克思把感性理解为"知识前地"创立着和改变着现实的感性世界的活动。这就是马克思新唯物主义的起点，并由此创立了实践唯物主义的基本原则。[③]

在《德意志意识形态》中，马克思指出"现实个人的活动"是整个人类历史的前提。正是这样一个前提的存在，才使得人类社会得以生成。"现实个人的劳动"正是我们把握人类历史的一把钥匙。"现实个人"是"他们的活动和他们的物质生活条件，包括他们已有的和由他们自己的活动创造出来的物质生活条件"。[④]

---

① 马克思、恩格斯：《马克思恩格斯文集》第1卷，人民出版社，2009，第209页。
② 卜祥记：《对〈神圣家族〉理论重要性的当代性解读》，《上海行政学院学报》2007年第2期。
③ 余源培、吴晓明：《马克思主义哲学经典文本导读》，高等教育出版社，2005，第135-136。
④ 同①书，第519页。

(二)"自发分工"是异化劳动发生的根源,也是私有财产的本质来历

在马克思的理解中,"分工起初只是性行为方面的分工,后来是由于天赋(例如体力)、需要、偶然性等等才自发地或'自然地'形成的分工。分工只是从物质劳动和精神劳动分离的时候起才真正成为分工"。① 前者是自然分工,后者是社会分工。"只要分工还不是出于自愿,而是自然形成的,那么人本身的活动对人来说就成为一种异己的、同他对立的力量,这种力量压迫着人,而不是人驾驭着这种力量。"② 由于自发分工,人类的生产活动发生异化,形成异化劳动。这是一种与人相敌对的、奴役人的力量。马克思同时认为在分工出现的同时,必然会产生劳动产品分配上的不合理,从而导致所有制,即私有制的产生。所以,在马克思看来,分工和私有制是同一事情的不同表达方式,"就活动而言"的分工是异化劳动,"就活动的产品而言"的分工是劳动产品的不平等分配,即"私有制"。与由分工所产生的异化劳动相适应的是一部分人占有另一部分人的劳动支配权,是"死劳动"对"活劳动"的支配权,也就是私有财产关系。

(三)"工业资本"是"自发分工"发展的必然结果

马克思指出:"分工的各个不同发展阶段,同时也就是所有制的各种不同形式。"③ "自然分工"的扩大导致了"部落所有制",工商业劳动与农业劳动的分工导致了"古代公社所有制和国家所有制",农业与手工业劳动的分工导致了"封建的或等级资本所有制",机器大工业广泛的社会分工导致了"工业资本"的所有制。

分工导致了私有制的产生,并一步步发展到资本主义所有制。"分工包含着所有这些矛盾,而且又是以家庭中自然形成的分工和以社会分裂为单个的、互相对立的家庭这一点为基础的。与这种分工同时出现的还有分配,而且是劳动及其产品的不平等的分配(无论在数量上或质量上);因而产生了所有

---

① 马克思、恩格斯:《马克思恩格斯文集》第1卷,人民出版社,2009,第534页。
② 同①书,第537页。
③ 同①书,第521页。

制。"①

  人类历史上第一个私有制形式就是部落所有制。这一时期的分工很不发达，仅仅表现为狩猎、捕鱼、畜牧、耕作等分工。所以，"社会结构只限于家庭的扩大：父权制的部落首领，他们管辖的部落成员，最后是奴隶。"②自发分工使游牧部落从其他的野蛮人群中分离出来。部落所有制中存在的奴隶，主要是通过战争被俘获的战俘，这种奴隶可以从事生产，但更多的意义上是作为家奴存在的。这种部落所有制中已经由于分工内在地蕴含着私有制的雏形，不是一种现代意义上的私有制。所以这种私有制与其说是私有制还不如说是公有制。

  第二种私有制形式是"古典古代的公社所有制和国家所有制"。③这一阶段的生产力水平相对于前一阶段有了很大的提高，分工也开始变得复杂，开始出现了城市与乡村的对立、工商业与农业的对立及公民与奴隶之间的对立。马克思认为："一个民族内部的分工，首先引起工商业劳动同农业劳动的分离，从而也引起城乡的分离和城乡利益的对立。"④城乡之间的分离不仅是工商业劳动和农业劳动分离的产物，而且反过来强化了工商业与农业的分离。工商业劳动与农业劳动的分工导致了城市的形成，这些城市是以工商业活动为主，与广大内陆地区的农业区域产生了分工，这一时期随着工商业和农业的分工，形成了城市和乡村的对立，所有制形式也发生了重要变化，这个变化是由部落所有制向真正的私有制过渡的时期，即公社所有制。

  与公社所有制并存的还有动产私有制（主要指工商业活动，对工商业活动来讲其主要资本就是动产）、不动产私有制（主要指农业），马克思把动产私有制和不动产私有制这两种所有制称为"积极公民的一种共同私有制"。⑤这种积极公民的共同私有制，就是发展扩大了的私有制，它是与奴隶制相关联的私有制，即国家所有制。这是分工发展的第二个阶段，与此阶段相适应的是奴隶社会的私有制。

---

① 马克思、恩格斯：《马克思恩格斯文集》第1卷，人民出版社，2009，第535–536页。
② 同①书，第521页。
③ 同②。
④ 同①书，第520页。
⑤ 同①书，第521页。

第三种私有制形式表现为"封建的或等级的所有制"。①它是以共同体为基础的,出现了地主与农奴之间的对立。这一阶段的私有财产主要是由个人所处的等级所决定的,在城市中有师傅、帮工、学徒的等级,在乡村有王公、贵族、农奴的等级,与此相适应的是等级资本的所有制。这时的分工主要表现为粗陋原始的土地耕作和手工业式的工业分工,在农业和手工业内部的分工还不发达,甚至还没有发生,这时分工的一个突出特点是手工业劳动采取了行会的形式及帮工与学徒制度。

这一时期所有制表现为封建地产(不动产,土地)、同业公会的动产。封建地产是指广大农村区域的一种土地私有制。在城市中以工商业为主,但工商业处于一种不发达的状态。而在城市中,以同业公会的组织形式所存在的一种商业活动,实际上就是一些手工业作坊,而手工业作坊采取了帮工学徒制度,这种制度最大的资本就是动产,而不是不动产,和农村私有制的主要表现形式土地不同,其动产就是"世代相袭的主顾"。②与这种日耳曼时期的农业和手工业劳动分工相对应的所有制形式笼统地表现为等级所有制,也叫等级资本的所有制。

第四种所有制形式是资产阶级所有制。工业和农业分工的进一步扩大,就表现为商业和生产的分工,这是一个具有决定意义的分工,因为它创造了一个不从事生产而只从事产品交换的阶级——商人阶级,并因此诞生了完全不同于等级资本的活动资本——商业资本。商业资本是以货币来计算的,不再与所有者的完全固定的劳动直接联系在一起。商业资本的出现使私有制关系表现为资本关系历史演进历程上的重大进步,这种商业资本是现代意义上的资本,它具有现代资本的一般本质。商业和生产的分离导致了商业劳动和从事商业活动的商人阶级的出现,这样一来,商人就与直接从事生产的工人发生了一种分工,这种分工同时也引起了各城市之间在生产上的分工,从而导致了工场手工业的出现。工场手工业的出现不仅是对封建行会制度的一个突破,还为商业资本的形成进一步增加了活动资本的数量。

17世纪,工场手工业的发展和商业的发展几乎都集中在英国,导致了英国相对世界市场的形成及对手工业产品的强烈需求。而这种需求则是私有制发

---

① 马克思、恩格斯:《马克思恩格斯文集》第1卷,人民出版社,2009,第522页。
② 同①书,第558页。

展的巨大推动力。此外，海外市场的开拓，工业产品越来越不能够满足需求，必然要求工业发生一次变革。18世纪从英国爆发的工业革命，开创了以机器代替手工工具的新时代，从而导致机器大工业的诞生。这一时期到19世纪，分工不仅表现为城市之间的分工、行业之间的分工，而且就一个工厂内部分工而言，也出现空前的细致化。与此相对应的是工业资本。工业资本开始占据主导地位，并反过来支配商业资本。"大工业创造了交通工具和现代的世界市场，控制了商业，把所有的资本都变为工业资本，从而使流通加速（货币制度得到发展）、资本集中。"①机器大工业把世界变为一个整体，每个地区、国家都是世界市场的一个环节和部分，并且都依赖于世界市场而存在。资本主义大工业生产使自然科学失去了自身的独立性，成为资本的附属，物质劳动和精神劳动的自然分工不复存在，留下的只是在资本逻辑支配下的自发分工及人与人之间异化的资本关系。

（四）共产主义是现代历史运动本身的实践趋向

马克思、恩格斯以历史唯物主义论证了共产主义是现代资本运动本身所包含的消灭资本原则的感性实践趋向。这一趋向体现在两个基本的事实之中：一是现代生产力的高度社会化（现代生产工具本身的社会性程度及其所必然带来的感性交往的世界化）；二是现代劳动者的生存条件，主要体现在两个方面，一方面是资本的存在基础，另一方面随着资本的全球化正在成为一种对于人的感性生活的"世界历史性"否定②。

机器大工业生产代表了资本主义最先进的生产力，极大地增加了社会的物质财富。然而，资本主义的生产关系却越来越制约着资本主义的发展，异化劳动和私有制已经成为资本主义发展的障碍。马克思认为，不能把私有财产的权力仅仅看作个人意志的体现，其社会权力来源于由于社会分工所产生的现实个人的劳动异化，所有的一切权力包括政治权力及法的权力都是私有财产的社会权力的表现。马克思指出，一旦人们之间的交往关系由于分工而嬗变为物与物的关系时，消灭这种异化的人与人之间的关系就不能诉诸于抽象观念的方法，

---

① 马克思、恩格斯：《马克思恩格斯文集》第1卷，人民出版社，2009，第566页。
② 余源培、吴晓明：《马克思主义哲学经典文本导读》，高等教育出版社，2005，第147页。

唯一的方法就是通过消灭分工来消灭这种异化的关系。"共产主义是对私有财产即人的自我异化的积极的扬弃。"①共产主义则是对过去一切意识形态的彻底颠覆，而这种颠覆只有通过对分工、异化劳动及私有财产关系的扬弃才有可能实现。共产主义社会中的个人是作为个人的个人而存在的，人们之间的交往是具体的、自由的，是受自己意愿主宰的，换言之，只有人们实现对自身本质力量的真正占有，才能实现对异化劳动和私有制的积极扬弃。

二、资本主义的前史与工厂的历史

工厂制度的建立过程，同时也是资本主义生产关系形成的过程。资本主义的工厂经历了行会手工业、工场手工业、机器大工业三个不同的发展阶段。封建行会手工业是资本主义工厂的前身，资本主义性质的工场手工业是工厂的雏形，而资本主义的机器大工业则是工厂的现代形式。

行会大约产生于11—12世纪，差不多和城市同一时间出现。手工业行会的基本职能是协调行会成员的关系及保护行会成员的利益不被侵犯。所以，一方面，行会尽可能地为自己的每一个行会会员提供较为平等的机会；另一方面，行会反对行业间的自由竞争。为此，行会制定了一系列的限制性的劳动规章制度。例如，开业的限制、规模的限制、技术上的限制及经营方式的限制。行会手工业在本质上是一种小商品经济的生产制度，它的一系列劳动规章在行业之外形成了一种垄断。其劳动规章是与社会经济发展规律背道而驰的。行会的各种劳动章程随着时间而发展，最后造成了整个行会体系的僵化，大大挫伤了手工业者的积极性，阻碍了资本的积累及新产品的研发，导致了行会手工业循规蹈矩，妨碍了生产力的进一步发展。然而，历史进步的车轮是无法阻挡的，伴随着包买商及家庭手工业的不断发展，行会手工业最终走向了穷途末路。

这一阶段的私有财产主要是由个人所处的等级所决定的，在城市中存在着师傅、帮工、学徒的等级。"这些城市中的资本是自然形成的资本；它是由住房、手工劳动工具和自然形成的世代相袭的主顾组成的，并且由于交往不发达

---

① 马克思、恩格斯：《马克思恩格斯文集》第1卷，人民出版社，2009，第185页。

和流通不充分而没有实现的可能,只好父传子,子传孙。"① 当然,这些资本与工业资本是不一样的,它不是用货币来进行衡量的,而是与师傅或行东的特定的劳动结合起来的。从这个意义上来讲,这是一种等级资本。

　　从行会手工业到工场手工业的生产,是由当时市场扩大的需要及资产阶级对剩余价值的要求而促成的。工场手工业主要是通过把不同种专长的手工业者集合在一个工场里及把同一专长的手工业者联合在一个工场中而产生的。工场手工业内部的分工使劳动过程的两个要素都朝着专门化的方向发展。首先,它使原来从事全面操作的手工业者变成了局部工人,开始终身承担部分工作。其次,使劳动工具开始分化并出现了专门化,从而提高了劳动生产率。于是,越来越多的生活和生产资料开始转化为资本,工人开始"畸形"发展,成为了资本家工场的附属物,越来越迟钝和无知,工场手工业具有了资本主义的性质,商业资本开始逐渐取代等级资本。

　　工场手工业不仅创造了向机器大工业过渡的需要,而且创造了向机器大工业过渡所必需的物质技术基础——机器。机器的广泛运用,使资本主义的生产方法及劳动组织发生了重大的变化,分工更加精细。资本主义的工厂是以大规模的机器体系为主体的、工人仅仅处于被支配的一种协作组织。它是以年龄和性别的自然差异取代了工场手工业分工的技术基础,创造了兵营式的纪律,使工人成为机器体系的附属物。机器大工业造就了工业资本,使人的异化状态达到极致。

第三节　《资本论》研究的全面展开与工厂秘密的昭示

　　在《资本论》中,马克思对工厂的秘密进行了深刻而全面的揭示。机器的运用及工厂制度的建立,使生产力得到迅猛发展,人类对大自然的开发获得了巨大成功,人类对物的渴望和占有越来越强烈,人朝着物性化的维度转变。以机器为基础的协作生产,迫使工人终生只能从事同一种工作,使工人成为了局部机器的附属品。资本家雇佣工人的唯一目的就是工人能够为资本家带来剩余价值。在雇佣劳动的制度下,资本家由于掌握着资本,通常会用延长工作日及

---

① 马克思、恩格斯:《马克思恩格斯文集》第1卷,人民出版社,2009,第558页。

强化劳动的方法对工人进行剩余价值的剥削。

一、三大社会形态与工厂的历史定位

马克思的三大社会形态理论最初完整的表述主要体现在《政治经济学批判（1857—1858年手稿）》中："人的依赖关系（起初完全是自然发生的），是最初的社会形式，在这种形式下，人的生产能力只是在狭小的范围内和孤立的地点上发展着。以物的依赖性为基础的人的独立性，是第二大形式，在这种形式下，才形成普遍的社会物质交换、全面的关系、多方面的需求及全面的能力的体系。建立在个人全面发展和他们共同的、社会的生产能力成为从属于他们的社会财富这一基础上的自由个性，是第三个阶段。第二个阶段为第三个阶段创造条件。"①

在《资本论》中，马克思对三大社会形态理论进行了论证和完善，把人类社会发展的形态依次表述为"直接的社会关系"、"物化的社会关系"及"自由人联合体"三大社会阶段。与这三大社会形态相对应的分别是自然经济、商品市场经济及产品交换经济。

在第一大社会形态中，人们之间的关系主要是以血缘关系及人身依附关系为基础的，个体只有也必须作为共同体的一分子才可能存在和发展，所以共同体具有最高的权力。在"人的依赖关系"这一阶段，由于人类生产能力的低下，个体的需求也相对较少，必然决定了个体只有在共同体内部进行小范围的狭隘的生产，其生产的根本目的就是维持人类最基本的生活需要及共同体的存在，换言之，这一阶段就是生产使用价值以满足人类的自然需要，这就导致了劳动时间并不是十分重要的。在这一阶段，人类成为土地的附属物，成为共同体的最高权力。对于个体而言，只有成为共同体的一员才可能拥有土地。土地不仅给人类提供了基本的生活生产资料，还提供了共同体居住的场所。依附于土地上的人们，由于土地具有不可移动的特性，必然会在一定程度上限制人类生产力的发展。所以，这就导致了人类交往范围及交往手段的局限性。在这一阶段中，人类受制于自然界，由于天然的人的依附关系，人类并没有得到自由而充分的发展。

---

① 马克思、恩格斯：《马克思恩格斯文集》第8卷，人民出版社，2009，第52页。

当然，这一阶段确实存在着产品交换，但是这一交换也仅仅局限于为数不多的剩余产品中。由于剩余产品是有限的、少量的，交换并不是共同体的普遍形式，而是偶然发生的，并且也只是发生在共同体的边界区域，并没有真正影响到共同体的生活，更没有左右生产关系及人们之间的交往关系。但是，这种偶然性的交换伴随着剩余产品的增多而不断得到发展，开始成为共同体的普遍行为，结果导致了商品市场经济开始逐渐取代自然经济，人类进入到第二大社会形态。

在"以物的依赖性"为主要特征的第二大社会形态中，劳动时间特别是剩余劳动时间开始受到越来越多的重视。这里的"物"主要是指商品、货币、资本等，特别是指包含有剩余价值的商品在流通中实现了的货币。这是由于只有剩余劳动时间才能实现资本的自身增殖，才能产生更多的价值增殖的时间。马克思指出："商品的绝对价值本身，是生产商品的资本家所不关心的。他关心的只是商品所包含的、在出售时实现的剩余价值。"① 可见，资本家主要关注于剩余劳动时间，虽然他们也关注社会必要劳动时间，但它只不过是资本家实现价值增殖的手段而已。

在这一社会形态中，人与人之间的关系嬗变为物与物之间的关系，人的能力开始转变为物的能力，人被物所奴役。商品价值量的大小是由社会必要劳动时间多少所决定的，于是在激烈的市场竞争中，在追逐价值增殖的资本运动中，个人劳动时间成为资本家最为关心的问题。机器大工业的产生导致了生产流水线的出现，使所有工人都成为流水线上的一个环节。特别是在劳动力开始成为廉价商品以及雇佣劳动的条件下，社会必要劳动时间开始分割为"死劳动"时间及"活劳动"时间，"死劳动"时间支配着工人的"活劳动"时间，使得工人成为某种局部劳动的"自动工具"。于是，在庞大的机器体系中，工人仅仅是这种异己的机器体系中的一个有意识的机器而已。因为劳动力是一种特殊的商品，其"活劳动"时间又可以分割为剩余劳动时间及必要劳动时间。而原本工人自己的剩余劳动时间却被剥夺，成为了被资本家占有的劳动时间，这就是工人的贫困及资本家财富的秘密所在。然而，资本自身存在着无法克服的内在界限，即劳动和私有制之间的矛盾关系。"这些界限在资本发展到一定阶段时，会使人们认识到资本本身就是这种趋势的最大限制，因而驱使人们利

---

① 马克思、恩格斯：《马克思恩格斯文集》第5卷，人民出版社，2009，第371–372页。

用资本本身来消灭资本。"①资本的内在否定性最终会摧毁资本主义社会运行根基,导致资本主义的灭亡。

在以"自由个性"为主要特征的第三大社会形态中,人类真正实现了个人的自由和全面发展,劳动时间开始转变为自由时间,社会形成"自由人联合体"。在这一阶段中,人的活动和历史发展的辩证法使人的全面发展成为客观的历史指向。人类要获得彻底解放,就必须大力发展生产力。因此,"建立共产主义实质上具有经济的性质,这就是为这种联合创造各种物质条件,把现存的条件变成联合的条件。"②而要实现这一前提条件就必须消灭自发分工,实现生产资料的全民所有制,使劳动者得到自由而全面的发展。所以,要实现共产主义就必须要把物的独立性变为人的独立性,把孤立的、片面的人发展为丰富的、自由的个人。只有到了这个阶段,真正的自由王国才能实现。

在资本主义工厂中,生产力得到迅猛发展,物质财富空前丰盛。"资产阶级在它的不到一百年的阶级统治中所创造的生产力,比过去一切世代创造的全部生产力还要多,还要大。"③正是机械工厂的建立,使得资本家追逐财富的梦想得以放大。在封闭的工厂中,监督开始成为加强工厂及车间管理的最重要的手段之一。特别是"泰勒制"的建立,一种主要研究工人工作时间和劳动动作怎样达到机器的持续工作与工人生理极限之间关系的工厂制度开始在工厂中大范围应用。这一制度主要是通过借助于一部特定的机器和一个计时器,为计件工资界定完成一件产品所需要的标准时间。虽然工人的报酬得到了提高,但工人成为了机械流水线的一个环节,变成了机器的附属品,人的发展出现了畸形。商品的制造者也变成了商品,成为被物化的对象性存在。一方面,作为对象化的物化劳动是人类社会进步的标志,是对人的本质力量的自我确证;另一方面,作为异化的物化劳动则是对人的否定,劳动者自身也是一种物化的对象性存在。

机器的运用及工厂制度的建立,使得人类对物的开发获得了巨大成功,人类对物的渴望和占有的欲望越来越强烈,人朝着物性化的维度开始嬗变。所谓

---

① 马克思、恩格斯:《马克思恩格斯文集》第8卷,人民出版社,2009,第91页。
② 马克思、恩格斯:《马克思恩格斯文集》第1卷,人民出版社,2009,第574页。
③ 马克思、恩格斯:《马克思恩格斯文集》第2卷,人民出版社,2009,第36页。

"物性化"就是人与对象化存在之间的某种关系,是历史发展到一定阶段的产物,是生产力和生产关系发展的必然结果。对于落后的人的依附关系来讲,这是历史的巨大进步,它反映了一种具有特殊性质的社会关系,一种劳动与资本之间对立的社会现实,一种对物的崇拜及物对人性的腐蚀的客观现实。[①]工厂制度的建立使得"物的依赖关系"的商品货币等同为社会普遍的存在基础。"物的依赖性"是将人的制约关系转换成物的制约关系,而不再是某种特定的人身依附关系。工厂依然属于"以物的依赖性"为主要特征的第二大社会形态。

二、分工协作与工厂的资本主义性质

协作是一种劳动形式,是很多人按照计划同时进行、协同动作的劳动形式,这种劳动形式可能存在于同一生产过程中,或存在于不同的但又发生联系的生产过程中。协作可以分为简单协作与复杂协作。简单协作只是仅仅局限于很多人的协同动作,还没有涉及细致的分工。而复杂协作则是以分工为基础的。资本主义的大机器生产就是这种以细致分工为基础的复杂协作。简单协作是资本主义生产的起点,具有资本主义的性质。"人数较多的工人在同一时间、同一空间(或者说同一劳动场所),为了生产同种商品,在同一资本家的指挥下工作,这在历史上和概念上都是资本主义生产的起点。"[②]从历史上来讲,资本主义的商品生产是在封建的小商品生产的基础上发展和壮大起来的,而从封建社会的行会手工业到资本主义初期的工场手工业,也正是封建的经济形态向资本主义经济的最初转变,简单协作标志着资本主义经济的开始。从逻辑上来讲,封建的行会手工业和简单协作的工场手工业的区别,首先表现在量的差别上。最初行会师傅带领几个学徒一起从事劳动,但当学徒变为雇佣工人并发展到一定的数量时,行会师傅或老板就可以依靠工人的剩余劳动来生存,而无须自己参加劳动。所以,从逻辑上看,资本主义经济也是从简单协作开始的。

劳动协作,自古就有。然而由于社会制度的不同,协作的形式和特点也是不一样的。在原始社会里,协作在劳动过程中占有统治的地位,但是这种协作是以生产资料公有制和血缘关系为根基的。奴隶社会、封建社会及殖民统治中

---

① 张雄:《现代性逻辑预设何以生成》,《哲学研究》2006年第1期。
② 马克思、恩格斯:《马克思恩格斯文集》第5卷,人民出版社,2009,第374页。

也有大规模的协作，只不过这种协作具有统治和从属关系。而资本主义的协作，一出现就以出卖自己劳动力的雇佣工人为基础，所以，这种协作就表现为资本主义生产过程的特有形式。资本主义的协作既是提高劳动生产率、生产更多使用价值的一般劳动过程，也是降低单位商品价值、降低劳动力价值、获取剩余价值的过程。

在依靠机器生产的工厂里，分工协作发生了重大的变化。机器取代了手工工具，从而导致"使用劳动工具的技巧，也同劳动工具一起，从工人身上转到了机器上面"。① 这样一来，工场手工业内部的固定分工及其所特有的等级制度的根基就被扫除了，劳动之间的差别也主要表现为工人的年龄及性别之间的差异。虽然在工厂里重新出现了分工，但是"重大的差别是实际操作工作机的工人（包括某些看管发动机或给发动机添料的工人）和这些机器工人的单纯下手（几乎完全是儿童）之间的差别"。② 机器虽然在技术上消灭了原有的分工制度，但在工厂内，这种旧的制度又在另一种形式上得到了恢复。以机器为基础的协作生产，使得工人终生只能从事同一种工作，从而把分工固定化了，使工人成为了局部机器的附属品。工人的劳动更加片面化，一旦离开工厂就无法独立生产，从而更加依赖于资本家。"必须把社会生产过程的发展所造成的较大的生产率同这个过程的资本主义剥削所造成的较大的生产率区别开来。"③ 资本主义生产过程用机器代替手工劳动，必然会极大地提高劳动生产率，这是由社会生产过程的发展所造成的。而使用机器增加了相对剩余价值的生产，提高了工人剥削的程度，则是由资本主义的生产关系所造成的。所以，工厂所实行的分工，在提高劳动生产率的同时，也加强了对工人的剥削。

工人在工厂中成为了机器的附属物，机器劳动侵吞了工人的自由活动，使工人的劳动变得毫无意义。马克思指出："一切资本主义生产既然不仅是劳动过程，而且同时是资本的增殖过程，就有一个共同点，即不是工人使用劳动条件，相反的，而是劳动条件使用工人，不过这种颠倒只是随着机器的采用才取得了在技术上很明显的现实性。"④ 机器成为主体，工人仅仅是客体并成为资本

---

① 马克思、恩格斯：《马克思恩格斯文集》第 5 卷，人民出版社，2009，第 483 页。
② 同①书，第 483-484 页。
③ 同①书，第 486 页。
④ 同①书，第 487 页。

获取剩余价值的一个工具。资本主义分工协作的实质主要表现为资本对劳动的无情榨取,所以,分工协作只是资本家榨取剩余价值的一种手段和方法而已。

三、雇佣劳动与工厂劳动的基本性质

雇佣劳动是在资本主义的生产关系中工人被资本家雇佣而进行商品生产的劳动,"是这样的活劳动,它不但把它作为活动来实现时所需要的那些对象条件,而且还把它作为劳动能力存在时所需要的那些客观要素,都作为同它自己相对立的异己的权力生产出来,作为自为存在的、不以它为转移的价值生产出来。"① 雇佣劳动在马克思的理论体系中占据非常重要的地位。马克思关于"雇佣劳动"的重要阐述体现在其众多的经典作品中。从《1844年经济学哲学手稿》中的"雇佣工人"到《神圣家族》中第一次使用"雇佣劳动"这一词语,最后在《雇佣劳动与资本》及《资本论》中,"雇佣劳动"概念得到了进一步升华:在人类社会的发展史上,雇佣劳动达到了对工人剥削和奴役的最高点。但是这种雇佣劳动一定会扬弃其剥削性质及异化状态,从而走向真正"自由的、联合的劳动"。马克思正是通过对雇佣劳动的阐释和批判,对资本主义制度进行了较为彻底的批判。

雇佣劳动并不是天然就存在的,而是历史的产物。原始社会解体之后,商品交换开始出现并日益扩大起来,逐渐出现了偶尔的雇佣劳动。当然,这种雇佣劳动只是个别的,是当时的雇工主由于扩大生产而临时雇佣部分劳动者产生的。到了封建社会,则出现了较为明显的雇佣劳动,如短工、帮工等。这一阶段的雇佣劳动不是社会的普遍形式,仅仅是一种辅助形式。对于做短工的劳动者而言,他们拥有着自己的一些土地,虽然收入很少但也能勉强维持生活,只是偶尔从事一下短工劳动。帮工则是在城市中为了成为行会手工业的师傅临时从事被雇佣的劳动者。无论短工还是帮工都不是当时社会的普遍化形式。所以,奴隶制和封建制社会的雇佣劳动仅仅处于萌芽状态。这种状况在商品经济占据社会的统治地位之后就发生了翻天覆地的变化。随着封建社会的解体,大量土地的拥有者及劳动者被迫与其生存的土地相分离。众多失地的农民进入城市中,他们除了自己的劳动力之外一无所有,为了自己的生存,他们必须从其

---

① 马克思、恩格斯:《马克思恩格斯文集》第8卷,人民出版社,2009,第112页。

所从事的生产过程的外部来获取使用价值。在这种情况下，无产者必须拿出他们仅有的潜在的商品——劳动力，并进入流通过程中。为了自身，无产者必须把劳动力当作一个与自身相分离的东西。这些无产者必须要找到购买者，也就是资本，对这个购买者来讲，劳动力就是一种使用价值。所以，无产者为了自身生存成为了雇佣工人，这是一种与资本相结合的方式，而这种方式最终的结果则是为了工人自身。资本面对的已经不再是为了资本而生存的雇佣工人，而是为了自身生存的雇佣工人。于是农民开始成为雇佣工人，雇佣者由于占有了工人的剩余劳动而成为了资本家。同时，行会制度逐渐解体，学徒和师傅之间的关系也开始转变为雇佣工人和资本家之间的关系。

在资本主义工厂里，资本家雇佣工人的真正意图就是工人能够为资本家带来剩余价值。虽然在名义上工人拥有并可以支配自己劳动力的所有权，然而工人却无法享有这种劳动所创造的劳动成果，其劳动成果被资本家无偿占有。所以，对工人而言，劳动所有权仅仅是一种形式而已，没有任何实质的内涵。为了尽可能多地榨取工人的剩余劳动，资本家必然会扩大再生产，以至于雇佣工人的劳动时间被资本家无限延长，特别是在遭到工人的反抗以及工厂法限定工作日时间之后，资本家开始增加劳动强度。雇佣工人的生活并没有随着剩余价值生产的增多而有所改善，反而生活越来越贫穷。面对雇佣工人的悲惨境遇及资本家的贪婪本性，马克思指出："作为劳动过程和价值增殖过程的统一，生产过程是资本主义生产过程，是商品生产的资本主义形式。"① 资本主义的大生产不仅仅是商品的生产，更重要的是剩余价值的生产。所以，对资本家来讲，工人的唯一价值就是生产剩余价值。在雇佣劳动的制度下，资本家由于掌握着资本，从而能够无偿地榨取工人的剩余价值，而雇佣工人被资本家所雇佣并受到资本家的剥削和奴役。这种雇佣关系是一种不对等的社会关系，由此形成的雇佣劳动必然会导致一种异化的劳动状态，具有剥削的性质。雇佣劳动开始成为全社会的普遍化形式，并拥有了其完整的形式和意义，原因如下。

首先，雇佣劳动是一种与工人自身相异化的劳动。在资本主义工厂里，劳动成为一种为了生存而被迫的事，是一种异己的劳动。这种雇佣劳动是工人以牺牲自己的生命为代价的。马克思列举了1861年10月31日英国的《工厂视察员报告》中的一些材料，指出由于机器的改进导致运转速度的加快，导致

---

① 马克思、恩格斯：《马克思恩格斯文集》第5卷，人民出版社，2009，第230页。

了当时纺织业中工人肺病死亡率很高。[①] 在雇佣劳动中，劳动不仅成为工人的对象，而且成为工人现实存在的依据，工人劳动的产品则成为工人相敌对的东西，成为工人本质的异化过程。

其次，雇佣劳动是一种剥削劳动。雇佣劳动者和资本的不对等关系必然会导致雇佣劳动具有剥削的性质。雇佣劳动分为必要劳动及剩余劳动两个部分。必要劳动是资本家购买劳动力所要付出的报酬，也是工人为了维持自身生存的那部分价值。而剩余劳动则是能够带来剩余价值的劳动。资本家之所以要雇佣工人，其目的就在于工人的劳动能够带来剩余价值。雇佣工人被迫进行劳动，服从于资本的意志，从而达到资本想要达到的根本目的——价值增殖。

总之，在资本主义工厂中，资本家雇佣工人的唯一目的和动机，就是工人的劳动能够带来剩余价值。雇佣劳动不仅是一种剥削劳动，更是一种与工人自身相异化的劳动。

四、剩余价值理论与工厂的劳动机制

剩余价值理论是马克思一生最伟大的功绩之一。它深刻地揭示了资本主义的生产方式及经济运行规律，为科学社会主义奠定了坚实的理论根基。它"使明亮的阳光照进了经济学的各个领域，而在这些领域中，从前社会主义者也曾像资产阶级经济学家一样在深沉的黑暗中摸索。科学社会主义就是以这个问题的解决为起点，并以此为中心的"。[②]

《资本论》以剩余价值为中心，阐述了资本运动过程中剩余价值规律的作用。第一卷阐述资本的生产过程，重点分析了剩余价值的生产问题。通过对剩余价值的产生、本质、后果及历史发展趋势的考察，指出生产尽可能多的剩余价值，是资本主义生产的主要目的和动机。深刻地阐明了资本主义经济的发生、发展及必然灭亡的客观规律。第二卷重点分析了剩余价值的实现问题。第三卷重点分析了剩余价值的分配问题，即剩余价值在转化为利润后怎样转化为平均利润和怎样产生产业利润、商业利润、利息及地租。其中，第一卷在整

[①]《工厂视察员报告。1861年10月31日》，第25-26页。转引自马克思、恩格斯：《马克思恩格斯文集》第5卷，人民出版社，2009，第480页。

[②] 马克思、恩格斯：《马克思恩格斯文集》第9卷，人民出版社，2009，第212页。

个《资本论》中占有极其突出的地位，它所论述的"资本的生产过程"是第二卷以及第三卷的前提和基础，它所阐释的剩余价值的起源及本质内涵则是整个《资本论》的精华和核心所在。

《资本论》揭示了资本主义的生产过程是劳动过程和价值增殖过程的统一，系统地论述了资本主义运行的经济规律即剩余价值规律。马克思还运用翔实的史料分析和揭示了剩余价值规律带来的必然结果，最终得出了资本主义生产力和生产关系之间的矛盾运动，必然会导致资本主义最终的消亡。①

在资本主义工厂中，机器是提高劳动生产率的最有力的手段，也是剩余价值生产的主要载体。为了榨取更多的剩余价值，资本家通常会用延长工作日的方法进行绝对剩余价值的生产。这是因为：第一，延长工作日可以在不增加机器预付资本的情况下，增加年剩余价值量；第二，延长工作日可以获取更多的超额剩余价值；第三，延长工作日增加绝对剩余价值，可以弥补因为使用机器而引起的被剥削工人数量的减少。但是无限度地延长工作日必然会受到一些限制，因为工人身心健康会由此受到摧残，从而会引起工人的抵制和反抗，迫使资产阶级政府不得不通过工厂法限定工作日的长度，最初规定每天劳动时间不能超过 11 个小时，后来又更改规定不能超过 10 个小时。为了消除由于工作日缩短而引起的剩余劳动时间的减少，提高劳动强度则具有决定性的意义。

所谓提高劳动强度，通常是指提高劳动力在工作时间中的紧张程度，也就是在一定的工作时间中增加劳动力的支出。英国在进入机器大工业之后的 50 年中，同时采用了延长工作日和提高劳动生产率的方法。然而，到达一定的阶段和程度之后，二者之间就必然会发生排斥。自从工厂法限定工作日，资本不能依靠延长劳动时间来增加剩余价值的生产之后，"资本就竭尽全力一心一意加快发展机器体系来生产相对剩余价值"。② 过去，资本家通过提高劳动生产率来进行相对剩余价值的生产，工人的劳动消耗并不增加，结果就是单位商品价值下降，劳动力价值随之下降，剩余价值相对增多；缩短工作日之后，资本迫使工人在同样的工作时间内增加劳动量，这样，相对剩余价值也由此生产出来。当然，这种必要劳动时间的缩短，主要来自工人劳动强度的增加，所以，它不会带来单位商品价值量的降低，更不会引起劳动力价值的降低，从而使得

---

① 李楠：《马克思剩余价值理论与当代社会》，《马克思主义研究》2003 年第 2 期。
② 马克思、恩格斯：《马克思恩格斯文集》第 5 卷，人民出版社，2009，第 471 页。

相对剩余价值的性质发生了一些变化。

资本家强化劳动的手段和方法很多。例如，通过改进劳动组织，采用计件工资等办法，迫使劳动者在单位时间内增加了劳动支出；通过改进生产资料，加快发展机器体系，来迫使工人增加劳动支出。机器体系的连续性、规则性及效能，大大缩短了工人劳动的空闲时间，迫使工人必须紧张劳动。此外，不断加快机器的运转速度，提高和增加工人看管机器的数量，同样可以大大增加工人的劳动强度。

总之，马克思在《资本论》中通过对分工协作的考察、雇佣劳动的描述及剩余价值理论的发现，揭示了工厂的起源及资本主义生产的秘密。机器大工业在带来巨大生产力、促进资本主义确立和发展的同时，也通过雇佣劳动不断榨取工人的剩余价值，加强资本的增殖。

第三章　作为资本主义工厂前身的封建行会手工业

伴随着自发分工的不断扩大，城市开始在乡村的基础上建立起来。城市的不断发展，最终把农业生产活动排除出去，城市与乡村开始分离。而在城市中，从事某一种行业的工人开始倾向于在某一条街区劳动，逐渐形成了最初的行会手工业。行会手工业为了尽可能地为自己的每一个行会会员提供较为平等的机会及反对行业间的自由竞争，制定了一系列限制性的劳动规章制度。在行会手工业内部，师傅、帮工、学徒之间的地位开始固化，构成了行会内部的等级制度。行会内的每一个手工业者都要熟悉与精通本行业的全部手艺，正是这种特征，赋予了手工业制品很强的艺术感。到了行会手工业后期，由于行会手工业内部与外部等诸多方面的原因，行会手工业开始解体。一些富裕的行东通过雇佣大量的帮工扩大生产规模，使原有的行会手工业开始转变为资本家使用雇佣劳动的工场手工业。

第一节　封建行会手工业的来历

自发分工的扩大促进了原始人劳动工具的发明与改进。伴随着人类实践能力的提高，原始人和部落开始分化：一部分分化为游牧民族与游牧部落，从事着畜牧业劳动；另一部分由于种植谷物等农作物，逐渐形成了最初的农业。农业的发展促进了当时还处于萌芽状态中的手工业的发展，手工业逐渐从农业中分离出来并开始成为一种职业。劳动产品的剩余促进了商业的发展及货币的产生，商人阶级开始出现，海外贸易不断扩大。手工业的发展及商业活动的扩大，使一些地区形成了最初的城市。伴随着城市的不断扩大，城市与乡村开始了分离。城市中从事某一行业的手工业者慢慢开始汇集到某一个街区进行劳动，从而逐渐形成了行会手工业。

一、自发分工的扩大与原始农业和畜牧业

在人类早期的"蒙昧状态"，人类主要依靠采集和狩猎等方式获取基本的生活资料。最初的食物采集活动实际上可以说是一个有计划、有组织的行为方式，并且常常是由协作的各个团体组织进行的。但是这种协作与成群进行猎食的动物相比是没有任何区别的，只是程度的不同而已。这一时期的人类同那些非人类的动物一样，非常依赖于他们采集及捕获到的动植物，他们几乎与其他动物一样依赖于外界环境，经常面临着饥饿的威胁及食物短缺的状况。所以，通常群体中的每个身强力壮的成员都会被分配到采集食物的任务中去，这样才有可能获得维持群体生存的食物，基本没有剩余。对于这些部落来说，的确不能产生长期稳定的食物剩余，因为每一个成年人都必须直接参与采集食物的紧迫任务中，所以也就没有真正的劳动分工，没有全职的专门人员。例如，没有人能够以制造石器工具去交换同伴采集或者猎获的猎物、鱼类及蔬菜等为生。因为后者也不可能保证能够有长期足够多的剩余。然而，我们的确可以在这些人中发现一些兼职人员。一个比较熟练的石器打造者，或许可以生产出剩余产品，并用来与其他越来越熟练的狩猎者及渔猎者所得到的剩余产品进行交换来改变自己的饮食。[①] 在大多数的部落中，采集和狩猎并没有完全分开。例如，塔斯马尼亚人，在采集野生植物的根部、果实及沿海软体动物的同时，也经常组织一些小型的围捕猎物的活动。生活在北极地区专门从事捕猎和捕鱼的爱斯基摩人，在夏季也采集植物性食物，采集辅助性食物一般会留给妇女去做。但是在没有专门分工的居民中，如塞芒人和派尤特人，尽管捕猎是男人的特权，男人也帮助妇女采集植物性食物。

原始人类劳动工具的不断发明及改进大大提升了人类的实践能力和生存能力，从而使得人们在不靠近猎物甚至距离猎物较远的情况下就可以较轻松地擒获猎物，如此一来，人类获取的猎物开始越来越多，导致了以下两种结果：一

---

① 查尔斯·辛格、E.J.霍姆亚德、A.R.霍尔：《技术史》第1卷，上海科技教育出版社，2004，第27页。

方面，猎物开始成为人类日常生活的食物，打猎也开始成为人类一种基本的劳动形式；另一方面，人类也开始把一些吃不了的甚至年幼的猎物进行圈养，出现了动物的养殖业。狗是最先被人类所支配的动物，继狗之后被驯化的有蹄类动物，处在被人类系统地驯养并以之为食物来源的阶段。不断增强的安全保障及食物的供给，给予了新石器时代人类更多的时间和机会来驯养动物。例如，在人类发现了混有雄鹿的野生鹿群时，放出用绳子或皮带绑住其鹿角的驯化的雄鹿，当这头驯化的雄鹿与野生雄鹿开始争斗时，狩猎者就有机会靠近野生雄鹿。在开始驯化时，人类往往利用驯鹿的一种习性驯鹿对于含盐物质（特别是人尿）的渴求。人类的这种特别的物质，吸引和约束着驯鹿，使它们与人类营地为伍。这种对于盐的渴求，是因为它们所能获得的饮水——来源于融化的积雪中缺少盐。①

当驯养及饲养动物的一些方法被原始人类发现之后，就开始成为人类的一种有意识的行为。驯养和饲养动物最初是在住所附近，特别是人类在发现大片的草地及水源是放牧一些动物的天然牧场之后，饲养动物的行为开始从洞穴中转移出来。一些部落由于住所靠近草地和水源，以至于他们开始把主要的精力聚集在饲养业方面，畜牧业这个生产部门就在一些部落中开始形成起来。这种畜牧业在当时的情况下具有很大的价值，发展得比较迅速。一些部落在选择了畜牧业之后，便逐渐开始与原来的采集、狩猎及原始耕作分离开来，开始形成了游牧部落。"在亚洲，……有些最先进的部落——雅利安人、闪米特人，也许还有图兰人……起初就是驯养牲畜，只是到后来才又有繁殖和看管牲畜。游牧部落从其余的野蛮人群中分离出来——这是第一次社会大分工。"②

在游牧民族及部落形成的同时，部分原始人群开始了种植一些食用植物。早期人类在采集劳动的过程中，开始发现一些能够使用的植物的根茎、果实等，并慢慢地开始进行零星的植物的栽培。除了对食物的需求外，早期人类之所以对某些植物感兴趣，是因为它们提供了有用的原材料，例如，用于建筑的木材，用于制衣的纤维、树叶、树皮，还有能提取树脂和松脂、染料的植物以及能够用来雕刻与加工成器皿的材料。随着人口与圈养的动物的增多，谷类及一些其他植物的种植开始慢慢发展起来，形成了原始的农业。最初种植的是一

---

① 查尔斯·辛格、E.J.霍姆亚德、A.R.霍尔：《技术史》第1卷，上海科技教育出版社，2004，第225页。

② 马克思、恩格斯：《马克思恩格斯文集》第4卷，人民出版社，2009，第178–179页。

些成熟期较短的植物，栽植的这类植物中有谷物、很多种普通的蔬菜、豆类及少数根茎类，它们大多数在一年内能获得收成。而灌木及乔木类植物栽培得稍微晚一些，因为它们首次获得收成要经过一些年头，其果实也会持续收获较长时间。

农业是从原始种植业发展而来的。最早的种植业起源于尼罗河流域、两河流域的不达米亚平原和中央亚细亚高地，继这些之后便是黄河流域和恒河流域，以后绵延到小亚细亚、欧洲各地，最后在世界各地发展起来。从最早出现的时间来看，大致相当于考古学上的旧石器时代后期和新石器时代前期。从最早出现的种植作物来看，亚洲各地是大米，欧洲是小米，美洲是玉米。在开始的很长时间中，也就是所谓锄耕阶段，农业的耕作是非常粗放型的，也就是人工播种自然生长。特别是在日历发明之前，人类仅仅凭借经验进行耕作，例如人类在看到天气转暖、万物吐绿时，便开始进行播种，在江河流域把种子撒到淤泥之中，到成熟时进行收割，不太讲究耕耘，耕具也极其简陋。正因为耕作工具的简陋，再加上农业生产的周期比较长，生产的时间及劳动的时间相距比较大，还受到自然条件的限制，作物产量比较低，生产力发展受到种种限制，所以在最初，农业还只是一个附带的生产部门，这是因为它只能为人们提供一部分的食物。正是这些原因，在最初的很长时间内，虽然已经有了农业，人类还依然从事着采集和狩猎活动。随着社会的不断发展，农业生产也不断得到发展和提高。农业部落内开始把这些饲养的动物当作拉力来使用，从而极大提高了耕作效率，特别是铁制农具的制造和使用，使农业发生了革命。换言之，铁器使得更大面积的农田得以耕作，开垦广阔的森林地区开始成为可能，这样不但耕地面积扩大了，而且栽培的作物种类越来越多，产量也大幅提高了。至此，农业的重要性加强了，农业对人类生活的影响也扩大了，它带来了比采集和狩猎等更为广阔的食物的可能性，使得原始人类再也不必为寻找食物而奔波，极大地促进了农业部落开始定居的生活。①农业开始成为原始人类的一种非常重要的生产部门。

农业的成功并没有像畜牧业那样构成一次社会劳动分工，然而它却加深了当时已经出现的社会劳动分工。由于一些部落开始由采集和狩猎活动转变为原始农业劳动，其余部落则依然保持着原有的采集和狩猎活动，从而在原始部落之间产生了一种分工关系，形成了从事不同劳动的人群，交换开始频繁起来。

---

① 林其泉：《分工的起源和发展》，厦门大学出版社，1988，第57–58页。

自从游牧部落分离出来以后，各不同部落的成员之间进行交换，以及把交换作为一种经常制度来发展和巩固的一切条件都具备了。起初是部落和部落之间通过各自的氏族酋长来进行交换；但是当畜群开始变为特殊财产的时候，个人交换便越来越占优势，终于成为交换的唯一形式。"①最初的交换主要是牲畜的交换，同时牲畜也扮演着货币的角色。耕地虽然依旧是部落的共有财产，但后来交给个人耕种，耕地的原始所有制开始确立起来。这些发展所产生的结果之一就是囚犯们已经不再被吃掉或受到折磨，而是被当作奴隶从事生产劳动，因为奴隶能够生产出超过他们自身所消耗的劳动产品。而且，甚至一个新石器时代原始社会都能生产出社会剩余。这种剩余——首先是指粮食——能够供养那些不生产食物的全职专门人员，或者也可以用于与其他群体进行交换。

农业的发展还进一步促进了当时还处于萌芽状态中的手工业发展。起初，农业的进步是离不开手工业的，这是因为农业劳动不能离开手工业。而农业的发展也反过来促进了手工业的进一步发展，最终导致手工业与农业相脱离，并成为一个新的生产部门。

二、原始手工业和商业的分工与海外贸易

在蒙昧时代的中期，原始人类所使用的基本都是一些粗糙的、没有经过打磨的石器，这种石器具有旧石器时代石器的主要特征；到了蒙昧时代的高级阶段，原始人类慢慢学会并设计了许多基本的技艺，发明了许多较为复杂的工具，如弓箭、石斧、木槌、叉子等，还有很多狩猎及渔猎的精致工具；到了野蛮时代的低级阶段，原始人类已经学会制造陶器；而到了野蛮时代的中级阶段，原始人类又掌握了金属的加工（铁器除外），石制的工具还依然是原始人类的劳动工具；在野蛮时代的高级阶段，人类学会了铁矿石的冶炼。铁逐渐取代了青铜，并使石器也逐渐退出了历史的舞台。正是由于铁器的使用，大规模的土地得以耕种，森林地区得以开垦，并给手工业工人提供了一种十分锋利的理想工具。"织布业、金属加工业及其他一切彼此日益分离的手工业，显示出生产的日益多样化和生产技术的日益改进；农业现在除了提供谷物、豆科植物和水果以外，也提供植物油和葡萄酒，这些东西人们已经学会了制造。如此多

---

① 马克思、恩格斯：《马克思恩格斯文集》第4卷，人民出版社，2009，第179页。

样的活动,已经不能由同一个人来进行了"。①

手工业开始从农业中分离出来,并作为一种职业逐渐兴盛起来,商品生产及商品交换也慢慢发展起来,货币作为一种特殊商品开始出现并固定地充当一般等价物。货币的产生极大地方便和促进了商品的生产与发展。货币把商品交换分割为两个环节,即买和卖,并且在时空上也可以分开进行。这种分离"创造了一个不再从事生产而只从事产品交换的阶级——商人"。② 以前阶级的萌芽都与一定的生产相联系,只不过从事生产的人分为领导者及执行者两个阶层,或者依据规模的不同而分为大或小的生产者。然而,商人的出现颠覆了人类对以前所有的阶级的认知,商人不进行生产劳动,却牢牢地掌握着生产的领导权,从而控制着生产者,使之服从自己。商人成为生产者之间的中介,开始对生产者双方进行剥削。由于可以让生产者避免交易的辛苦及风险,还能把生产者的劳动产品销售到更大更远的市场,所以商人被认为是当时最有用的阶级。

在古代东方社会的两河流域已经开始用出口纺织品来换取自己缺乏的金属矿产和木材。古巴比伦的手工业非常发达,已经开始出现独立经营的手工业者及受雇于私人家庭和手工业作坊的手工业者。根据《汉穆拉比法典》记载,古巴比伦王国时期的手工业有织布、制砖、皮革、刻石、珠宝等20~30种门类之多。贸易在古巴比伦也是非常发达的。巴比伦、尼普尔、拉尔萨等城都是当时重要的商业中心。这些商业基本上都是受到王室或寺庙控制的,但也出现了一些私人合伙经营的商业,主要的贸易对象为粮食、羊毛、油脂,等等。除了奴隶和农产品外,金属制品、纺织品和其他物品也是贸易的对象。在古埃及王国晚期,手工工艺达到了很高的水平,木材加工也取得了很大的成就。陶瓷、莎草纸和亚麻织物生产都达到了非常高的水平。日益发展的劳动分工导致了各州之间、南北埃及之间及与其他国家之间的贸易往来。对外贸易主要被国王及贵族霸占,为了进行对外贸易,建立了规模庞大的船队。输入的东西主要是金属、象牙、黄金制品、木材等。据文献记载和考古发现,埃及当时的海外贸易范围已经达到东非一带,东至阿拉伯海以及波斯湾,北面遍及地中海沿岸各地。

而在古代西方社会的希腊,从公元前6世纪—公元前4世纪,手工业无论

---

① 马克思、恩格斯:《马克思恩格斯文集》第4卷,人民出版社,2009,第182页。
② 同①书,第185页。

在城市还是在农村都占有十分重要的地位，而且手工业行业更多、更有组织和更加专门化了。这时的手工业组织主要有以下两种：作坊和营造场。作坊和营造场一般都是中小型的。当然也有使用数千奴隶劳动的采矿场，但数量很少。然而雅典的手工业分工十分精细，有陶器作坊，有皮革厂、武器制造厂及乐器制造厂等，不仅有专门制造车、船、马鞍、马具、鞋的人，而且有只做缰辔的马具店，还有专门生产男鞋或女鞋的鞋店。[①] 雅典比雷埃夫斯一年的贸易总额高达 2500~3000 塔兰特（古代中东和希腊—罗马世界使用的质量单位），商业贸易比较发达。

随着早期商人的形成，铸币开始出现，这种金属货币具有强大的宰制权力，它可以使人们获取自己想要的任何东西。货币具有通约一切的权力，换言之，金钱可以购买一切。货币就是财富，它拥有了统治社会生产及生产者的强大力量。伴随着贸易的不断扩大及铸币、土地所有权和抵押权的诞生，一方面，财富开始汇集到少数人手中；另一方面，广大群众日益变得贫穷起来，而且数量也在不断增加。随着贫富差距的不断扩大，阶级对立和矛盾开始日益尖锐起来。

三、城市和乡村的分离与封建行会手工业

早期城市的兴起是与手工业脱离农业及其发展、交换等相联系的，它的出现要比早期的农村或村落晚 4000~5000 年。自从第一次社会大分工，特别是农业的出现和发展起来，就出现了交换。这种交换最开始是由畜牧业部落、农业部落及其野蛮人之间的不同需要而产生的。这种交换仅仅是一种从不同的使用价值的角度进行的交换：农业部落用自己生产出的多余的农产品来换取畜牧产品，或者畜牧部落用自己多余的畜牧产品来换取农产品。手工业脱离农业，导致了交换从偶然交换到经常交换，从物物交换到货币交换，从没有固定时间的交换到固定时间的集市交换。随着商人阶级的出现，社会产生了第一批贸易城市。随着集市交易规模的不断扩大，最终出现了所谓商业中心，即城市。

古代东方的城市不仅比西方产生得要早，而且发展得更快。两河流域在公元前 2500 年就已经出现了相当规模的城市建筑。在古代中国，殷商时代就已经产生了各种城市，有的叫作大邑（国都），有的叫作邑、邱、郭（一般城市

[①] 朱龙华：《世界历史·上古部分》，北京大学出版社，1991，第 422 页。

的），也有的叫作都（小镇）。到了春秋战国时期，各种城市就已经相当繁荣了。在欧洲，奴隶社会初期，也出现了许多人口众多规模庞大的城市，例如希腊的雅典、意大利的罗马，等等。

城市是在乡村的基础上建立起来的，它是以土地财产及农业为特征的自然经济，并且在社会生产、生活及社会等级等方面都具有比较浓郁的乡土气息。在这种背景下，城市中发展起来的简单商品交换虽然对农业自然经济是一个巨大的跨越，然而这种简单商品交换只不过是农业自然经济的一种特殊形式。无论其怎样特殊，它仍然被包裹在农村的母体中，而城市虽然在分工及交换方面有一定的发展，但是它不可能得到比较充分的发展。城市要真正挣脱农村及土地财产的羁绊，成为工商业发展的重要场所，应该是从中世纪的新兴城市开始的。

11—12世纪，西欧的农业开始出现集约化的倾向，两田轮种制及三田轮种制已经开始实行起来。由于铁的普及，种植业的发展十分迅速，相配套的农产品加工业也开始出现并发展起来。与此同时，手工业的技术也得到一定程度的发展，而手工业的不断发展必然会要求专业化生产及合理的劳动组织，要求更集中的、更大的市场，等等，故此，无论从产量、技术水平及专业化程度来讲，手工业依附于农业的地位已经远远不能适应其发展的需要，于是，农业和手工业开始分离。同时，庄园内部的经济矛盾也在某种程度上促进了庄园手工业者转变为专业手工业者。封建主通过剥削农奴的劳动所积累的财富，是不可能在庄园内部消耗掉的，而庄园中封建主及其他人所需要的产品，也有部分是庄园所不能提供的。例如，封建主需要的盔甲、武器、丝绸、香料及其他奢侈品都是由专门的手工业者及商人所提供的。商人的出现打破了封建社会自然经济的封闭，促进了贸易的进一步发展。在西欧最早兴起城市的地区，是意大利和西北欧的莱茵、默兹和斯凯尔特诸河口附近，这些地区都是贸易发达的地区。例如，在意大利的威尼斯、米兰等地，商人及一些手工业者开始慢慢汇集。[①] 这样，城市开始发展壮大起来。

中古西欧的城市规模不是太大，许多小的城市人口不到1000人，人口有几千至1万人的，被看作中等城市。11世纪之后，城市得到了较大发展。对农业生产来讲，城市的扩大及进一步发展，使其受到了极大的挑战。城市里的条件和生活方式，使住在城市里的人慢慢失去了从事农业劳动的能力，不再适

---

① 高德步：《世界经济通史》上卷，高等教育出版社，2005，第324页。

应农业劳动。

城市的发展最终把农业生产活动排除出去,城市和农村相分离了,这种分离具有重要意义。"物质劳动和精神劳动的最大的一次分工,就是城市和乡村的分离。"[1] 城市和乡村之间的对立是人类社会由野蛮向文明社会、部落社会向国家政体等过渡而造成的。城市的建立已经把人口、资本、生产工具等集中到一起,乡村则表现为分散及与世隔绝的状态。城市发展起来之后,它的第一件工作就是对那里的土地进行重新分配,把原来部落公社的公有土地变成统治阶级的私人财产。私人财产制度在城市中确立之后,作为保护私有制的阶级统治工具的国家机器如军队、警察等也开始建立起来。统治阶级及保护统治阶级带来的各种费用、城市的建筑和设备,等等,除了一部分费用由城市手工业者及其他劳动阶级承担之外,其余部分还是要由乡村中的农民等阶级来承担,于是,城市中的统治阶级以租税等各种形式,开始对乡村中的农民进行剥削。特别是到了封建社会后期,这种城乡之间的分离和对立更加明显。[2] 城市和乡村之间的对立,是人们屈服于分工及由于生活所迫而进行的劳动的反映。

行会大约在11—12世纪产生,几乎与城市同时出现。在11—12世纪的经济大扩张时期,工匠行会相对较少,太分散,而不可能对经济产生多少实质影响,无论这种影响是积极的还是消极的。一直到13世纪后期,经济扩张变得逐渐缓慢下来,工匠行会才普遍发展起来。最初不同的商人和手工业者都是组织在一起的,后来从事某一种行业的工人开始倾向于在某一条街区劳动,这种职业的发展趋势不仅有利于职业的便利,也可以监视别人的经营活动状况,更重要的是还可以团结起来共同抵抗封建主的压迫和剥削。"不断流入城市的逃亡农奴的竞争;乡村反对城市的连绵不断的战争,以及由此产生的组织城市武装力量的必要性;共同占有某种手艺而形成的联系;在手工业者同时又是商人的时期,必须有在公共场所出卖自己的商品以及与此相连的禁止外人进入这些场所的规定;各手工业间利益的对立;保护辛苦学来的手艺的必要性;全国性的封建组织,——所有这些都是各行各业的手艺人联合为行会的原因。"[3]

在早期的城市手工业中,家庭作坊的规模相对较小,手工业者家庭成员和

---

[1] 马克思、恩格斯:《马克思恩格斯文集》第1卷,人民出版社,2009,第556页。
[2] 林其泉:《分工的起源与发展》,厦门大学出版社,1988,第237页。
[3] 同[1]书,第557页。

一两个帮工、学徒在一起劳动，共同制造同一个产品，还没有严格意义上的分工，每一个手工业者都必须熟悉主要的生产工艺。为了对付封建势力的破坏及避免逃亡农奴的竞争，手工业者组成了本行业的特殊联盟——行会。行会成员由每一个手工业作坊的作坊主组成，被称为匠师或师傅。行会按行业组织，有时划分极细，每一个行业都有自己的行会。例如，在佛罗伦萨就分为"大行会"和"小行会"。大行会主要包括以下7种行会：公证人，他们擅长法律；进口布匹商，其业务主要是进口国外的布匹并把它们进行染色加工，使样式更加美丽；银行家与钱兑商；呢绒布商——呢绒业行会，它是佛罗伦萨最富有的行会，其主要工业就是织造呢绒；医生与药剂师；丝商；皮货商。而佛罗伦萨的小行会大概有16种：屠夫、鞋匠、铁工、皮革工人、石匠、葡萄酒商、烘面包工人、油脂商、猪肉屠夫（这是与一般的屠宰分开的专业）、麻布商、锁匠、武器匠、马具匠、马鞍匠、木匠及旅馆主人。[①] 在世界历史上，有文献记录的最早的行会组织产生于中古时代的拜占庭。《市政录》汇集了9世纪末及10世纪初君士坦丁堡公证人、屠夫、金银首饰匠等20种行业行会的规章以及政府的相关法令。中国的行会制度迄今已经有1300多年的历史。唐代以来历代行会的名称因时代、地域及行业群体而异，多达20多种，如行、会、帮、门及行会、同业公会、协会和公所，等等。其中，以唐代所称的"行"为最早。[②]

总之，伴随着自发分工的不断扩大，原始农业与畜牧业开始出现。农业的发展促进了原始手工业的形成与发展，手工业逐渐从农业劳动中分离出来，开始成为一种独立的行业。劳动产品的剩余促进了商业的发展，一些商业活动的中心开始发展为城市。在城市中从事某一行业的手工劳动者开始聚集在一起进行生产，逐渐形成了封建行会手工业。

第二节　封建行会手工业的劳动性质及其组织形式

封建行会手工业为了反对行业间的自由竞争及实现行业成员的均等化，制订了一系列的劳动规章制度。行会手工业内部基本没有什么分工，手工业者大多掌握自己本行业的全部技艺。在手工业作坊内部，师傅、帮工、学徒之间的

---

① 詹姆斯·W.汤普逊：《中世纪经济社会史》下册，商务印书馆，1963，第440页。
② 曲彦斌：《行会史》，上海人民出版社，1999，第1-2页。

关系是一种封建宗法制的等级关系,这种等级制关系也导致了学徒与帮工对师傅的屈从性,而这种屈从性及对本行业全部生产技艺的精通,使得行会手工业所生产的劳动产品具有了较高的艺术性。伴随着行会手工业的发展,出现了平民与行会之间的斗争,这种斗争日趋公开化与白热化。

一、行会手工业的劳动制度与分工

行会是一种按照职业的不同而形成的手艺工人的专门组织。一般而言,从事某一行业的手工工人需要加入本地的手工业行会。行会的基本职能就是协调本行业成员之间的关系,以及在涉及本行业的利益冲突中保护行会成员的利益不被他人所侵害。这主要涉及本行会的就业、利润、特权及自由等。一方面,行会尽可能地为自己的每一个行会会员提供较为平等的机会。为了达到这种平等,行会千方百计地防止和控制资本主义的发展,特别是防止和控制资本在个别手工业中的不平等增长而产生的分化。另一方面,行会反对行业间的自由竞争,从而在行业之外形成一种垄断,限制了别人的竞争。为此,行会制定了一系列限制性的劳动规章制度。

首先,开业的限制。在有行会的城市中,开业是有严格规定的。如果要成立一个手工业作坊,第一步就需要提出开业的申请,否则是不可以开业的。有的城市规定要多次申请开业才能获得开业的资格。有的城市还规定一个行会的会员限额,不能超越这个限额。对手工业开业的限制,包括了对跨行业经营的严格限制,行会是按照不同的行业建立的,行业之间是有着严格的界限的,是不能被突破的。开业的限制也包括了对没有经过许可就拥有制造设备的从业者的限制。这些限制的规定是对资源在不同部门以及地区之间的自由流动的限制。资源一旦被投入到某一个行业,就不容易再转移出来投到另一个行业。[1]

其次,规模的限制。对作坊规模的限制主要是防止他们之间产生贫富差距。限制的范围包括产品的原料以及其他辅料的质量和数量。如果手工业作坊购买了超过规定数量的原料,则其他手工业作坊有权利享有这些原料。此外,还规定了手工业作坊的规模和大小,包括作坊所雇佣的帮工及学徒的数量的限制,工作时间也有具体的规定。例如夏季每天的工作时间为14~15小时,冬季每天的工作时间为9~10小时,不允许夜间工作。这种规定不仅是为了保证

---

[1] 厉以宁:《资本主义的起源——比较经济史研究》,商务出版社,2014,第105-107页。

产品的质量,更重要的是防止产品生产过多而造成作坊之间发展的不平衡。假如某位作坊主没有帮工,而另一位作坊主有两名帮工,那么他必须出让一名帮工给那位没有帮工的作坊主。①

再次,技术上的限制。对手工业技术上的限制主要包括产品质量的规定、学徒年限及帮工技术水平的考核、对本行业技术秘密的保守及对新技术等的抵制。关于对产品质量的规定,例如13世纪巴黎酒商章程规定,"造酒者除了用水和谷物,就是说,用大麦、用大麦和小麦的混合物,或用麦芽造啤酒外,不得也不应用其他东西制造啤酒。"②否则,就要受到严厉的处罚,即向国王支付20个巴黎苏的罚金,酿成的全部啤酒也要充作慈善。关于学徒年限及帮工技术水平的考核是相当严格的。在英国许多手工业行会学徒的年限为7年。在巴黎,学徒的年限为5年,5年师满后至少要再当5年帮工,才能取得行东的资格。关于对本行业技术秘密的保守,行东一般只把技术传授给自己的儿子和学徒。

最后,经营方式的限制。主要包括:产品销售方面的限制,例如,行东不能进行贩运活动,不能招贴广告、拉客上门、降价销售以及沿街叫卖,等等。劳动时间的限制,一般规定从日出工作到日落,只能利用日光照明而不能用灯光干活,夜班一般是禁止的。经营方面的限制,西欧封建行会中的一个重要的规定就是要诚信经营,否则将受到严厉的处罚。交易规则的规定。例如在法国,很多行会联合规定,生产资料的交易只能在市场中进行,严厉禁止在运输途中进行买卖,以此来保证消费者和生产者都能有同样的购买机会,使买卖双方特别是卖方能够受到公众和官府的监督,严厉打击任何形式的囤积居奇的企图及广告宣传。

在中世纪,一是由于生产设备的欠缺,二是由于资本的不足,体力及个人技艺成为最重要的生产资料。一个手工作坊通常是由师傅及其妻子、学徒,以及简单的生产工具所组成的。受制于劳动力及规模的限制,手工业作坊不可能实行分工,它们只能专门从事专一工序的劳动。在这种情况之下,行会手工业的分工,与亚当·斯密在其巨著《国富论》中所提及的分工是大不相同的。"在城市中各行会之间的分工还是非常少的,而在行会内部,各劳动者之间则根本

---

① 高德步:《世界经济通史》上卷,高等教育出版社,2005,第312-313页。
② 外国法制史编写组:《外国法制史资料选编》上册,北京大学出版社,1982,第222页。

没有什么分工。每个劳动者都必须熟悉全部工序,凡是用他的工具能够做的一切,他必须都会做;各城市之间的有限交往和少量联系、居民稀少和需求有限,都妨碍了分工的进一步发展,因此,每一个想当师傅的人都必须全盘掌握本行手艺。"①这就是行会手工业分工的最基本的特征,就是每一个手工业者都要熟悉与精通本行业的全部手艺。

这种具有封建性质的分工实际上就是一种比较简单的自然经济分工。这是一种建立在封建宗法关系基础上的分工,也是一种根植于人对土地等生产资料的屈从与人的依赖关系基础上的分工。这种具有封建主义的分工不但把人固定在一定的空间中,从而妨碍了手工业规模的扩大,而且造成了人的发展的单向度,阻碍了人的自由发展。"在资本主义生产出现之前,即在中世纪,普遍地存在以劳动者私人占有生产资料为基础的小生产:小农的即自由农或依附农的农业和城市的手工业。劳动资料——土地、农具、作坊、手工工具——都是个人的劳动资料,只供个人使用,因而必然是小的、简陋的、有限的。"②所以,在中世纪,这种具有封建性质的分工主要建立在农业及手工业基础之上,比较简单,也不复杂。这种简单的社会分工由于受到当时自然经济的影响,必然会要求手工业者在自己的行业里精通全部技艺,保持自己的独立性。

行会手工业生产的全部过程,从原材料一直到产品的完成,都是由师傅凭借多年积累的经验及技巧完成的。这种手工作坊的基本特点之一就是基本没有内部分工。手工业技术的提高及生产过程的复杂化,都通过社会分工的形式表现出来,也就是行业的划分越来越细。例如,早期的铁匠可能会制造很多东西,如犁、刀、剑、锄头,等等,之后才出现了武器制造业。所以,中世纪城市手工业行业越分越细,越分越多。

总之,行会手工业为了协调本行业成员之间的关系及维护本行业的利益,制订了一系列限制性的劳动规章制度,从而阻止了行业间的自由竞争,在本行业中形成了一种垄断。行会手工业生产内部基本上没有分工,每个手工业者都需要掌握本行业的全部生产技艺。

---

① 马克思、恩格斯:《马克思恩格斯文集》第1卷,人民出版社,2009,第558–559页。
② 马克思、恩格斯:《马克思恩格斯文集》第3卷,人民出版社,2009,第548页。

二、等级资本的所有制形式

伴随着工商业劳动和农业劳动的分工,特别是在古希腊罗马被日耳曼人征服以后,形成了包含沿海城市和广大乡村在内的一个广大的统一疆域,在这个疆域里面,农业和原始手工业开始分工。这一时期的私有财产主要是由个人所处的等级所决定的,在城市中存在着师傅、帮工、学徒的等级。"这些城市中的资本是自然形成的资本;它是由住房、手工劳动工具和自然形成的世代相袭的主顾组成的,并且由于交往不发达和流通不充分而没有实现的可能,只好父传子,子传孙。"① 当然,这种资本与工业资本不同,它是与师傅或行东的特定的劳动结合起来的。从这个意义上来讲,这是一种等级资本所有制形式。

等级资本主要可以分为固定资本与流动资本。固定资本大致可以分为店铺与住所、工具与设备。店铺与住所是工匠营业及其家庭生活不能缺少的场所。中世纪初期的市场原是临时摊棚,10世纪时,永久性的摊棚加板凳才逐渐增加,到11世纪之后,店铺才开始逐渐出现。这种工匠店铺常常只有两三个房间,前房供作店铺或工作场所之用,后房或楼上供住宿之用。构筑房屋的建筑材料在16世纪之前,基本上以木材为主。在大多数的城市里,同一行业的店铺通常都集中在同一条街上。贫穷的工匠常常群居于低矮的房子或地下室中。工具与设备有城内与城外之分。在城内,价值相对较高的设备主要包括:铸钟匠及金属工匠的熔炉与铸模、面包匠的烘面包炉、酿酒匠的麦芽处理炉、织机,等等。有一部分与个别手工工具一样,是属于个人所有者,还有一部分则是合伙或行会所共有的资本。在城外,特别是一些靠近河边的郊区,有船坞、磨坊、制革厂、染料厂等价值很高的资本设备,所需要投入的资本比较大,或者由国王或教会投资,或者由行会会员共同投资而完成。特别是在南欧,共同投资非常流行,所以金融业比较发达。以磨坊为例,使用磨坊的顾客必须支付所磨谷物十六分之一作为使用费,投资此项设备的股东们则以此为利润。

就流动资本来讲,从购进原料,经过加工生产,而把产品出售,必须要经过一段时间,工匠必须要提供出这一段时间的流动资本。但是对于从乡村逃入城市的手工业者及刚完成学徒期限并取得工匠资格的工人来讲,购买简单的手

---

① 马克思、恩格斯:《马克思恩格斯文集》第1卷,人民出版社,2009,第558页。

工工具并在街上租到店铺就已经十分困难，所以也就无力再筹措流动资本。因此，手工工匠通常采取工资生产的方式进行生产——工匠从顾客手中获得生产原料，加工完成产品后交给顾客，并从顾客那里得到一定的报酬。在这种生产制度下，工匠就不需要自己购买原材料，也就没有流动资本的需要，他们所得到的报酬就是一种工资。比如，顾客拿着面粉，交给面包匠加工成为面包，面包匠则从顾客那里获得工资。在这种情况之下，手艺与人际关系就比资本更为重要。

以住房、手工劳动工具及世代相袭的主顾为主要存在形式的行会手工业的等级资本所有制必然会导致行会手工业具有两个方面的显著特征：等级制和继承制。

首先，等级制。行会手工业作坊把手工业者分为师傅、帮工与学徒三个不同的等级。师傅、帮工和学徒都是劳动者，都需要参加劳动来生产产品。学徒和帮工要精通本行业的技艺，经过一定的时间可以逐渐成长为师傅。在行会手工业制度形成之后，师傅、帮工、学徒之间的地位开始固化，成员之间有着严格的身份差异，从而构成了行会内部的等级制度。

师傅、帮工、学徒之间的关系是一种等级制度之下的师徒关系、家长式关系、学艺与传艺之间的关系。一个人要想晋升为本行业的师傅，首先就应当从学徒开始做起。学徒就是向师傅学习手艺的。特别是在某些行业之中，对学徒的资格有着严格规定，例如必须是父母正式的婚姻所生的儿子，还要由学徒的父母与师傅订立口头或者书面的协议，并规定学习的年限，等等，才可以取得学徒的资格，从而去师傅家中学习。这时师徒之间的关系就是家长与孩子之间的关系，学徒被看作师傅的家庭成员之一，必须吃住在师傅家中，并承担一些师傅家庭的家务劳动。师傅在学徒学习期间，不但要传授其手艺，还要对其进行道德教育。不同的地区、不同的行业所规定的学徒期限也是不一样的。例如，科伦的金匠学徒需要 8 年才能出师，而剪毛工学徒只需要 1 年就能完成，巴黎的玻璃雕刻工则需要 9 年才能出师。通常学徒在学习手艺期间是没有报酬的，相反，有的学徒的父母还要支付一定的学费给师傅。学徒在学习期间，不仅要进行一些比较繁重的体力劳动，还会经常受到师傅的训斥，甚至虐待。一些学徒由于忍受不了师傅的惩罚，会出现中途逃跑及辍学的事情。学徒逃跑的事情要受到手工业行会的追究。如果逃跑之事是学徒的原因与过错，他不但要回到师傅的家里，其父母还必须向其师傅支付一定的罚金。如果是师傅的过错，那么学徒可以更换师傅。由于师傅控制着手工业行会，所以，行会一般不会判定是由于师傅的过错而造成了学徒逃跑。①

学徒学习期满，就可以晋升为帮工。此时，帮工还是不能进行独立开业与经营，必须在师傅的指导下继续工作，可以从师傅那里领取一定的报酬。报酬的支付方式也是不同的，有的是按照生产的产品数量支付的，也有的是按照时间支付的。报酬有时会以货币的形式发放，也可能以实物的形式发放。帮工的工资水平和发放工资的日期都有一定的时间规定，不能超过标准付给帮工额外的工资或者奖金，工资一般都是计时工资，例如日工资或周工资。帮工在手工业作坊中要受到一定期限的契约约束，契约规定了具体保证及相互的义务。帮工没有自己的手工业作坊，也没有生产资料，一般都要依附于师傅，地位远远低于师傅，可以说没有发言权，没有选举权及被选举权。多数时候，他们对自己的生活境遇是不满意的，特别是在14世纪之后，西欧很多地区的帮工联合起来组成"兄弟会"反对行东集团，以维护自身的利益。

师傅也称行东、匠师，是参加行会的各个行业的手工业作坊的主人。他们基本上都是独立的手工业者，也是手工业作坊的主要劳动力，是由学徒慢慢成长起来的，并且拥有着自己的财产、作坊等，他们可以比较自由地支配帮工和学徒。师傅带领帮工和学徒在一定的时间内生产出的产品，通常以预先规定的价格售卖给大众。师傅可以参加本行业的行会举办的大会，发表自己的意见及表决一些重大事件。行会手工业时期，师傅在经济生活中处于明显的主导地位。

其次，继承制。帮工要成为师傅必须具备三个必要条件：要有一定数量的生产和生活资料、精通本行业的全部手艺、按照行会的规定完成一定年限的学徒及帮工期限。只有满足以上三个条件的帮工才有可能晋升为师傅。②换言之，帮工经过一段时期的学习和工作之后，还需要通过一定的测试，即帮工要制作一件能够表现自己水平的手工产品，请手工业行会的师傅们进行鉴定。在鉴定的时候，帮工要举办盛大的宴会招待本行业的师傅。在通过行会师傅的鉴定合格之后，如果帮工有一定的资金，这时就可以自己开业，变为师傅，从而获得了行会会员的资格。然而实际上并非如此，尤其是在行会手工业后期，很多地方师傅职位的递补明显具有世袭的倾向。而一般帮工则被设置种种障碍，许多

---

① 马克垚：《西欧封建经济形态研究》，中国大百科全书出版社，2009，第337页。
② 金志霖：《英国行会史》，上海社会科学院出版社，1996，第103页。

行会对帮工取得师傅的资格设定了严格的财产标准，以至于后来很多行会发展成为父传子、子传孙的模式，一般帮工很难晋升为师傅，其上升通道被堵死，他们中的大多数人最终沦为永久性帮工，一辈子与师傅无缘。

总之，行会手工业的等级资本所有制在行会早期对当时手工业技术的发展与传播起到了巨大的推动作用，保证了本行业技术的很好的传承，也保证了本行业产品的良好质量。然而，随着行会内部的分化，学徒、帮工、师傅的关系也发生了改变，这种学徒及帮工制度就逐渐成为师傅剥削学徒、帮工的一种形式。

三、行会劳动的屈从性与艺术感

中世纪的手工业者对自己所从事的行业比较热爱，能够做到尽职尽责。"中世纪的每一个手工业者对自己的工作都是兢兢业业，安于奴隶般的关系，因而他们对工作的屈从程度远远超过对本身工作漠不关心的现代工人。"[①] 行会手工业者对工作的屈从性，表现出一种异化劳动的性质。他们之所以具有这种屈从性，主要有以下三个方面的原因：

第一，等级资本的所有制形式。以住房、手工劳动工具及世代相袭的主顾为主要形式的等级资本所有制在行会手工业中构建了一个从学徒到帮工再到师傅的等级制度。一个人要想成长为行会师傅，首先就要成为本行业的学徒，只有如此，才能接触到并学习本行业的技能。通常这些技能都是保密的，不能随便泄露，而且也是以后继续留在这一行业的必备条件。例如，伦敦鞣白皮匠行会1346年的章程里就明确规定，没有在本行业当过学徒，或者非本城市居民的外来人口，是不能进入到本行业的。[②] 学徒在行会手工业者中处于最低等级，只要不出现大的错误，理论上是可以"上升"为帮工和师傅的。

第二，在行会手工业中，一般实行的是"一人（从事）一行业"制度，大部分手工业者一生只能从事某一职业，基本不存在改行及身兼多职的情况。当时所谓"行业"划分要比现代意义上的行业划分要狭小得多，例如，在马鞍行业，包括总装、木质主构件、油漆彩绘及各类附件等生产部门，今天凡是涉

[①] 马克思、恩格斯：《马克思恩格斯文集》第1卷，人民出版社，2009，第559页。
[②] 金志霖：《英国行会史》，上海社会科学院出版社，1996，第110页。

及其中一个行业，都可以说是进入了马鞍行业。而在行会手工业时期，各个生产部门都能够自成行业，并且不能僭越。例如，科尔多瓦皮革匠是使用新皮革为原料的工匠，故其不得修理旧鞋、旧靴子，修鞋匠虽然被允许使用新皮革为旧靴换底，但却不得零售旧靴子；中世纪的木匠行业虽然与建筑业有非常大的关系，但却不能进入泥瓦、粉刷及铅管（中世纪建筑的必需品之一）制作等行业；此外，呢绒商不得裁剪和缝制衣服，弓匠不得制造箭，经营旧鞋的人不得卖新鞋之类的规定比比皆是。① 正是"一人一行业"制度使得行会手工业者不能随意更换自己的工作，每个人必须屈从于他所从事的那个行业。

第三，学徒、帮工有成为师傅的私心。学徒在经过一段时期的学习之后，就上升为帮工。帮工通常有两个途径可以晋升为师傅：一是与师傅的女儿结婚；二是经过规定的学习期限，掌握了本行业的全部技艺，并且拥有了自己开业所必需的少量资本。帮工一般都吃住在师傅家中，由师傅提供劳动工具，其工资报酬一般由行会统一规定。例如，在14世纪，瓦匠师傅按照季节每天可以挣到4.5~5.5便士，而帮工则可以挣到3~3.5便士。在13世纪末的法国，泥水匠师傅一天工作所得大概为2法郎，而他的助手则为50生丁。② 所以，考虑到食宿等方面的费用，帮工与师傅在经济收入方面虽然不可能持平，但是也没有达到非常悬殊的差距。由此一来，帮工在经过两三的时间，不仅能够掌握本行业的全部技能，还可以攒到独立开业所需要的费用，从而可以晋升为师傅。

以上原因导致了行会手工业者能够安于现状，屈从于自己的工作。正是由于这种屈从性，手工业者才可以承受较长时间的紧张工作而没有怨言。和农业工作日一样，手工作坊工作日天一亮就开始劳动，到日落时才可以收工，很多行会规章无论禁止还是允许在烛光下工作，而有时因为工具发出的声音打扰了邻居睡觉而发生的争吵，表明了不少工匠被迫无奈继续在他们的工作台上工作到深夜。冶金工人可能比其他人一年中有更长的工作时间，他们对付节日期间禁止工作的习惯有时提出借口，说他们不能让炉火熄灭。还有一些服务性行业保持着非常繁重的工作时间表。面包房的手工业者通常必须通宵工作，只有星期天才可以休息。③

行会手工业者的这种屈从性远远超过了现代工人，这是因为手工业者们在

---

① 金志霖：《英国行会史》，上海社会科学院出版社，1996，第104页。
② P. 布瓦松纳：《中世纪欧洲生活和劳动》，商务印书馆，1985，第224页。
③ 卡洛·M. 奇波拉：《欧洲经济史》，徐璇译，商务印书馆，1988，第200-202页。

劳动中都能意识到个人存在及自己作为劳动者所具有的价值，他们都崇尚劳动尊严，他们的劳动可以说是为自己劳动，为自己的技艺生产。而现代工人从事的生产劳动则是他们谋生的手段，在生产中，他们成为机器的"奴仆"，仅仅从事着一些简单的看管工作，他们的生产技能被机器和科学所替代，劳动力价值发生了贬值，以至于现代工人对自己的工作漠不关心，没有任何感情而言，他们甚至还会采取捣毁机器、发生暴动等极端方式来宣泄自己的不满。

正是由于手工业者对自己工作的屈从性，他们在长期的生产过程中能够沉醉于自己精湛的技艺中，能够在产品的生产中做到精益求精，从而使产品具有了极高的艺术性与欣赏价值。所以，"历史上没有一个时代能像手工业行会时期那样有这么多聪明的技术大师，也没有这么多的真正的艺术家。许多杰出的劳动者、塑像工人或者雕刻家、绘画家、小画家、象牙雕刻家、陶瓷家、刺绣家、珐琅制作家，等等，把劳动提高到一种艺术的水平。"[①] 在技艺及成品方面，中世纪工匠的工作，在很多方面，可以和现代工人的相比而毫无愧色。在诺夫哥罗德及其他俄国的贸易城镇，工匠们制造的铜质圣像和十字架输出到国内各地，至少在 10 世纪已经开始了。到了 11 世纪，科隆和伦敦以金匠的精细制品颇负盛名，列日和米兰则以武器优良而闻名于世。到 12 世纪时，对城市制造商品的需求明显增长，并不断地或多或少保持稳定增长近两个世纪，任何能保暖的，比农村布匹织得比较整齐一致的或者修整得比较光洁的纺织品，都能找到市场售卖较高的价格。[②]

13 世纪的林肯和斯坦福德的纺织品非常有名。它们的高价布基本上都是用猩红色的胭脂染成的，特别是皇室及对外国君主的献礼方面需求比较大，而且经常出口。特别是在 14、15 世纪之后，由于经济的不断发展，特别是手工业技术的不断成熟，欧洲的服饰发生了很大变化，衣服的样式更加丰富，品种也越来越多。拉伯雷的《巨人传》记载的中世纪衣料有绸缎、丝毛混纺、呢绒、大马士革呢、条呢、金线缎、各种皮毛。在服装样式上面，有贴身长袖衬衫、紧身上衣、坎肩、长袍。女式的紧身上衣分为有袖、无袖多种，衣服上面还绣有花边。女人还有了护身及胸衣。外出的服装已经有披风、风帽、手套，

---

① P. 布瓦松纳：《中世纪欧洲生活和劳动》，商务印书馆，1985，第 226 页。
② 卡洛·M. 奇波拉：《欧洲经济史》，徐璇译，商务印书馆，1988，第 189–190 页。

等等，做工都十分精美与华丽。①

正是行会手工业等级资本所有制形式、"一人一行业"制度及学徒与帮工有成为师傅的私心导致了学徒与帮工对生产的屈从性。这种屈从性使手工业者能够在劳动中刻苦钻研与精益求精，从而使他们生产出来的产品具有了很高的艺术性。

四、平民与行会组织的对抗

伴随着分工的不断发展，越来越多的平民被迫涌入城市，给行会手工业带来了一定的冲击。行会为了维护自身的利益，必然会想方设法排挤平民，从而导致了平民的不满与反抗。

在中世纪，乡村中的很多农奴由于不断受到封建主的压迫而离开乡村逃亡到城市，在城市中他们碰到了众多有组织的行会，在这些行会面前，农奴是没有任何力量与之相抗衡的，于是，他们只能屈服于行会，即屈从于他们的城市竞争者对他们劳动的需求及由这些城市竞争者的利益所决定的境况。所以，这些进入城市中的农奴不能够形成一股力量来保护自身的利益，这是由于一旦这些农奴的技能需要在手工业作坊里进行培训，行东或师傅就必然会迫使这些逃亡城市的农奴服从于自己的意志，并根据自己的利益和意志组织逃亡农奴；或者这些农奴的技能不需要进行培训，就没有行会的性质，而变成了日工，必然导致这些日工组织不了一个组织或团体来维护自身的利益，所以只能是没有任何组织的平民。正是由于城市对日工的不断需求导致了平民的产生。于是，城市开始变成利己主义者联合的场所，他们之所以结盟主要是因为财产保护、利益的需要及自我保护，等等，这样就形成了一定的垄断。这种垄断主要表现在以下三个方面：

第一，许多城市都设立了行会专属区，在这一区域内行会享有垄断权，除了本行业的手工业之外，不得有其他的手工业。行会一旦在城市中占据统治地位，就千方百计、想方设法地压制来自乡村的竞争。

第二，一个行会的产品在转移到另一个行会的情况下，必须要缴纳价格关税，对内则是最低的价格关税，以此来抵抗行会之外的垄断高价，这样就造成了一种垄断。

---

① 热纳维埃夫·多古尔：《中世纪的生活》，商务印书馆，1998，第37页。

第三，在一般情况下，行会都竭力把本行业的相关技术牢牢地掌握在本行会手中，并且享有建立法庭的特权，以此来控制行会的技术以及生产过程。①到了中世纪后期，行会逐渐占据统治地位，市政府也逐渐被行会所把持，行会的师傅及其家族成员逐渐形成了一个贵族阶级。在行会贵族化的同时，贵族阶级与下层劳动阶级的矛盾也越来越大。

城市中的平民是没有力量与行会相抗争的，这是由于进入城市中的这些平民只是孤立的个体，他们彼此间并不认识，所以他们也不可能与那些有严密组织、有武器的行会相对抗，而且在每一个行会手工业中的学徒及帮工都是按照行东或师傅的利益结合在一起的，这种封建的宗法关系赋予了行东或师傅更大的力量：首先，行东或师傅对帮工的生活能够起到非常重要的影响。其次，由于一个师傅带有不同的帮工，这种同门的关系成为一种重要的纽带，从而可以把这些帮工联合在一起共同反对其他的帮工，这样就使得他们与其他的帮工开始分裂起来。最后，由于帮工存在想发展成师傅的私心，必然会使得自己与现存的行会制度捆绑在一起。所以，大多数平民为了维护自身的利益会发动一些暴动来反抗现存的行会制度，但是平民本身所具有的软弱性，必然会导致他们抗争的最终失败。

平民与行会组织的斗争大概开始于 13 世纪的后半叶，一直持续到 14—15 世纪。特别是 14 世纪后期的欧洲几乎到处都在动荡，在 1379—1382 年的佛罗伦萨，以及 1382 年的法国里昂、巴黎、鲁昂与莱茵河畔的科隆等城市，都发生了规模较大的起义。这些起义是工人发起的，城市就是他们公开表演的中心。其中比较出名的是"褴褛汉"的起义。起义的首领是一位衣衫褴褛、赤足的穷梳毛工米凯莱·兰多，参加起义的主要是一些下层平民，仅在一夜之间，就有 6000 人参加起义。米凯莱·兰多带领的起义者很快就控制了城市，工商业全部停业，商店关门，家家闭户。他们烧毁了一些行东的房屋，毁坏了羊毛贸易的记录，最后占领了议会。"褴褛汉"起义既是罢工，又是革命。他们要求享有自己组织行会及参加政府的基本权利。他们建立起了三个新的行会：一是裁缝、剪羊毛工与理发匠行会；二是刷毛工和染匠行会；三是"褴褛汉"行会，即所有其他最下层工人的行会。在市政府的 8 名官员中，与以前不同的是，3 名选自大行会，3 名选自小行会，2 名选自新行会。但是，起义最终失

---

① 李鹏：《规模经济的制度分析》，博士学位论文厦门大学，2003。

败，161名造反者被处死，起义领袖被流放，新的行会被取缔。[①]

平民对行会组织的反抗对行会手工业的发展起到了一定的阻碍作用，伴随着生产力的不断发展，行会手工业自身内部也产生了很多问题，逐渐走向穷途末路并开始解体。

第三节　封建行会手工业的解体与转型

伴随着行会的发展，行会中出现了一些贵族阶层，他们通过控制行会的领导权及篡改行会章程，不断排挤手工业者，于是，行会成员之间的平等关系被打破，"民主精神"开始倒塌，内部关系逐渐失衡，行会的劳动章程也越来越成为生产力发展的桎梏。包买商出现，使得商业资本逐渐渗透并控制了行会手工业。宗教改革在一定程度上使行会手工业丧失了精神支柱，行会手工业逐渐开始解体。一些富裕的行东通过雇佣大量的帮工扩大生产规模，从而使原有的一些行会手工业转变为工场手工业。

一、行会手工业的解体

行会手工业的解体主要是由两个方面的原因造成的：一是行会内部存在的问题；二是外部环境的变化给行会手工业带来了巨大冲击。这两个方面结合在一起就导致了行会手工业的解体。

（一）行会内部存在的问题

随着行会手工业的发展，特别是到了行会后期，行会手工业自身的很多问题开始暴露出来，主要体现在"民主精神"的坍塌、内部关系的失衡、行会劳动章程对生产力的阻碍三个方面，具体如下：

首先，"民主精神"的坍塌。行会在其初期具有民主精神，一个人从学徒开始起步一直到晋升为师傅的道路，是向所有人开放的。尽管行会手工业的对外职能是进行垄断，排除异己，但其对内职能主要是给每一个手工业者提供一个均等的机会，反对和限制自由竞争。行会手工业的奋斗宗旨就是追求尽可能

[①] 詹姆斯·W.汤普逊：《中世纪晚期欧洲经济社会史》，商务印书馆，1992，第578页。

的平等,由此而产生了很多严苛的劳动规章制度。例如,不允许任何人对原料进行垄断,也不允许合伙经营。行东的雇工被严格限制,其经营方式也被严格规定。行会不能随便雇佣非本行会的人员,更不准从事一些贩卖活动。行会手工业有一整套的程序来鉴定某一工匠的技能。行会手工业还会规定价格,并且通过各种手段来维持利率的稳定性。因此,在行会的初期是保持着一定的民主精神的,不但由于工人在行会手工业中有着巨大的发展机会与空间,而且由于其成员之间具有较为平等的地位。然而,伴随着行会手工业的向前发展,其中的民主精神慢慢消失。行会之中逐渐产生一些富裕阶层或贵族阶层,贫富差距开始产生并逐渐扩大,于是,原来行会之中的平等状态开始消亡,贵族阶层逐渐牢牢地掌握了行会的实际控制权并开始篡改行会的规章制度,以便排斥等级较低的手工业者,保证自己对行会的控制权,从而导致了行会手工业"民主精神"的毁灭。

其次,内部关系的失衡。随着行会"民主精神"被破坏,行会手工业的内部关系开始失衡,特别是行东与帮工的关系问题更为突出。以前,帮工还有可能通过自身的努力晋升为行东。因为帮工通常与行东一家生活在一起,年轻的帮工可以通过与行东的女儿结婚而晋升为行东。此外,许多帮工的工资和行东的工资相差不多,通过几年的工作,帮工只要积攒一些开业所需要的资本,就可以成为行东了。但是,在富裕行东控制了行会的领导权之后,帮工几乎不可能取得行东的身份,这种身份已经成为一种财产,可以由父亲传给儿子,当然女婿也可能有份,但对大多数贫穷的帮工则是关门的。所以,技术能力的证明变为必不可少,而且还被故意规定得更为复杂。例如要缴纳高额的入会费及举办昂贵的宴会等规定,目的就是使行东的身份变成普通手工业者高不可攀的东西。在布鲁塞尔,一个普通的补锅匠被迫要付出300佛罗林才可以开业。从候补者晋升到行东身份必须经过的阶段,数目变得越来越多,年限变得越来越长。学徒和帮工两个阶段均成为被迫的,有时除了行东儿子的年限可以缩短外,所有人都要延长到12年。帮工要经过严格的考试,缴纳一定的入会费与会费,这些都使得行东对他们行使一种专制的权力。[①]这样,帮工就彻底地沦为了行东的廉价劳动力。加之手工业行会不允许帮工进行兼职工作,所以,帮工为了争取自身的利益,建立了"兄弟会",并进行了一些斗争。从13世纪中期开始,在欧洲人口密集的工业地区,如伦巴第、多斯加纳及法兰德斯,罢工

---

① P.布瓦松纳:《中世纪欧洲生活和劳动》,商务印书馆,1985,第310页。

与暴动是普遍事情。1244年,在杜厄曾有一次帮工暴动。1248年,在布鲁日、伊泊尔、根特及杜厄,都大规模地发生了暴动。[①]帮工阶层的形成与反抗使行会发展的不稳定性大大增加了。

行会的初期是不允许与商人进行往来的,这是由于资本一旦侵入行会手工业之中就必然会造成行会的不平衡发展及成员之间的不平等。然而随着行会的不断发展,行会中的一些富裕行东逐渐与商人阶层进行往来,甚至于一些帮工也开始与商人进行往来。当然这些往来都是在背地里偷偷进行的。尽管行会的规章表面上还是对此种情况禁止,然而由于利益的诱惑,一些人最终还是与商人阶层进行勾连,从而使得商人行会逐渐控制了手工业行会。

再次,行会劳动章程对生产力的阻碍。行会手工业在本质上是一种小商品经济的生产制度。它的一系列劳动规章的根本目的就是避免竞争,防止两极分化,从而达到保证每一个手工业者都能在自己的经营活动中机会均等,在行业之外形成了一种垄断。其劳动规章是与社会经济发展规律背道而驰的。第一,行会的各种劳动章程随着时间的推移,最后造成了整个行会体系的僵化,大大地挫伤了手工业者的积极性,阻碍了资本的积累及新产品的研发,导致行会手工业循规蹈矩,妨碍了生产力的进一步发展。第二,行会手工业对手工业者的流动进行了限制,一些年轻力壮的手工业者被扼杀了发展的可能性,阻断了乡村与城市的技术以及人才的交流,导致一些手工坊不能得到发展所需要的劳动力和技工,制约了手工作坊所需要的技术及人才,从而极大地限制了生产规模的扩大。第三,为了维持行会的技术及质量标准,行会严格限制新技术的使用及新工具的发明,以致生产工具几个世纪都没有得到显著的改进。行会所规定的技术保密制度,极大地阻碍了技术的发展,导致传统的生产方式在行会手工业中处于主导地位,加之行会对新机器的摧毁,这都在很大程度上延缓了新的生产方式的产生。例如,13—14世纪,行会就严格禁止在呢绒生产中使用脚踏纺车及制毡机。第四,对本行业的垄断及从业人数的限制,阻碍了城市的发展,使得一些传统城市的发展开始滞后于新兴地区的经济发展。手工业行会已经成为城市发展的桎梏。所以,马克思指出:"虽然行会组织造成的手工业的分离、孤立和发展是工场手工业时期的物质存在条件,但行会组织排斥了工

---

① 詹姆斯·W.汤普逊:《中世纪经济社会史》下册,商务印书馆,1963,第441页。

场手工业的分工。"①

（二）外部环境的因素

在行会内部"民主精神"的坍塌、内部关系的失衡、劳动章程对生产力的阻碍等问题出现的同时，行会手工业的外部环境也发生了很大变化，这主要表现在包买商的出现及宗教改革的影响两个方面。

首先，包买商的出现。行会手工业在把持了城市的领导权之后，也努力通过城市市场的强制力，使乡村最大限度地符合城市的利益。行会手工业千方百计地反对商人资本的进入。行会手工业甚至规定商人阶层不能买卖劳动力或劳动，只能购买产品，于是行会手工业在城市中对手工业形成了一种垄断，这样就逼迫众多商人进入农村。农民在生产自己需要的同时，也开始转向市场，农村家庭手工业逐渐兴旺起来，但是采购原料需要人力，垫付原料费用需要货币，这对于很多农村家庭而言，都是一个比较棘手的问题。此外，由于农村家庭工业的很多劳动产品是面向市场的，那么市场到底需求何种产品，生产之前必须要清楚地知道。加之生产出来的产品要运输到市场上进行销售，不仅需要人力，也需要一定的费用等问题。在这样的情况之下，作为农村家庭手工业和市场之间纽带的包买商便应运而生了。

所谓包买商，就是这样一种商人，他们清楚地知道市场的销售状况，了解哪一种产品比较好销售，到哪里销售；同时，他们对原料的供应情况比较了解，能够买到为生产某一种产品所必需的原材料：这些都是包买商的优势所在。而家庭农村手工业者主要考虑的则是，如果自己要到市场上购买原材料及销售自己的产品，必然会消耗大量的人力、物力，还会面临一定的市场风险，倒不如找一个合适的中介人，自己一心一意从事手工业产品的生产，可能好处会更多一些。包买商的出现之所以受到农村家庭手工业的欢迎，是有一定的道理的。②

包买商所关注的不仅仅是农村家庭手工业者，还有城市的家庭手工业者。在英国，有一些织工想在家中生产布匹，由于没有设备和原材料，必须要到包买商那里领取生产所必需的原材料与织布机，然后在家里进行生产加工，如此

---

① 马克思、恩格斯：《马克思恩格斯文集》第 5 卷，人民出版社，2009，第 415 页。
② 厉以宁：《资本主义的起源——比较经济史研究》，商务印书馆，2003，第 176 页。

一来,这种向包买商租借生产工具与原材料在自己家中为包买商织布的城市家庭手工业者,已经完全地失去经济上的独立与自由。一些家庭由于成员较多,可以轮流进行生产,从而充分地利用织布机为包买商生产更多的布匹。

随着包买商给农村及城市的家庭手工业者提供原料与设备,一些手工业慢慢地被商业资本所控制,手工业者也逐渐与包买商联系在一起。在包买商与家庭手工业的影响下,商业资本也逐渐渗透到行会手工业之中,行会手工业开始发生一些变化,一些行会的内部也开始从事一些"非法活动",富裕的行东也逐渐提供一些生产原料让别人来代工,这样,许多行东也开始转变为包买商,一些手工业行会变为商人的组织,从而加速了行会手工业的瓦解。

其次,宗教改革的影响。行会手工业有没有宗教的性质,对此问题的看法因人而异。韦伯指出,行会手工业最初成立时不具有宗教的性质,只是到了中世纪的中后期,才具有了一些宗教的性质。而汤普逊等则肯定行会具有宗教的性质,其中一些行会手工业本身可以说是一个宗教小团体。无论行会手工业是不是最先就有一些宗教的性质,在学术界中,人们普遍认同在基督教盛行欧洲的时候,行会也具备了一些宗教的性质与特征。宗教对于行会的稳定有着重要的促进作用,如宗教的友爱、和善、等等。一些行会还会做一些慈善与宗教庆典之类的活动,还有的行会会在一些特殊的日子举办一些传道活动,还会请牧师来到现场。为了维持行会内部的一些利益,行会允许内部进行通婚。然而,在宗教改革以后,行会手工业的情况就发生了较大的变化。尽管宗教改革没有对行会的慈善及贸易基础造成损害,然而由于宗教仪式对他们的生活起着非常巨大的影响作用,没有了宗教庆典等仪式的指引作用,宗教带来的友爱及纽带作用开始逐渐瓦解,行会手工业开始丧失其精神支柱,由此在精神上加速了行会手工业的解体。

伴随着行会"民主精神"的坍塌、内部关系的失衡、劳动章程对生产力的阻碍、包买商的出现及宗教改革的影响,行会最终走向了穷途末路,逐步开始解体。行会手工业的解体主要是沿着以下几条路径开始的:

其一,一部分行会的手工业者逐渐发展成为商人及家庭工人的雇主。富裕的行东通过投入大量资本来购买生产资料,交给同行为其加工生产,然后自己再进行出售。虽然行会组织对这种倾向进行了斗争,但是收效甚微。行会最终变为"同业公会"(livery companies),也就是商人组成的行会,只有那些为市场进行生产劳动的人才可能是正式会员。那些已经成为工人或者为他人劳动的家庭工人，已经失去了在行会组织里的表决权，也就意味着他们已经失去了参与管理的权利。

其二，一个行会以牺牲另一个行会的利益为代价而得到发展。随着行会手工业的不断发展，一些行会已经完全变为商人行会，从而胁迫其他行会成员为其所用。特别是以生产过程的横断面来进行的划分，基本上都具有这种可能性。例如，14世纪的英国就发生了一些行会为了摆脱对其他行会的依附而进行的许多斗争。一些行会中的手工业者逐渐成为商人，同时一些行会也开始变为商人的组织。行会的合并就是出现这种结果的征兆，这种征兆最先出现在英国和法国。例如，在一些织布工、烫染工及漂洗工行会中的一些商人开始联合起来，组成一个组织来管理整个行业。

其三，特别是在原料昂贵并且需要庞大资本的情况下，行会手工业必然会依附于原料进口商。在意大利，丝绸的生产使得这种发展有了机会，例如在佩鲁贾就出现了行会依附于原料进口商的情景。新的生产原料也可以刺激这种情况的发生。棉花就起到了这种作用，因为棉花一旦成为一般需求的物品，发料加工制必然会通过行会或者行会的改组而蓬勃发展起来。

其四，行会逐渐依附于出口商。在手工业兴起的初期，家庭能够自产自销。后来一旦某种手工业依附于出口，代理商或者兼企业家就成为必不可少的了，这是由于个体手工业者无法满足出口的需要。因为商人不但拥有大量的资金，还有从事市场活动所需要的技能，并把此技能看作秘密，慢慢的行会成为他们的附属。①

从历史发展过程来看，英国的行会制度相对比较薄弱，特别是在家庭手工业及包买商的影响之下，逐渐开始瓦解。尽管在有些城市之中，一些传统的工业部门例如羊毛行业，手工业行会把持的时间相对比较长，但是在一些规模较大的农村区域，早在13世纪末14世纪初，在一些印染及成衣集团的支持下，家庭手工业逐渐发展起来，英国由此开始大量出口羊毛及其制品。特别是到工业革命之前，城市行会仅仅剩下一些残余，绝大部分的行会手工业变为了商业性质的"同业公会"。在一些新兴的工业部门例如棉纺织业，最初就不存在行会劳动章程的制约，基本上是在自由竞争下发展起来的，再加上没有关税，从而使得棉纺织业的发展畅通无阻，生产得到迅猛发展，同时也促进了新机器、新技术的发明创造。

---

① 马克斯·韦伯：《经济通史》，姚曾廙译，上海三联书店，2006，第96-97页。

法国和德国城市的行会势力相对比较强大。法国宣布废除行会的特权及宣布行业自由整整比英国推迟了100多年，这是在1789年的革命过程中发生的，一直到1791年才真正被取缔，人们才可以自由选择经营活动。在德国，行会政策被并入诸侯国土的城市所控制，虽然王公是根据和平与秩序的利益而管理行会的，但他们的管理办法一般是保守的，并且是按照行会老政策进行实施的。结果在16世纪与17世纪危急存亡的时候，行会仍能存在。它们能够闭关自守，当解放出来的资本主义力量的洪流泛滥于英国与荷兰，并迅速蔓延到法国的时候，德国却仍然处于幕后，后来不断受到经济自由主义及发展工业的迫切要求，行会手工业才最终解体。

二、行会手工业的转型

在行会手工业解体的同时，一些行会手工业的富裕行东开始突破行会的规章制度，通过雇佣大量的手工业者，使原来手工业作坊的规模不断扩大。这样一来，行东开始由原来的劳动者变成了管理者与经营者，其收入来自对手工业者的剥削。原来行会手工业中的师徒等级制度变成了雇佣劳动制度，行会手工业发生了质变，开始向工场手工业转型。

西欧在14—15世纪开始出现资本主义的萌芽，这是西欧生产力发展到一定历史阶段的产物。在这个过程之中，商业资本对贸易活动起到了巨大的推动作用。例如意大利北部的几个比较著名的城市，就是依靠贸易兴旺发达起来的。一直到15世纪末地理大发现之前，这些城市一直就是地中海地区的重要的经济中心，并且长时间牢牢地垄断着东西方贸易的控制权。发达的贸易活动，一方面推动了手工业的发展，使得行会手工业发生了重要的变化；另一方面也极大地加速了商业资本的积累，使得商人的经济实力得到极大的提升，由此吸引了大批破产的农民及逃亡农奴流入到城市之中，从而促进了行会手工业向工场手工业的转化。[①]

行会最初建立的目的，就是防止自由竞争及贫富差距。然而，随着手工业行会的不断发展，行会手工业者不可避免地开始发生分化。随着手工业生产及商品市场的不断扩大，行会内部的不稳定因素开始慢慢地呈现出来。例如，在行会初期，行会的领导主要是一些有能力、肯负责、办事公正的行东，与行东

---

① 宋则行、樊亢：《世界经济史》上卷，经济科学出版社，1998，第9页。

自身财产的多少没有太大关系，而且行会还承担了很多社会公益性活动，如救助孤儿寡母、帮助贫穷的手工业者，等等。所以，行会的领导必须具有一定的奉献精神。然而，随着经济的不断发展及市场的不断扩大，富裕的行东逐渐出现并形成了行会的上层。富裕的行东很多是来自一些大的行会，一旦他们把持了本行会的领导机构，行会成员之间便开始分化。例如，欧洲行会中的一些有钱人，为了区别于贫穷的行会手工业者，穿着精致华丽的制服，并逐渐形成了有钱行东都穿制服的氛围。这些富裕的行东已经不再关注其他行会成员的福利，而是关注于行会领导者手中的权力及社会地位。所以，富裕的行东会千方百计地使自己成为行会的领导者，一些人会利用自己的金钱控制选举，一些人会通过自己的社会实力来操纵行会，从而形成了对行会的控制和领导。

富裕的行东在控制了行会的领导机构之后，一方面可能修改原有的行会章程；另一方面可能无视各项规定，带头突破这些约束。富裕行东对行会限制的最主要突破是雇佣的工人数量超过了行会的章程规定，这样就使手工业作坊的规模不断扩大，从而导致了以下结果：第一，行东本人已经不再是作坊的主要劳动力或者其本人不再参加生产劳动，变成了一位经营者。第二，由于行东不再是作坊的主要劳动力或者其本人不再参加生产劳动，所以，行东的收入主要来自对帮工及学徒的剥削。第三，帮工、学徒成为了作坊的主要劳动力，于是，行东与帮工、学徒的关系发生了变化，即由原来的师徒关系转变为雇主与雇工之间的关系。此外，富裕的行东对行会限制的突破还表现在允许在家中设机雇工，这原来是行会章程所明文禁止的，因为这种行为被认为打破了技术上及规模上的限制，给很多小生产者的利益带来了很大损害。

特别是在西欧封建社会后期，在一些城市中，流落的、等待出卖劳动力的人越来越多，他们平时就聚集在城市的陋巷及城市郊区，每逢周一早上，他们就会赶到城市的广场等地方，等待雇主的挑选。幸运被选中的，也仅仅是临时工而已，一般被雇佣的时间为6天，雇佣完毕还要继续寻找雇主和工作。很多从乡村逃出来的农奴，如果长时间找不到工作，就只能沦为乞丐或者半乞丐。很多时候，他们回去已经不再可能，或者他们已经放弃了在乡村的住处，或者家人也不再为他们保留住处。正因为这些从乡村流浪到城市中的劳动者已经没有退路，城市中的永久性帮工的队伍便壮大起来。富裕的行东通过雇佣大量的帮工扩大了自己的生产规模。如此一来，原来的行会手工业便发生了一些质的变化，开始逐渐转变为资本家使用雇佣劳动的工场手工业。

第四章　工厂的雏形：资本主义性质的工场手工业

伴随着分工的不断扩大，在欧洲城市中逐渐出现了许多专门从事商品交换的商人。在商人活动不断扩大的基础上，美洲大陆的发现及新航路的开辟，不仅推动了欧洲资本主义的原始积累，促进了工场手工业的大发展，而且扩大了商业活动的范围，克服了地域性的限制。工场手工业主要是通过把不同专长的手工业者集中在一起及把同一专长的手工业者集中在一起两种形式发展起来的。工场手工业的组织形式，由于制品本身的性质不同，主要可以分为混成的工场手工业与有机的工场手工业两种类型。随着工场手工业内部的劳动分工，原来独立的手工业者开始变成局部工人。

等级资本在商业资本的冲击下，慢慢失去了其存在的基础，逐渐被商业资本所代替。越来越多的工人受商业资本指挥，并更加隶属于商业资本。工场手工业以牺牲工人来加强资本的自行增殖，具有了资本主义的性质。

第一节　工场手工业的生成机制

商业与手工业的分工及商人的出现，特别是 15 世纪末到 16 世纪初西欧国家对美洲大陆的发现以及对通往东方新航路的开辟不仅克服了地域的限制，而且使世界各国的交往得到进一步扩大，商品经济不断发展，地区之间生产的分工不断扩大，各城市都建立起自己优势的生产部门，城市之间出现了分工。工场手工业内劳动分工的采用，把每一个工人都固定在一个活动范围内，从事一种固定的劳动。这种劳动分工极大地提高了劳动生产率，降低了劳动成本，从而对那些掌握全部生产技能的个体手工业者造成了巨大的冲击。

一、商业与手工业的分工

中世纪的初期,自然经济在欧洲大陆一直占据着统治地位。手工业生产的主要目的是满足自身的需求,商品之间的交换是非常有限的。尽管在城市成立之前,商人这一阶层就已经存在,但是欧洲的商人活动与各个国家内部的农业与手工业之间的分工并没有多少直接的联系,他们仅仅是把在少数地方生产的一些商品,诸如铁、铜、盐等及从东方贩运过来的丝绸、武器、香料、珠宝首饰等运送到各个地区进行销售。[①] 例如,在地中海沿岸的法国,贸易较为活跃,尤其是在法兰克国王从哥特人手中夺得普罗旺斯之后,这里就成为通向南部海洋的主要出口。在普罗旺斯,不仅仅马赛和阿尔勒而且更小的中心例如奈斯和奈宁也在5—7世纪通过海路与意大利、西班牙、非洲及黎凡特保持着较为密切的联系。商人们出口奴隶、布匹、木材,进口加沙和费勒诺的香料、葡萄酒、毛皮、丝绸、椰枣、无花果,等等。这些商品大量经由水运和陆路从海滨发送到梅罗文加的法兰西最边缘的地区。在像罗德兹和邻近城镇这些更小的中心也组织地方性的贸易,在那些更大的中心,商人有着永久的居住地商店,但只要是哪里有一点商业机会,他们就会迅速地赶到哪里。[②] 在当时,从事这些贩运活动的商人都是一些行商,而且从其活动的内容来看,基本上都是从事对外贸易的商人。

在中世纪的城市兴起之后,随着商业与手工业的开始分离,西欧商品经济的发展取得了较大进步。城市是当时手工业的中心,城市居民中很大一部分就是手工业者,他们进行着各种手工业的生产与加工,也都有着自己的行会组织。行会组织的主要目的就是防止行业内部及外来的竞争,追求平均主义,从而求得经营上的稳定。为了实现这一目的,各个行会都制定了自己的规章制度,其中有很多规定和限制。例如,开业的限制、规模的限制、经营的限制,等等。这些行会组织在一定的时期内,对手工业的生产及技术的发展起到了很大的促进作用,特别是在12—13世纪行会形成发展的早期阶段,这种作用非

[①] 宋则行、樊亢:《世界经济史》,经济科学出版社,1998,第7页。

[②] M.M.波斯坦、爱德华·米勒主编《剑桥欧洲经济史》第2卷,钟和译,经济科学出版社,2004,第268页。

常显著。然而，到了14—15世纪，行会状况发生了较大变化。首先，伴随着手工业生产及手工技术的不断发展，行会组织的数量开始急剧增加，行业的划分更加精细，每一个行业的专业化程度越来越高，生产的技艺也更加精湛。这一时期的行会手工业组织，在一定程度上仍然起着维护小生产者生存的作用。其次，行会自身的缺陷，例如所具有的封建主义的保守性质、平均主义的色彩以及较为森严的等级制度，严重地阻碍了生产力的进一步发展。到后来，因为不能适应现实的需要，行会手工业的一些制度慢慢地被突破了。城市手工业者主要来源于一些从前一直把农业和手工业集于一身的农民，还有那些以前从属于封建主的农奴。这些农民或农奴是从农村中分化出来的，后来摆脱了农村的限制而到城市定居下来。① 由于现在这些手工业者能够比较自由地销售自己生产的手工业产品，能够没有限制地从事商业活动，从而极大地促进了城市商业的发展，商人的实力也在慢慢增强。

伴随着商业与手工业分工的不断扩大，为交换而进行生产的劳动产品越来越多，于是在11—12世纪的欧洲城市中，逐渐产生出很多不再从事手工业生产活动而专门从事商品交换的商人。这些商人阶层就是一种新的社会阶层，他们以经营商业作为自己的终身职业。这些从事商业的商人与之前那种专门从事对外贸易的商人有很大的不同，那就是他们直接与国内的市场、与城市手工业产品的销售、与城乡商品的交换联系在一起。这些商人最初仅仅是行商，此后随着手工业与市场经济的不断发展，便开始在一些交换活动比较活跃的区域定居下来。还有一些商人把外地贸易与城市的商业进行结合，从而可以把本地区的商品运输到相对较远的地区去销售。商业的不断扩大，对西欧经济与社会的发展产生了巨大的影响。城市商人为了垄断当地的市场，排挤外来商人的竞争，也成立了一些商人自己的组织，即同业公会。这种组织与手工业行会不同的是，同业公会一般在一个城市中只有一个，也不再按照行业的不同组成。同业公会也有着较为严密的规章制度，以此来保障商人的经济利益，维护会员在城市中的商业权利与外出贸易时的旅途安全等。这一时期，城市中的商人与封建主有着密切的关联，这是由于商人必须要获得封建贵族的保护，从而取得在封建贵族的领地上经商的资格。② 封建主为了自身的利益，也赞同商人的活动，可以说二者关系是相当密切的。

---

① 宋则行、樊亢：《世界经济史》，经济科学出版社，1998，第7页。
② 同①书：第8页。

二、交往的扩大与地域局限性的克服

伴随着商业与手工业分工的不断发展,商人作为一个职业开始出现。商人的出现不仅促进了经济的发展,而且扩大了商业活动的范围,打破了地域性的限制,使交往不断扩大。

从 11 世纪开始,西欧在东欧平原及波罗的海沿岸进行殖民活动,十字军也在地中海区域开始东征,与此相伴随的商业活动的区域范围及商业规模也不断扩大起来,商业活动中利润的获取和资本的积累,刺激着所有商人的每一根神经。在商业活动不断扩大的基础上,商业技巧也得到不断的创新,钱币业开始从商品流通中独立出来。13—14 世纪,不同区域的法律也开始对贸易认可,而且城市的贵族也意识到为商人提供保护可以获取较大的利益,竞争机制开始发挥作用。[1] 伴随着商业技巧及商业制度的不断完善与发展,扩大贸易规模就成为亟须解决的重要任务。15 世纪末到 16 世纪初西欧国家对美洲大陆的发现以及对通往东方新航路的开辟极大地促进了资本主义的萌芽与发展,也促进了商业革命的最终完成。美洲大陆的发现及新航路的开辟不是历史的偶然事件,而是历史发展的必然结果,其主要原因如下:

首先,商品货币关系激发了封建贵族对金银货币的渴望,这是美洲大陆的发现及新航路开辟的最初动机。14—15 世纪,伴随着欧洲商业活动的不断扩大以及农奴制度的逐渐瓦解,一方面商品流通数量的不断增加,必然也会要求货币流通量的相应增加,商人十分渴望在商品的交易过程中,有足够数量的贵金属的供应与流通,从而保证整个交换过程的顺利进行。[2] 另一方面,专制国王为了维护自身的统治,必然要负担庞大的国家机器运转以及频繁的战争的费用,封建贵族为了满足自身奢靡的生活需求,也需要大量的贵金属来购买一些奢侈品。而要获取贵金属,就当时的西欧来讲,可能的路径主要有两种:一种是开采矿藏;二是扩大贸易出口,从贸易顺差中获得金银。前一种方法是行不通的,因为西欧的很多金银矿藏已经开采了很多年,面临着枯竭,不可能提供更多的金银货币。而后一种方法也存在着很多困难,因为要想改变当时的西欧对外贸易的逆差,需要调整出口商品的结构,这不是在短时期内可以完成的。

---

[1] 王珏:《世界经济通史》中卷,高等教育出版社,2005,第 1-2 页。
[2] 同①书:第 3 页。

于是，西欧各国都把寻求金银来源的目光转向了东方，因为在他们看来，东方是富庶之地，金银遍地。所以，他们组织了一系列的海外探险活动。

其次，近东贸易危机使得从东方获取金银的欲望受阻。自从中世纪以来，欧洲与东方国家的海上贸易通道主要有三条：第一条是北路，即从地中海的北岸往东至君士坦丁堡（今天的伊斯坦布尔），然后穿过土耳其，沿黑海、里海，经过伊朗、阿富汗，横穿整个亚洲大陆到达中国；第二条是中路，即从地中海东岸叙利亚一带经过两河流域到达波斯湾，再越过阿拉伯海到达印度；第三条是南路，即从地中海南岸出发，经过埃及到红海，经过印度洋最后到达印度。因为以上几条贸易通道都是以地中海沿岸为起点的，所以，欧洲对东方的商业活动也基本上是围绕着地中海地区来进行的。然而，伴随着14世纪土耳其奥匈帝国的兴起，特别是1453年奥匈帝国占领君士坦丁堡之后，土耳其人不仅牢牢地控制了地中海区域的商业通道，而且不断地在海上进行大肆掠夺，使得东西方的贸易受到严重的威胁。中路和南路也被阿拉伯人所控制，欧洲商人的利益也得不到有效的保障。[①] 为了摆脱这种不利的局面，西欧国家必须要重新寻找一条新的商业通道，于是一些非地中海沿岸的国家开始了多次探险活动。

在欧洲的探险活动中，表现最为积极的是大西洋沿岸的一些国家，例如西班牙及葡萄牙等国家。葡萄牙早在15世纪初就开始推崇航海事业，试图寻找新的航路。这也与有着"航海家"称号的亨利亲王（1394—1460年）有着很大的关系，在他的努力下，葡萄牙的航海事业有了突飞猛进的进步。经过多年的努力，1487年，以迪亚士为首的探险队到达了非洲的好望角，为开辟通往印度的新航路奠定了重要的基础。1497年，达·伽马绕过好望角，进入印度洋，并于1498年到达了南亚的西海岸，从而开辟了从欧洲通往印度的新的商业通道。

西班牙的探险活动要比葡萄牙晚一些。由于葡萄牙牢牢控制了沿非洲西海岸南行的通道，这就迫使西班牙的探险队必须从另外一个方向，即向西通过大西洋去开辟新的航路。在西班牙国王的支持下，1492年以哥伦布为首的探险队到达了圣萨尔瓦多、古巴及海地，此后又进行了三次远航，最终登上了南美洲的沿岸地区及一些小的岛屿。这一区域很长一段时间被误认为是印度，后来被确认为是一个新的大陆，命名为亚美利加。美洲大陆的发现是航海史上的一个重大事件。在此之后，西班牙的探险队继续往西行进，1519年麦哲伦带

---

① 王珏：《世界经济通史》中卷，高等教育出版社，2005，第3页。

领的探险队,从西班牙出发,经过大西洋,经过南美海峡(现麦哲伦海峡)进入太平洋,从而到达了菲律宾群岛,麦哲伦本来是想利用当地部落之间的冲突来控制各个岛屿,没想到自己最终在冲突之中被杀害。余下的探险队员继续航行,通过印度洋,然后绕道非洲西海岸最后返回到西班牙。这次航行的结束,开辟了东西方交通的新航线。在葡萄牙、西班牙进行海外探险的同时,西欧的一些其他国家如英国、法国、荷兰等也在不断地进行探险活动。从16世纪中叶一直到17世纪,欧洲国家又陆陆续续地开辟了许多通向世界各地的新航路,发现了很多以前所不知道的区域。①

美洲大陆的发现和新航路的开辟,不仅推动了欧洲资本主义的原始积累,极大地促进了工场手工业的大发展,而且扩大了商业活动的范围,克服了地域性的限制,为人类经济活动提供了一个更加广阔的平台,从而导致了世界经济史上的商业冲动。对利润的追逐成为商业活动的推动力,这种商业冲动有别于满足基本需求的简单交换,商业开始出现了革命性的变化,从而进一步带动了欧洲经济的巨大变革。

三、城市之间的生产分工

伴随着交往的扩大、地域局限性的克服及商品经济的不断发展,地区之间生产的分工得到了进一步的发展,特别是在封建社会的后期,一些地区已经开始出现了生产的专门化。所谓专门化就是指不但把每一个产品的生产,甚至把产品的每一个部分的生产,都变为专门的生产部门。这种生产的专门化,不但导致了越来越多的独立的手工业部门,而且产生了专业化的农业生产区域,换言之,不但有工农业之间的分工,而且农业之间也产生了分工,这样,不但城乡之间有了分工,而且不同的乡村也有了分工。这种情况不仅欧洲存在,而且在我国明清时期也可以看到。例如有的地方不养蚕,但其丝织业比较发达,从而就把养蚕的农民与织丝的农民分离开来了。伴随着农业、手工业的专业化,以及商品经济的发展,地区之间的分工日益显现出来,特别是一些进行了大规模生产的区域,其社会分工更加明显。在此之前,由于市场非常有限,地区之间的联系相对较少,地区之间的分工也不明显。伴随着手工业的不断发展与扩大,特别是工场手工业的出现,不仅扩大了国内市场,建立了各地区之间的联

---

① 王珏:《世界经济通史》中卷,高等教育出版社,2005,第3-4页。

系，也刺激了各地区之间生产分工的形成。最早在公元12世纪，生产地区的专业化分工就已经成为中世纪经济的明显特征。例如，总部建在波尔多的加斯科涅地区的葡萄酒买卖；佛兰德的羊毛业非常依赖英国产的羊毛的供给；波罗的海地区也已经成为非常重要的谷物来源地，来供给高度城市化的低地国家；再往南部，葡萄牙、法国及英国的船只将盐与酒运往北方，回程时带回干咸鱼等商品。[①]由此可见，地区之间的生产分工日益明显并不断得到加强。

由于地区之间分工的不断发展，一些手工业城市的不断扩大与发展，使郊区在经济职能上发生了显著变化。以前只是靠天吃饭的农业得到了一定的发展，区别于传统的农村而发展起来，出现了城市与郊区之间的相互依赖、相互共生。郊区不仅要发展商品性的农业，给城市提供生活所需的农副产品，而且要逐步发展那些以工业原料为主的农业。所以，郊区商品性农业的生产技术和收益都要比传统的农业要高。虽然，这种城乡之间的关系还依然是城乡关系，但是，由于城市工业的吸引或者失去土地，农民要去城市谋生，成为了城市的雇佣劳动者。

"随着交往集中在一个特殊的阶级手中，随着商人所促成的同城市近郊以外地区的通商的扩大，在生产与交往之间也立即发生了相互作用。城市彼此建立了联系，新的劳动工具从一个城市运往另一个城市，生产和交往之间的分工随即引起了各城市之间在生产上的新的分工，不久每一个城市都设立一个占优势的工业部门。"[②]商人阶级的出现打破了地域间的限制，随着城市与乡村分工的出现，城市与乡村的商业往来日益频繁起来，而城市之间由于各自资源、技术等条件的不同，各个城市都发展了自己独特的生产部门，城市与城市之间开始互通有无，并出现了生产中的分工。

四、手工业生产内部的分工与协作

伴随着城市之间的生产分工，市场不断扩大，从而导致了原有的具有行会性质的、农村中作为副业的手工业生产不能满足新的市场需求。所以，为获得更高利润的行东开始寻找新的发财途径。于是行东把一些分散的独立的手工业

[①] 龙多·卡梅伦、拉里·尼尔：《世界经济简史》，潘宁等译，上海译文出版社，2012，第74页。

[②] 马克思、恩格斯：《马克思恩格斯文集》第1卷，人民出版社，2009，第559页。

者集中在一起，通过雇佣大量的手工业者，在资本家的统一指挥下进行生产劳动。由于很多手工业者在一起劳动，手工业生产内部出现了协作——简单协作。

简单协作与行会手工业相比，尽管只是在量的方面有所区别，但在一定的限度内可以创造出新的生产力。第一，简单协作可以使很多不同劳动能力的工人的差别消失，从而达到社会的平均水平。这是由于，商品的价值是由生产商品所必需的社会必要劳动时间所决定的，雇佣劳动者的劳动能力如果达不到社会必要劳动时间的标准，资本家就会亏损，甚至破产。所以，资本家就必然会通过各种手段迫使雇佣工人的劳动能力达到或高于社会的平均水平，以此来获取更多的剩余价值。第二，简单协作由于是很多人共同参加劳动，共同消耗生产资料，从而可以节约生产资料。这是由于有些工具、容器，个人单干时每人要有一套，协作时可以许多人共用同一套。建造大厂房、大车间的费用也要比建造很多小作坊的费用要少一些，从而在一定程度上节约了生产资料。生产资料的节约还体现在：一方面可以使单位商品的价值量降低，从而增加剩余价值；另一方面可以使预付的不变资本减少，提高利润率。第三，简单协作不仅提高了个人生产力，而且创造了一种生产力。以抬举笨重物体为例，许多人同时协作，很容易就把这一重物举起，同样是这些人，如果分别抬举，结果却抬举不动该重物，由此而产生了一种比单个力量总和要大很多的集体生产力。第四，简单协作中发生的社会接触会激发单个人的竞争心与精神振奋，从而提高工作效率。第五，简单协作具有连续性与多面性。一是因为许多人同时协作完成一件工作，就可以把单个人的劳动组织成为连续作业的各个不同阶段，二是因为许多人同时协作完成一件工作，人们可以在同一时间内在不同的空间上进行工作。第六，简单协作一方面可以集中大量的人力在一定的时间内，在更大的范围内进行生产劳动，另一方面可以相对缩小每一个劳动者的活动空间。

这一时期，手工业作坊的好处并不表现在真正的分工，而是表现在可以进行很大规模的生产活动，从而能够生产出更多的劳动产品。此时，即便有分工，也只不过是一种特殊的协作。这种情景在英国资本主义发展的早期可以窥见。在英国亨利八世时，在纽培利有位名字为杰克·温切孔伯的资本家，他把1040个手工业者集中到一个大厅进行生产劳动，在这1040个工人之中，有200个织工、200个纺工、100个梳毛工、50个刮毛工、40个染工、20个缩绒工，等等。很明显，这一生产劳动还保留着手工业的性质，它是建立在不同劳动者对工具的熟练程度基础之上的。

简单协作向前发展，在其内部就产生了分工。这种"以分工为基础的协作，在工场手工业上取得了自己的典型形态"。① 这是由于以分工为基础的协作，在资本主义发展过程中，形成了一个独立的阶段，即它是在简单协作的基础上产生并过渡到机器大工业之前的一个独立阶段——工场手工业。

第二节 工场手工业的形成路径

人口的增长、资本的集聚、交往的扩大以及织布业自身的特性，都在一定程度上促进了织布业的巨大发展，使之摆脱了原有的生产方式，出现了最早的工场手工业。资本主义的工场手工业主要通过以下两种方式发展起来：一是把不同专长的手工业者集中在一个工场中；二是把同一专长的手工业者集中在一个工场内。这两种方式的最终结果都是使每一个生产者丧失了自己的独立与全面生产技能，变成该行业的局部工人。

一、新产业领域的出场：作为最早的工场手工业的纺织业

以往农民为了自身的生活必需品——衣服而进行的家庭手工业，由于市场的扩大而得到了快速的发展。"织布业是最早的工场手工业，而且一直是最主要的工场手工业。"② 人口的不断增长而导致的对布料需求的增加，商品流通速度的加速而形成的大量资本的集聚与流通，以及交往的不断扩大而对奢侈品需求的增加，都在一定程度上促进了织布业的巨大发展，从而使得织布业摆脱了原有的生产方式。"织布是一种多半不需要很高技能并很快就分化成无数部门的劳动，由于自己的整个特性，它抵制行会的束缚。"③ 所以，织布业一般都是在没有行会手工业的农村或者一些集市上经营加工，这些区域随着织布业的发展而不断得到扩展，并逐渐成为各个国家的繁华之地。

---

① 马克思、恩格斯：《马克思恩格斯文集》第 5 卷，人民出版社，2009，第 390 页。
② 马克思、恩格斯：《马克思恩格斯文集》第 1 卷，人民出版社，2009，第 560 页。
③ 同②书，第 561 页。

纺织业是当时雇佣工人最多的行业。这主要由于工业化之前的欧洲只是一个比较贫穷的地方，最基本的需求仍然是食物和衣服。织布行业比较分散，许多生产都是家庭作坊式的，产品的对象也大多是家庭或者本地的市场，但也有一些地区专业生产出口布匹。曾经比较辉煌的意大利纺织业由于抵不过新的更强劲的对手，正在逐渐地退出历史的舞台，不得不把羊毛制品的广大市场让给了荷兰、英国及法国制造商，而绚丽多彩的丝绸市场也让法国人分得了一杯羹。西班牙羊毛业在16世纪上半叶得到了迅速扩张，然而在政府的干预及苛捐杂税之下逐渐销声匿迹。16世纪晚期之前，最大的羊毛以及亚麻纺织业在低地国家南部，尤其是佛兰德与布拉邦特。

从中世纪后期以来，纺织业的组织形式基本上变化不大。雇主不仅是商人还是制造者。他们购买原材料，分给家庭作坊里的纺线工、织布工以及其他的工匠，然后销售制成品。无论是工匠还是商人的行业协会对行业的影响力不大，至少英国是这样的。尤其是毛纺织业，特别是在深入到农村之后，行业协会就逐渐消亡了。[①] 在北意大利以及托斯卡纳，12世纪具有商业规模的毛纺业非常普遍，在13世纪则得到稳定的发展。13世纪，意大利开始与英格兰和佛兰德的制造商争夺欧洲最好的羊毛。由于得到了欧洲上等的羊毛与来自东方和地中海的染料，以及来自各地的劳动力和意大利商人的巨大财富所提供的资本的充足供应，加之从佛兰德生产者所面临的困难中获得的有利形势，意大利纺织业获得了突飞猛进的发展。

在意大利的整个波河平原，在无数伦巴第及威尼斯的城镇里，毛制品的生产成了主要产业。以前只是满足本地消费生产粗布的一些城镇，如今也开始为外地集市生产布匹了。米兰、布雷西亚、维诺纳、博杜瓦等都因其毛织品而著名。后来，托斯卡纳由于拥有几个服装重镇如比萨、卢卡及佛罗伦萨，它也像波河平原一样成为最重要的生产区。到14世纪初，佛罗伦萨超过了托斯卡纳的其他城镇，佛罗伦萨的毛纺工业每年生产8万匹布，雇佣约3万工人。随着布匹行业集约程度的不断提高，毛制品加工越来越集中到一些大企业手中。14世纪的纺纱工人完全处于依附的地位，而且经常依附于某一个工场主，这些工人只能纺织这一个工场主所提供的羊毛。织布往往在城市之中进行，并经常在妻子及其他家庭成员的帮助下完成。工人越来越处于依附地位，经常在羊毛加

[①] 龙多·卡梅伦、拉里·尼尔：《世界经济简史》，潘宁等译，上海译文出版社，2012，第135–136页。

工销售商人的直接监督下进行劳动，他们甚至不再拥有自己的生产工具，而要向商人们租借。即便是漂洗工和染工也要受到羊毛加工商人的控制。[①] 这样，商人就变成了资本家，手工业者也就成为雇佣工人，工场手工业逐渐形成起来。

英国的工场手工业最初是在呢绒手工业中产生的。早在农奴制时代，伴随着养羊业的不断发展，呢绒工业已经成为英国的主要工业生产部门。这些生产部门最初是集中在约克、伦敦、贝弗利等一些大城市。水力漂洗作坊广泛出现之后，才逐渐集中在远离城市的河谷一带。到14世纪，乡村的呢绒工业已经取得了很大的成就，呢绒出口的数量不断扩大。农村呢绒工业的快速发展，吸引了大批的城市商人前来投资。他们利用自己拥有的雄厚资金和与市场有着密切联系的有利条件，开始把从农村中收购而来的羊毛，分配给很多贫困的手工业者进行加工，并支付一定的报酬。这样一来，家庭手工业者的地位发生了重大的变化，他们失去了对产品的所有权及支配权，成为了商人的雇佣工人，商人由此变为资本家。此后，这些商人慢慢地把呢绒工业的纺、织、整、染等整个生产过程控制起来了，也逐渐把分散在各地的家庭手工业者组织起来，形成了工场手工业。[②] 随后，纺织业得到了迅速发展。在中世纪未经加工过的羊毛是英国当时的主要出口商品。16世纪，半成品的布料成为主要出口品。到1600年，羊毛及精纺毛织品占到英国总出口的三分之二。随后的17世纪初，英国有四分之三的出口布料为未经整染的商品。然而到17世纪末，英国几乎所有出口的布料都是制成品。[③] 所以，在现代工业崛起之前，英国就已经成为当时全欧洲纺织行业的最大出口者了。

总之，人口的增长、资本的积累、交往的扩大以及纺织业本身不需要太高技能并能迅速分化成很多部门的生产等优势，都在一定程度上促进了纺织业迅速发展，使纺织业摆脱了传统的生产方式，出现了最早的工场手工业。

---

① M.M.波斯坦、爱德华·米勒：《剑桥欧洲经济史》第2卷，钟和译，经济科学出版社，2004，第543–548页。
② 金波：《主要资本主义国家近现代经济发展史》，当代中国出版社，1994，第8页。
③ 龙多·卡梅伦、拉里·尼尔：《世界经济简史》，潘宁译，上海译文出版社，2012，第136页。

二、原有行会手工业向工场手工业的历史转型

原有行会手工业向工场手工业的转型主要是通过行东突破行会的限制，雇佣大量工人而形成的。当富裕的行东雇佣的工人数量超过行会规章所规定的限额以及在家中设机雇工之后，手工作坊的性质就发生了变化。这时的行东已经转变为经营者及监督者，其主要收入来源于雇佣工人所生产的剩余价值。普通的帮工在不能晋升为行东之后，不得不受雇于行东。于是，工人的流动也开始慢慢变少，不能轻易地离开所在城市而到别的地方去谋生。从手工作坊的规模来看，当雇佣工人的人数增多后，手工作坊不但变成了具有简单协作性质的大的手工作坊，而且变成了具有劳动分工的工场手工业。这种具有分工协作性质的工场手工业由于规模较大、雇佣工人较多，每一种操作都由专门的工人进行，劳动生产率大大提高，从而降低了生产商品的费用，具备了很强的竞争力，能够比较轻易地挤垮那些生产规模较小的手工作坊。

无论是雇工人数较多的大作坊，还是已经实行了劳动分工的工场手工业，已经不再是简单的小商品生产的单位了，而具有了资本主义的性质。当然，这与技术上的重大变化没有必然的关系。在小商品生产之下的手工作坊所使用的是手工操作的工具，而大作坊或实行劳动分工的工场手工业最初使用的也是手工工具，两者在技术上几乎没有差别，雇佣工人的人数差别则是一个非常关键的因素，因为在只有很少帮工及学徒的小作坊中，雇主自己是参加劳动的，而且是最主要的劳动者，其收入也主要是自己的劳动所得。但是在雇工人数增加以后就发生了变化。[①] 从手工作坊到大型的工场手工业，无疑是一个从量变到质变的过程，雇主已经不再参加劳动，其收入也不是自己的劳动所得，而是来自对雇佣工人的剥削。这种工场手工业雇佣工人人数较多，规模较大，并且实行了劳动分工。16世纪中期之后，由包买商建立的工场手工业开始逐渐发展壮大起来。在英国，一个由约翰·温契康伯建立的工场手工业，雇佣了200名织工、200名纺工、150名拣毛童工、50个修剪工、80个加浆工、40个染工以及20个漂白工。特别是到了17世纪，雇佣工人数量达到几百的毛织工场在英国已经非常普遍。

在法国，工场手工业则是在政府的支持下成长起来的。从亨利四世

---

① 厉以宁：《资本主义的起源——比较经济史研究》，商务印书馆，2003，第170–171页。

(1594—1610)起,法国就开始在全国推行重商主义政策,着力创办一些官办工场手工业,后来的路易十三也通过免除租金与税赋、发放补助金等方式,大力发展工场手工业。特别是到了路易十四时期(1661—1715),政府已经创办了100多个王室的工场手工业,还出台了一系列的优惠政策鼓励工场手工业的发展,从而使法国的重商主义政策达到了一个高峰。如此一来,法国的工场手工业就开始慢慢地发展起来了。当然,规模最大的还是政府主导的工场手工业,例如,安比林与萨望里的由王室创办的工场手工业,当时就雇佣工人800多人,规模也相当庞大。特别是到了18世纪,在法国、英国、荷兰等一些西欧国家,各个工业领域的工场手工业已经非常发达了。

三、以分工协作为基础的"二重起源"

在原有行会手工业向工场手工业转型的过程中,工场手工业主要是通过把不同专长的手工业者集中在一个工场中以及把同一专长的手工业者集中起来两种方式发展起来的。

第一,把不同专长的手工业者集中在一个资本家的指挥下共同制造某一种产品。一个产品的生产完成,一般要经过许多不同种类的生产程序。在个体手工业的状态下,这些工作都是由比较分散的个体手工业者来完成的,然而在工场手工业之中,则是把很多有不同特长的个体手工业者联合在资本家的工场中进行的。马克思以马车与纺织品的生产为例来阐述由这种方式产生的工场手工业。制造一辆马车,需要不同的工匠,如车匠、漆匠、描金匠、钳工等。制造马车的工场手工业会把这些不同的工匠集中在同一个资本家的工场中进行生产劳动,并按照以前固有的分工,共同协作完成马车的制造。因为需要同一时间生产很多马车,所以,当一些马车还在钳工手中时,另一些马车则在描金的阶段了,这仍然是一种简单协作。但是,在此基础上产生的工场手工业不久就会发生质的飞跃。这是因为,一方面,这些从事马车生产的工匠,会慢慢丧失过去全面从事某一行业的技能。例如,锁匠、油漆匠,当他们还是独立的手工业者的时候,他们不但可以做马车上的锁,给马车油漆,还可以做其他种类的锁,给其他产品油漆。他们现在变成了雇佣劳动者,因为马车工场手工业内部的分工,他们只能从事生产马车的某一个部件或某一个阶段的工作,原来能够做其他种类的锁以及给其他产品油漆的工作,由于现在不再从事了,慢慢就会生疏乃至遗忘了，最终变成只会做马车上的锁以及给马车油漆，丧失了原有的全面生产的能力。另一方面，不仅某一个工种（例如钳工）只能适应马车生产的需要，同一工种又被划分为一系列的操作，每一个工人只能从事其中的某一项操作，最终成为局部工人。所以，工人一方面失去了全面生产的技能与能力，另一方面也发展了某一个方面的专长。

第二，把同一专长的手工业者集中在一个工场内。虽然这些手工业者已经不是独立的工匠，而是资本家的雇佣劳动者，但是，由于他们都生产整个产品，并按照手工业的程序操作，所以这仍然是一种简单协作。然而，外部的环境必然会使工人以分工的形式来组织生产劳动。比如，要在短时期内交付一大笔产品，如果还是按照以前的方法，即每个工匠都制造整个产品，那么就不能按期进行交货，如果每一个工匠仅仅从事制造商品的一个环节或步骤，那么就能按时完成任务。人们开始意识到这种分工的优越性，"各种操作不再由同一个手工业者按照时间的先后顺序完成，而是分离开来，孤立起来，在空间上并列在一起，每一种操作分配给一个手工业者，全部操作由协作者同时进行"。①这种分工开始慢慢地固定下来。以往，制造某一产品的全部工序都由同一个手工业者自己完成，所以这个产品是一种个别劳动的产品，但当每一个手工业者只能完成某一产品的某一工序时，产品就变成社会产品了。以针的生产过程为例，过去的多种工序都是由同一手工业者自己完成的，但是现在进行了分工，有的工匠只负责拉直，有的负责切断，有的负责磨尖，等等。原有的多种工序开始独立开来，并固定化为专门劳动。

由此可见，以分工协作为基础的工场手工业是采取两种方式产生的。一种是建立在不同类型的独立手工业者结合的基础之上的，在结合的过程中，这些手工业者失去独立性，变为非独立性以及片面性，成为生产过程中相互补充的局部劳动。另一种则是以同一种类的手工业者的结合为基础的，在协作的过程中，通过把原有的完整操作分解为不同的独立操作，建立起系统的专业化分工。最终的结果是每一个生产者都丧失了自己的独立与全面生产技能，变成这个行业的局部工人。这些局部工人结合在一起就构成了生产的总体，从而建立起以人为部件的生产机构。

---

① 马克思、恩格斯：《马克思恩格斯文集》第5卷，人民出版社，2009，第392页。

第三节　工场手工业的生产组织形式

工场手工业，由于制品本身的性质不同，可以分为两种不同的组织形式，即混成的工场手工业以及有机的工场手工业。工场手工业是社会分工发展的产物，而工场手工业的分工可以促进社会分工的发展，它是资本主义生产关系的独特创造。

一、混成的工场手工业

混成的工场手工业主要是指制造一些由各种独立的零部件组成的产品的手工工场，即"由各个独立的局部产品纯粹机械地装配而成"。① 以钟表的生产过程为例，它是由发条、指针、表壳、齿轮等很多小零部件组装而成的，这些零部件都是由不同的局部工人如发条工、指针工、表壳工、齿轮工、雕刻工等生产出来的。这些局部工人在生产过程中没有直接的联系，只是最后的阶段在装配工人的手中，把这些不同的零部件重新组合起来，才最终成为一个产品。由此就造成了一种生产特点，即在生产一个产品的不同零部件时，局部工人不一定必须都要集中于一个工场之中，他们也可以单独在自己的家中进行生产劳动，只要按时保质保量交货就可以了。特别是在以下的情况下，家庭生产是可以大量存在的：

首先，家庭生产的劳动者为了取得更多的收入，必然会延长劳动时间以及提高劳动强度，造成劳动者之间的竞争。

其次，生产过程一般由不同的工序构成，这样工人就不一定共同使用某些生产工具。

再次，在家庭生产的情况下，资本家可以节约建筑厂房等开支。"局部劳动本身又可以作为彼此独立的手工业进行，如在瓦特州和纳沙泰尔州就是这样；在日内瓦则有大钟表手工工场，也就是说，那里局部工人在一个资本指挥下进行直接的协作。但即使在日内瓦，指针盘、发条和表壳也很少是在手工工

---

① 马克思、恩格斯：《马克思恩格斯文集》第5卷，人民出版社，2009，第397页。

场本身内制造的。"①

需要注意的是，家庭生产的局部工人，其地位与那些直接为顾客工作的独立手工业者是不一样的，因为前者是为资本家工作的，受到资本家的剥削，是一种典型的雇佣工人，而后者则是独立的生产者，他本身就占有一定的生产资料，不为资本家工作，也不受资本家的剥削。

二、有机的工场手工业

有机的工场手工业，是工场手工业的完成形式，其制品要顺序经过一系列相互联系的发展阶段才能够完成。以缝衣针的生产为例，其要经过拉长并拉直针条、切断、打眼、磨尖等72个甚至92个局部工人的连续操作才可以生产出来。这些局部工人的操作过程是有机地联系在一起的，如果前者不把钢丝拉长拉直，后者就无法切断，当然也就无法进行磨尖了。所以，当这种系统操作和分散的独立手工业者被资本家雇佣在一起时，便形成了有机的工场手工业。这种有机的工场手工业使原来的手工业生产发生了许多重大变化：

第一，由于把之前分散的手工业者重新结合在一起，工场手工业的制品在每一个生产阶段的空间被大大缩小了，从而导致产品从一个生产阶段到另一个生产阶段的时间也缩短了，这是一个巨大的进步。但是，由于工场手工业所具有的分工原则，即各个独立的局部劳动之间要建立一系列的联系，产品就必须要不断地从一个生产过程转移到另一个生产过程，这种情况，从大工业的视角来看，"表现为一种具有特征的、破费的、工场手工业原则所固有的局限性"。②这是因为一个过程转移到另一个过程，通常是用人来完成的，这就需要花费很大的转移劳动。

第二，在有机的工场手工业内部，由于各种分工是有机地联系在一起的，各种不同的操作不仅在时间上是顺序进行的，而且在空间上是并列的。就各个操作过程来讲，是一个接续一个进行的；就全部生产过程来说，却是同一时间进行的。如此一来，就能够在同一时间之内生产出更多的产品，从而提高劳动生产率。例如，在制作缝衣针时，当一组工人在打针眼时，另一组工人同时在

---

① 马克思、恩格斯：《马克思恩格斯文集》第5卷，人民出版社，2009，第397–398页。
② 同①书，第399页。

切断针条，还有其他工人同时在拉长和拉直针条，等等。这样，就能在同一时间内生产出更多的缝衣针。"工场手工业不只是发现了现成的协作条件，而且还通过把手工业的活动加以分解而部分地创造出协作条件。"① 正是由于工场手工业创造出了以分工为特征的协作条件，从而使劳动生产率比简单协作有了明显的提高。

第三，在这种以分工为基础的工场手工业中，由于各种分工是有机地联系在一起的，每一个局部工人的劳动成果都成为下一个局部工人的劳动对象，这就必然会要求每一个局部工人必须在一定的时间内按照产品的要求生产出半成品来供下一道工序的局部工人继续生产和加工。所以，局部工人为了准时、保质保量地完成自己的生产任务，就必须连续地、紧张地进行生产，不断地提高劳动强度，并使每个人的劳动更加具有社会平均劳动的性质。这是因为在独立手工业生产的情况下，每一个生产者都必须在社会必要劳动时间的范围内来生产，这是由竞争规律所规定的，也就是通过交换和竞争才得以表现出来，这就是社会必要劳动时间决定商品价值量的价值规律所表现的外部强制力。然而，在工场手工业的情况下，由于生产过程本身所具有的有机联系以及每一个局部工人之间的相互依赖，在一定的劳动时间内生产出一定的产品，就成了生产本身所固有的技术规律。

第四，在有机的工场手工业之中，由于不同的操作在同一时间内所产生的产品数量不同，所以，要想使各种局部工人提供的产品互相适应，保证生产过程的连续性，就必须要使各种工人在数量上保持一定的比例。以活字铸造业为例，如果一个铸工、一个分切工、一个磨字工每小时分别可以铸 2000 字、切开 4000 字，打磨 8000 字，那么，雇佣 1 个磨字工就必须同时雇佣 2 个分切工以及 4 个铸工才能保证生产的连续性以及秩序性。所以，"工场手工业的分工不仅使社会总体工人的不同质的器官简单化和多样化，而且也为这些器官的数量大小，即为从事每种专门职能的工人小组的相对人数或相对量，创立了数学上固定的比例。工场手工业的分工在发展社会劳动过程的质的组成的同时，也发展了它的量的规则和比例性"。② 工场手工业要想进一步扩大生产规模，就必须要按照一定量的比例来增加不同工人的数量。此外，有一些工作，无论生产

---

① 马克思、恩格斯：《马克思恩格斯文集》第 5 卷，人民出版社，2009，第 399–400 页。
② 同①书，第 401 页。

规模大一点还是小一点,都可以用一个人来完成,例如总监督的工作就不需要按照一定量的比例进行配置。

在有机的工场手工业中,生产小组通常都是由执行同一个生产功能的一定量的局部工人构成的,然后由各个不同分工的生产小组有机地组成整个工场手工业总机构,每一个生产小组都是这个总机构的特殊器官。这与独立的手工业者或者简单协作是完全不同的。独立的手工业者或者简单协作,是在没有分工的状态下,一个工人独立完成整个产品的生产,个人生产的产品只能是整个社会产品的一部分,而不能说是总机构中的特殊器官。在工场手工业中,个人不能独立地生产出某一产品,个人的劳动只是完成了该产品的一个部分,整个产品只有在许多不同的局部工人或生产小组的分工协作中才可能生产出来,所以,局部工人或生产小组就构成了总机构的特殊器官。

三、总工场手工业

随着工场手工业的不断发展,又产生了不同的工场手工业的结合。主要有以下两种情况:一种是制造生产资料的工场手工业与生产产品的工场手工业结合在一起。例如,英国的玻璃制造工场在制造玻璃时,需要用到坩埚,因为坩埚的优劣会直接影响到玻璃的质量,所以制造玻璃的手工业为了保证自己生产产品的质量,就与制造坩埚的工场手工业结合在一起了。另一种是"制造产品的工场手工业,也可以同那些又把它的产品当做原料的工场手工业,或者同那些把它的产品与自己的产品结成一体的工场手工业联合起来"。[①] 例如,玻璃制造业通常会与磨玻璃业以及铜铸业相结合。这种结合的工场手工业就构成了一个总工场手工业。这样结合的目的,一方面可以保障产品的质量;另一方面可以使各个独立的、不同分工的生产过程得到更好的配合。这种结合的总工场手工业虽然有一些优点,但是还存在着一些缺点或不足,即不能在自身的基础上实现技术的统一。这个统一仅仅在机器生产时才可以达到。这是由于工场手工业主要是以手工技艺为基础的,虽然他们之间可以互相结合起来,但在技术上是不能统一起来的。然而,大工业中的机器,它们的操作以及它们之间的结合,主要是运用力化学、物理学等技术原理来解决的,所以可以获得现实的技

---

① 马克思、恩格斯:《马克思恩格斯文集》第 5 卷,人民出版社,2009,第 403 页。

术统一性。

工场手工业时期间或发展和使用了机器,尤其是在一些需要大量人力的简单过程。这时候,一些比较简单的机器得以产生并开始运用。当然,这种机器在生产过程中只是起到一个辅助作用,起主要作用的还是生产过程中的局部工人。因为分工使每一个局部工人仅仅承担一部分生产劳动,许多局部工人结合在一起就构成了总体工人,所以,局部工人只是总体工人的有机组成部分,就好像机器的部件是机器的有机组成部分一样。这种由局部工人结合在一起而构成的总体工人,就成为工场手工业的"活机器"。随着分工的不断发展,局部工人也越来越专门化,资本家就越加依据局部工人的特殊技能来使用工人,使工人的特殊技能得到最大限度的发展。"局部工人作为总体工人的一个肢体,他的片面性甚至缺陷就成了他的优点。从事片面职能的习惯,使他转化为本能地准确地起作用的器官,而总机构的联系迫使他以机器部件的规则性发生作用。"[①]

四、社会内部的分工与工场手工业内部的分工

工场手工业是社会分工发展到一定阶段的产物,而工场手工业的产生与发展,又进一步推动了社会分工的发展。分工是工场手工业最重要的特征之一。如果纯粹就劳动本身来讲,分工可以分成三种类型:一是一般的分工,即把社会生产划分为农业及工业两大类;二是特殊的分工,即把农业和工业这两大类进一步分成许多不同的大小部门,例如可以将工业再细分为重工业和轻工业,轻工业还可以再细分为纺织工业及食品工业,等等;三是个别的分工,即工场手工业内部的分工,是区别于前两种的社会内部的分工。马克思对工场手工业分工的研究,是通过与社会分工的比较来进行阐述的。

(一)社会内部的分工与工场手工业内部的分工的联系

第一,从两种分工的起源来看,社会内部的分工,"同工场手工业内部的

---

① 马克思、恩格斯:《马克思恩格斯文集》第 5 卷,人民出版社,2009,第 404–405 页。

分工一样，是从相反的两个起点发展起来的"。① 社会分工和工场内部分工都是二重的：一种情况是起源于独立的生产，分工后又开始转化为非独立的生产；另一种情况是起源于非独立的生产，分工后转化为独立的生产。关于社会分工的起源，第一个起点是在家庭或氏族内部自然分工的基础之上产生的。最先出现的只是建立在生理的基础之上的差别，即性别及年龄之间的不同。后来伴随着氏族公社的不断扩大，尤其是氏族公社之间的冲突，分工开始不断扩大。第二个起点是在不同的家庭、氏族等交往的地方引起的商品交换。由于不同的氏族公社所处的环境不同，所能获得的生活和生产资料也就不同，所以，它们的生产以及生活方式等也不尽相同。由于各自产品的不同就产生了交换，交换的发展扩大了各氏族公社之间的联系，使原来独立的氏族公社，变为相互依赖，从而导致了社会分工。这种分工就使得原来相互独立的生产部门变为非独立的生产部门。而在那些以性别和生理分工的地方，一些氏族成员逐渐占有生产资料，成为比较独立的生产者，从而使得原来非独立的生产转化为独立的生产。

关于工场手工业内部起源的二重性。它们或者把不同种类的独立的手工业者结合起来，使原来独立的手工业者失去其独立性，从而在生产过程中变成相互补充的局部劳动；或者以同一种类的手工业者协作为出发点，使原来由同一个手工业者按照时间的先后顺序完成的，因而是非独立的操作分离开来和独立起来，使各个生产活动成为局部工人的专门职能。

第二，工场手工业内部分工是以同时使用一定数量的工人为物质前提的。如果没有一定数量的工人在一起生产，是不可能进行分工协作的。社会分工也是以人口数量和密度作为物质基础的。人口密度是一个相对的概念，在考察一个国家或者地区的人口密度时，不能单纯统计每平方千米的平均人口，还要考虑到交通发达程度这一重要因素。

第三，从两种分工的社会关系看，一方面，只有当社会内部分工和商品生产达到一定程度，许多生产资料集聚在资本家手中时，才有可能同时雇佣很多工人在一个工场内进行生产，才能产生工场手工业的分工。另一方面，工场手工业的分工会产生反作用，从而使社会分工得到进一步发展。这是由于：①原来由同一个生产者经营并包括主要行业及其他行业的工场手工业，很快就会出现分离与独立。②有些工场手工业生产的某一特殊的生产阶段独立了，其他阶

---

① 马克思、恩格斯：《马克思恩格斯文集》第 5 卷，人民出版社，2009，第 407 页。

段也会相应变成独立的行业。③混成的工场手工业各个零部件生产分离出来，独立化为特殊的手工业。④根据不同的原料或同一原料的不同形式，可以将原来同一个工场手工业分解为多个工场手工业。所以，工场手工业分工可以推动各地区之间社会分工的扩大。

（二）社会内部的分工与工场手工业内部的分工的区别

第一，作为社会分工而相互独立的各个生产部门所生产的产品，是为劳动者每一个人所有，是作为商品存在的。而在工场手工业内部的分工中，最后成为商品的只是整体工人的共同产品，而不是由各个局部工人单独完成的。

第二，社会内部的分工是建立在不同生产部门产品的买卖基础之上的，人们之间的关系表现为物与物之间的关系。工场手工业内部各生产劳动之间的关系，是建立在资本家把雇佣工人当作结合劳动力的基础之上的。劳动力的买和卖，是这种劳动联系的基础与起点，表现为资本家对工人的剥削关系。

第三，以商品交换为媒介的社会分工的前提是生产资料分散在不同的生产者手中，而工场手工业分工的前提则是生产资料集中在一个资本家手中。工场手工业分工主要是由于单个资本家把许多局部工人当作一个结合劳动力使用而产生的，这些局部工人能够作为结合劳动力的重要物质基础是资本家必须具有一定量的生产资料。

第四，社会劳动部门对劳动力以及生产资料的分配，没有任何计划，而是具有很大的随意性。诚然，社会分工的产生，相应地就有适合分工的比例关系。例如，工农业之间的分工，应该存在着工农业之间的比例关系；生产领域之间存在的分工，也应该存在着生产领域之间的比例关系，即使在生产资料私人占有制的社会中，各生产领域之间也要求维持比例的平衡。此外，价值规律必然会要求每个商品的生产要达到社会必要劳动时间。"但是不同生产领域的这种保持平衡的经常趋势，只不过是对这种平衡经常遭到破坏的一种反作用。"① 这是由于在私人占有制的商品经济中，社会不可能有一个比较统一的计划来安排生产比例关系，只能依靠商品生产者之间的竞争，通过价值规律自发地调节社会商品生产。每一个生产者都是在无政府、无计划的状态下进行商品生产的，由于商品生产者在商品生产之前，对市场需求的商品种类及数量的

---

① 马克思、恩格斯：《马克思恩格斯文集》第5卷，人民出版社，2009，第412页。

了解不是很多，很多时候供和求会出现不一致的状况。一旦供大于求，商品的价格可能要小于其实际价值；反之，商品的价格可能要大于其实际价值。商品生产者会根据商品市场价格的变化来了解市场行情，调整自己的商品生产。所以，从社会分工来看，生产资料及劳动力的分配是没有计划的，具有盲目性。然而，工场手工业内部的分工，则是按照一定的比例关系使工人从事商品生产，这种比例关系不仅是固定的，还是按照资本家的意志有计划地加以实施的，所以，工场手工业的分工是一种有计划的行为。

第五，工场手工业的分工是以资本家对人的绝对权威为前提的，而社会分工是以竞争权威为前提的。在工场手工业中，局部工人在资本家的统一指挥下进行工作，他们的生产劳动必须服从资本家的意志，按照资本家的意愿行事，资本对于劳动具有无限的权威，所以，工场手工业的分工是在压迫与被压迫的基础上发生的。而社会分工则是每一个商品生产者互相对立，相互竞争，生产具有盲目性，无计划，他们仅仅为个体的逐利欲望驱动，他们除了经济对他们的压制外，不承认其他的绝对权威。

（三）工场手工业内部的分工是资本主义生产方式的独特创造

在资本主义社会内部，社会分工和工场手工业的分工是同时并存的，社会分工是在无政府状态下进行的，而工场手工业的分工则是在资本的专制下进行的，它们是相互联系的。这是资本主义社会所特有的一种社会现象。

社会分工的无序性与工场手工业分工的专制性，在以前的社会形态中是不存在的。如在原始的印度公社中，每一个公社都可以自给自足。在公社内部虽然也存在着一些分工，例如首领、官吏、边防人员、教员、铁匠、理发师、银匠，等等，这些分工并不是以商品交换为基础的。铁匠等手工业者具有独立性，不认可权威。"调节公社分工的规律在这里以自然规律的不可抗拒的权威起着作用，而每一个手工业者，例如铁匠等等，在他的工场内按照传统方式完成他职业范围内的一切操作，但是他是独立的，不承认任何权威。"[1] 但是在资本主义社会里，社会分工是在无计划的状态下形成的，工场手工业的分工则是建立在资本对劳动的专制基础之上的。

在封建行会制度下，手工劳动者与生产资料是结合在一起的，他们并不联

---

[1] 马克思、恩格斯：《马克思恩格斯文集》第5卷，人民出版社，2009，第414页。

合在一个工场内,行会师傅虽然可以雇佣工人,但仅仅局限于其所在的手工业范围内雇佣帮工,雇佣工人的人数也受到严格的限制,从而防止行会师傅变成资本家。此外,行会还会竭力地对抗商人雇工,只允许商人购买商品,而不允许其购买劳动,从而防止资本的进入。如果由于外面情况变化产生新的分工,旧有的行会则会分离成若干新的行会,虽然劳动者与生产资料是结合在一起的,但是生产资料没有变为资本,也就不可能产生工场手工业的分工。

所以,马克思指出:"整个社会内的分工,不论是否以商品交换为中介,是各种经济的社会形态所共有的,而工场手工业分工却完全是资本主义生产方式的独特创造。"[①] 工场手工业的分工是在资本主义生产中产生与发展起来的,因而具有资本主义的特殊性质。

第四节 工场手工业的资本主义性质

工场手工业把工人变成了资本的附属物,使劳动力更加隶属于资本。在工场手工业的内部,每个工人终生只能从事一个固定的操作,执行一种生产职能,产生了劳动分工的固定化以及生产工具的专门化。工场手工业的劳动分工把工人变为"畸形物",使他们的身心受到极大的摧残。工场手工业具有资本主义的特殊性质。

一、商业资本日渐取代等级资本

伴随着工场手工业的出现,商业资本作为一种活动资本开始走向其历史舞台,它是由于商人阶层的出现而产生的。商人阶层的形成源自 10 世纪之后西欧人口的不断增长。由于西欧的财产继承实行的是长子继承制,如此一来,非长子们不得不离开家乡去外地流浪和冒险。第一批做生意的行家就在这些流浪者及冒险者中间产生了。流浪商人是中世纪中最早的商人阶层,他们在不断的流动中进行着商业活动,也没有固定的市场与生产场所。这些流浪商人通常以商队的形式进行商业活动,风险及利润均摊。这些商人经营的一般都是远距离的贸易,这是由于商人经商的距离越远,利润就会越大。所以,商人们为了

---

① 马克思、恩格斯:《马克思恩格斯文集》第 5 卷,人民出版社,2009,第 415–416 页。

第四章　工厂的雏形：资本主义性质的工场手工业

追逐更大的利润去遥远的地方寻求货源，然后把该产品运到短缺的地方进行高价销售。总而言之，他们已经以商业经营为生，并把利润的获得当作人生的唯一目标。随着他们人数的不断增加，他们的身份发生了变化，最初的商人出现了。①

商人阶层的出现导致了商业资本的产生与发展，而商业资本与以往的等级资本有着显著的区别。商业资本为了自身的增殖会源源不断地涌入工场手工业中，不断扩大工场手工业的规模。于是，不同的国家与地区为了争夺原材料及市场，相互之间展开了激烈的竞争，甚至不惜通过战争、贸易壁垒等各种手段参与竞争。而在此之前，各个国家、地区之间的交往与贸易主要是建立在平等及和平的基础之上的，于是，商业之间的竞争就被赋予了某些政治的意义。同时，在工场手工业中，工人与雇主之间的关系是一种赤裸裸的金钱关系，而非行会手工业中师徒之间的等级关系。当然，在工场手工业不太发达的乡村或小城镇，封建主义的等级关系依然存在；而在一些工场手工业比较发达的城市中，这种等级关系基本上不复存在了。

随着交往的不断扩大，工场手工业有了突飞猛进的发展。大量商业资本的涌入彻底颠覆了原有社会阶级间的关系，也猛烈地痛击了当时的封建土地所有制。殖民地的扩展，世界市场的形成，使得人类社会进入到一个新的历史时期。商业活动的频繁，使商业资本得以增加，然而那些没有扩大生产规模的手工业作坊，等级资本不仅没有增加，反而开始减少。商业的发展及工场手工业的扩大导致了一个新的阶级——大资产阶级的诞生，而行会手工业中的那些行会师傅现在只能依附于那些大资产阶级，失去了原有的统治力。

从17世纪中期到18世纪末，商业及航运得到了迅猛的发展。各个殖民地对工业产品的巨大需求，引起了欧洲各国的商业斗争，而商业与工场手工业都很发达的英国则在商业斗争中取得了胜利，拥有了广阔的世界市场。欧洲各国对工场手工业都采取了保护的措施，"在国内市场上实行保护关税，在殖民地市场上实行垄断，而在国外市场上则尽量实行差别关税"。②并且大力提倡和鼓励工场手工业对自己国家的原料加工，不允许本国的原料向国外出口，进口过来的原料要受到本国政策的制约或压制。工场手工业是在各个国家的保护下

---

① 利皮雷纳：《中世纪的城市》，商务印书馆，1985，第71页。
② 马克思、恩格斯：《马克思恩格斯文集》第1卷，人民出版社，2009，第564页。

逐渐成长壮大的,一旦离开这些保护,工场手工业将面临非常危险的处境,以至于一些有广大殖民地与广阔市场的国家,其工场手工业发展得普遍较好。所以,工场手工业能否发展壮大在很大程度上取决于商业市场的大小。这一时期商业资本的运动速度加快。

总之,伴随着工场手工业的发展,商业资本不断发展与壮大。等级资本在商业资本的冲击下,慢慢失去了其存在的基础,最终被商业资本所代替,开始退出历史舞台。

二、日益增多的工人受同一资本指挥

随着工场手工业的不断发展,越来越多的生产资料和生活资料转化为商业资本。商业资本开始取代等级资本,越来越多的工人受到商业资本的雇佣,并服从于资本的意志。

首先,更多的生产与生活资料转化为资本。工场手工业分工所需要的局部工人,远比简单协作所需要的工人多。而单个的资本家能够雇佣的最少的局部工人数量,主要是由工场手工业的劳动分工所决定的。伴随着劳动分工的不断发展,工场手工业所需要的工人人数会越来越多。同时,为了获取分工所带来的好处,就要增加局部工人的人数,而人数的增加必须按照本行业所需要的比例进行,如活字铸造业,由于铸工、分切工及磨字工之间的比例关系,如果要雇佣1个磨字工就要同时雇佣2个分切工与4个铸工。正是由于局部工人人数的不断增加,必然会导致可变资本的增加,这时就会有更多的生活资料转化为资本。局部工人数量的增加,工场手工业规模的不断扩大,与此相适应的生产资料也要相应增加,厂房、炉子等也需要增加和扩大,生产所需要的原材料更需要增加,这是由于工场手工业的劳动分工提高了劳动生产率,使得局部工人在一定时间内需要的生产资料的数量增加,所生产的产品数量在增加,从而要消耗更多的生产所必需的原材料,所以,不变资本就需要相应地进行增加,从而就会有更多的生产资料转化为资本。"单个资本家手中的资本最低限额越来越增大,或者说,社会的生活资料和生产资料越来越多地转化为资本,这是由工场手工业的技术性质产生的一个规律。"①

其次，工人更加隶属于资本。工场手工业与简单协作一样，劳动力也是作为一种资本而存在的。由集体劳动而提高的生产力，就是一种资本的生产力，局部工人隶属于资本，为资本的增殖服务，为资本家而劳动。但是，工场手工业使工人更加隶属于资本。一方面，工场手工业不但把以前的劳动者纳入资本的统治之下，而且由于劳动分工，在工人中创造出不同的等级，即熟练劳动以及非熟练劳动的等级；另一方面，由于工场手工业的劳动分工，彻底地改变了劳动者的劳动方式，破坏了工人的劳动力，使工人成为"畸形物"，他们只能从事某一方面的工作，丧失了生产整个产品的独立能力。以前，工人由于丧失了生产资料，没有办法进行生产，不得不出卖自己的劳动力给资本家以换取基本的生活资料。但是现在，由于工人丧失了生产整个产品的独立能力，他们如果不出卖自己的劳动力给资本家，就无法单独地进行生产劳动，这是因为，工场手工业把一个产品的生产过程划分为不同的局部劳动，而每个局部劳动由不同的工人来操作，工人被分割为局部劳动的"机器"。

工场手工业的劳动分工把工人变成了资本的一种形式，在工人身上打上了深深的资本烙印，使劳动力更加隶属于资本，越来越多的工人受到同一资本的指挥。

三、劳动者成为局部工人

伴随着分工的发展，在工场手工业的内部，原来能够生产整个产品的独立劳动者变成了只能生产某个产品部分工序的局部工人，他们不再承担生产某一产品的全部工作，转而仅仅担任部分的工作，从事部分的劳动，从而大大提高了劳动生产率，这是因为：

首先，由于实行了专业化的劳动分工，即根据每一个劳动者的特长，把许多劳动者组织在严密的分工之下，使每个工人只能从事一种局部的操作，这样，劳动者就"把自己的整个身体转化为这种操作的自动的片面的器官"②。由此可以提高劳动生产率，从而用比较少的时间把生产任务完成。正是因为结合

---

① 马克思、恩格斯：《马克思恩格斯文集》第5卷，人民出版社，2009，第416页。
② 同①书，第393页。

的总劳动是由各个局部工人的劳动组成的，局部工人的劳动时间减少了，总劳动时间也会相应地减少。所以，工场手工业局部工人的劳动生产率得到了极大的提升。

其次，劳动经验的不断积累以及技术的改进，导致了劳动效果的增强。这主要源于两个方面：第一，因为劳动者不断地重复一种生产操作，并且把自己的注意力集中在这种生产操作上面，能够很容易地在实践中总结经验，用最少的时间以及精力来完成自己预定的生产任务，从而不断改进生产技术。"经常重复做同一种有限的动作，并把注意力集中在这种有限的动作上，就能够从经验中学会消耗最少的力量达到预期的效果。"① 第二，这种在生产实践中获取的经验与技术，可以一代代传递下去，后来的人们就可以在前人已有的经验与技术之上，不断进行改进，获得新的经验。由此一来，通过不断地总结经验与教训，改进劳动技术，必然会增强劳动效果，从而提高劳动生产率。因为工场手工业内部的分工把手工业的技艺发展到一个很高的水平，把工人终生框定在一种狭小的空间中，从事一种局部劳动，并代代相传下去，这种情形与古代社会的世袭制以及种姓制度有某些相似之处。比如，印度把人分为四个种姓或等级，即僧侣、武士、农民和手工业者及商人、奴隶，人一出生就注定其命运，只能一生世袭其父亲的种姓。而工场手工业的分工一代代继承下去，也与那种同种姓制度的继承是一样的。例如，埃及在工场手工业时期，手工业者不能从事别的活动，只能从事自己的生产劳动，他们从祖辈的身上继承了很多技艺，并在实践中不断完善与改进。封建时期的行会制度也是如此，只不过它们之间有一些差异而已，这是由于种姓制度与行会制度，是作为一种社会法令来颁布实施的，而工场手工业则把局部劳动变成工人一生的职业，并没有通过法令的形式规定下来。

再次，局部工人能够节省非劳动消耗。一个手工业者要完成某一个产品生产的全部生产劳动，必然会经过一系列的生产操作，并在其间会不断变换空间与工具。这种劳动过程以及空间的转移，必然会产生大量时间的空隙，从而造成时间上的浪费。然而，在劳动分工的情况之下，局部工人只能不断地做某一种局部劳动，这样生产空隙就会减少，节约了时间。所以导致劳动生产率的提高有两种原因：一是避免了变换劳动过程而造成的时间浪费，可以使劳动者不

---

① 马克思、恩格斯：《马克思恩格斯文集》第5卷，人民出版社，2009，第393-394页。

间断地进行生产劳动,从而提高了劳动强度,使工人可以在工作日不变的情况下,能够付出更多的劳动,单位时间内生产出的产品数量就大大增加了;二是非劳动时间减少,劳动力的使用更加节约,在一定的时间内,工人就会生产更多产品。这种劳动结果的获得,是建立在单调劳动的重复基础之上的,在一定程度上会妨碍工人的精神焕发,造成工人精神的萎靡不振。"劳动生产率的提高,或者是由于增加了一定时间内劳动力的支出,也就是提高了劳动强度,或者是由于减少了劳动力的非生产耗费……另一方面,不断从事单调的劳动,会妨碍精力的振奋和焕发,因为精力是在活动本身的变换中得到恢复和刺激的。"[1]

总之,在工场手工业中,原来行会时期的独立手工业者变成了只能生产某一产品零部件的局部工人,工人原有的全部生产技艺被消解,变成了只能掌握某一种技能的劳动者,开始向着"单向度"的维度发展。

四、劳动工具专门化与分工固定化

把手工业劳动者集中到一个工场手工业之中,只是进行劳动分工并使劳动分工进一步发展的一个基础,而系统分工的形成则经历了一个长期的发展过程。最初,工场手工业不是把劳动分解为一系列的生产部门并使一些有技能的工人从事比较简单的操作,而是把很多的手工劳动者集中到一起,在同一个资本家的指挥下进行生产劳动。这种生产形式的目的并不在于真正的分工,而在于可以进行较大规模的生产,从而可以减少或节省很多开支,降低生产成本。随着分工的发展,工场手工业出现了较为系统的分工,主要有两种形式:一是混成的工场手工业。在这种工场中,每一个工人仍然保持着各自的独立性。这是一种比较低级的分工形式。二是有机的工场手工业。它作为工场手工业的完成形式,是一种较为系统的分工,因为分工使得每一个部分都成为总生产过程的一个不可分割的环节。无论是混成的工场手工业还是有机的工场手工业,它们都是以手工劳动为基础的。一方面,劳动分工的主要原则就是根据工人技术的熟练程度以及经验的丰富程度而进行的;另一方面,劳动的分工与劳动者的分工,也就是客体的分工与主体的分工达到了直接的统一,每个工人终生只能

---

[1] 马克思、恩格斯:《马克思恩格斯文集》第5卷,人民出版社,2009,第395页。

从事一个固定的操作,执行一种生产职能,于是就产生了劳动分工的固定化。

劳动分工的固定化,使得局部工人重复进行着简单的劳动操作。这种重复的劳动操作不仅有利于工人经验的积累,而且有助于劳动工具的改进,从而使劳动工具更适合特定生产操作的要求。在行会手工业时期,一个工具会在不同的劳动部门进行使用,这一劳动工具即使在同一个生产过程中也有着不同的用途,即通用型工具。虽然在很多的场合下,通用型工具应用起来可能不太顺手,也可能不太高效,但也必须将就着使用。例如,铁匠使用一把铁锤、一块铁砧、一盆凉水,几乎可以打造各种铁制品;农民一把铁锹几乎可以挖开各种类型的土壤,等等。但是通用型生产工具的缺陷在于:"一个在制品的生产中依次完成各个局部过程的手工业者,必须时而变更位置,时而调换工具。由一种操作转到另一种操作会打断他的劳动进程,造成他的工作日中某种空隙。"① 在前资本主义阶段,通用型工具在生产劳动中处于主导地位,虽然社会生产诸多领域的通用工具种类很多,但是专业化的生产工具却发展迟缓,通用工具的衍生品比较少。

然而,随着工场手工业内部的劳动分工,原来能够生产一个产品全部工序的独立手工业者开始变成仅仅能够生产这一产品的某个工序的局部工人。生产劳动的分工必然会导致生产工具的分化与专门化。劳动工具的分化,使同一种类的劳动工具有着自己特定的用途;劳动工具的专门化,使这种劳动工具只能在局部工人的操作下才能发挥最大的作用。例如,不同行业的锛子就有很大程度的不同,造船工人使用的锛子带有宽平的尖爪,主要用于取出坏掉的钉子;车轮工人使用的锛子则比较厚实与锋利;木工的锛子与前两者都有所不同,介于造船工人使用的锛子与车轮工人使用的锛子之间。同样,木工的木制手摇钻带有锁紧钮,而制桶工人使用的木制手摇钻不同于木工所使用的类型,它有一个大顶,工人作业时要用胸部顶着它;制椅工人则使用的是另外一种木制手摇钻,它带有小尖头,装入顶于胸部的木支架内。② 专门化的工具就是为劳动过程中的不同操作环节而专门设计、量身打造的,它不仅保留了作为原型的通用型工具的优点,还发展出一些新的比较独特的功能,某些时候还会演变为全新

---

① 马克思、恩格斯:《马克思恩格斯文集》第5卷,人民出版社,2009,第395页。
② 查尔斯·辛格、E.J.霍姆亚德、A.R.霍尔、特雷弗·I.威廉斯:《技术史》第3卷"文艺复兴至工业革命",上海科技教育出版社,2004,第84页。

类型的工具。

总之，随着产品的生产过程被分为一系列相互独立的局部操作，每个局部操作都由不同的工人进行操作，而工具也发生了明显的改变，专门工具就是在以前工具的缺陷或者使用不便的基础上不断进行改进而发展起来的。"工场手工业时期通过劳动工具适合于局部工人的专门的特殊职能，使劳动工具简化、改进和多样化。这样，工场手工业时期也就同时创造了机器的物质条件之一，因为机器就是由许多简单工具结合而成的。"[1] 由于劳动工具的改进与专门化，使其更加适合生产过程中局部工人操作的需要，从而极大地提高了劳动生产率。

五、以牺牲工人加强资本增殖

随着工场手工业的壮大，日益增多的工人受到商业资本的支配。商业资本必然会尽可能地榨取工人的剩余价值来实现自身的增殖。为了实现这一目的，商业资本甚至不惜以牺牲工人的健康为代价，具体如下：

首先，商业资本的增殖是建立在摧残工人身心的基础之上的。农民或者独立的手工业者虽然生产规模比较小，但是在这个小规模的生产中，他们主要是依据自己以往的经验与判断进行生产的，通常要考虑到生产的全过程，从而要掌握整个生产过程的一些知识与能力。然而在工场手工业中，工人变为局部工人，成为生产过程中的一个环节。这些局部工人的经验与知识只能在其所分工的狭小氛围内使用，以致其掌握整个生产的能力慢慢退化与丧失；而且工人的这种全面生产的能力，逐渐开始依附于资本，作为资本的人格化与工人相对立。马克思指出："工场手工业分工的一个产物，就是物质生产过程的智力作为他人的财产和统治工人的力量同工人相对立。"[2] 这种对立的结果并不是一蹴而就的，而是有着一个发展的过程。在简单协作过程中，雇主在劳动者眼中是社会劳动体意志的体现，工场手工业把生产过程分解为一系列的劳动部分，把原来独立的具有全面生产能力的劳动者变为只能在某一生产部门进行生产的局部工人。

---

[1] 马克思、恩格斯：《马克思恩格斯文集》第5卷，人民出版社，2009，第396页。
[2] 同[1]书，第418页。

工场手工业的劳动分工把工人变为"畸形物",使他们的身心受到极大的摧残。局部工人从事着机械而又简单的操作,最后变得迟钝与麻木,分工摧残了其身体的活力,剥夺了工人的进取精神。斯密把分工的资本主义性质看成分工的自然现象,其实这种自然现象只是资本主义特有的产物,这是由于分工本身只是提高劳动生产率的一种方法,而分工的资本主义性质,才是使局部工人受到身心摧残的真正原因。斯密看到了分工的资本主义性质,却没有真正搞清楚问题的真正原因所在。而加尔涅也只是看到了分工对提高劳动生产率的作用,但他不懂得分工的资本主义性质。

其次,工场手工业是资本榨取剩余价值的一种特殊方法。工场手工业最开始是自发产生的,后来资本有意识地在工场内进行系统的分工以及生产工具的革命,逐渐形成了以分工为基础的复杂协作。工场手工业成为新的社会劳动组织后,劳动生产率得到了极大的提高。"工场手工业分工通过手工业活动的分解,劳动工具的专门化,局部工人的形成以及局部工人在一个总机构中的分组和结合,造成了社会生产过程的质的划分和量的比例,从而创立了社会劳动的一定组织,这样就同时发展了新的、社会的劳动生产力。"① 然而,工场手工业的劳动分工极大地加强了资本对雇佣劳动的统治,它通过局部工人的畸形化推动生产力的发展。生产力的提高使得资本家得到益处,局部工人却要受到更严重的剥削。

总之,工场手工业具有资本主义的性质,加强了资本对局部工人的剥削与压迫,但是它在进行这种剥削时会遇到一些困难,使其不能顺利进行。第一,工场手工业虽然简单地把工人区别为熟练工人及非熟练工人,但是它的技术基础依然是手工劳动,必须使用大量的熟练工人,以至熟练工人在工场手工业中具有绝对的优势。而工场手工业虽然迫切希望能够对妇女及儿童进行剥削,扩大剥削范围,但是这会遭到男工的反抗。由于那些妇女、儿童等非熟练工人在工场手工业中是有限的,所以,资本对局部工人的剥削范围受到了一定程度的制约。第二,在工场手工业分工中,一些复杂的局部劳动依然需要工人学习很长的时间,即使这样的学习已经没有太多意义,手工业者还是坚持下去。换言之,在剥削的程度上也受到了一些限制。第三,由于手工熟练是工场手工业存在的基础,局部工人还没有终生附属于机器,也没有完全隶属于资本,以至资

---

① 马克思、恩格斯:《马克思恩格斯文集》第 5 卷,人民出版社,2009,第 421–422 页。

本还要不断地与工人的反抗进行斗争,资本还没有建立起对劳动的绝对统治。

工场手工业时期,由于局部工人的不断反抗,导致资本不能充分实现其对工人的剥削,所以,资本就千方百计地要建构一种强化对工人剥削的新途径。此外,工场手工业是不可能控制所有的社会生产的,当然也不可能把它们都进行改造。这是由于工场手工业是建立在手工操作的基础之上的,这种技术基础代表着当时生产力的发展水平,生产力的发展决定着生产关系的发展,当新的生产力还没有出现时,生产关系也不可能有质的变化,所以,资本主义要进一步发展,就必须进行生产力的革命,由工场手工业向机器大工业过渡。工业手工业不但创造了向机器大工业过渡的需要,而且逐渐创造出机器大工业必需的物质基础——机器。机器的广泛运用,使资本主义生产发生新的质变。"机器使手工业的活动不再成为社会生产的支配原则。因此,一方面,工人终生固定从事某种局部职能的技术基础被消除了。另一方面,这个原则加于资本统治身上的限制也消失了。"[1]

工场手工业为18世纪的工业革命培育了一大批企业家及技术工人。工业革命时期的企业家有很大一部分数量来自工场主,尤其是那些小工场主,他们对市场的嗅觉很灵敏,能够比较迅速地抓住技术革命所带来的机遇,率先运用机器,改进生产方式,进行较大规模的机器化生产。此外,工场手工业的一部分技术工人在经验以及技艺的基础上对劳动工具进行了改革,发明和创造了一些新的机器与工具,这些工场中的局部工人则发展成为了近代的产业工人。

---

[1] 马克思、恩格斯:《马克思恩格斯文集》第5卷,人民出版社,2009年版,第426页。

第五章 工厂的现代形式：资本主义的机器大工业

地理大发现之后，欧洲与美洲、亚洲之间的贸易，以及与地中海、大西洋、波罗的海等沿岸的贸易，促成了世界市场以及英国相对市场的形成。工业革命的爆发、机器的出现及在生产过程中的应用，使资本主义的生产组织形式发生了重大变化。建立在机器大工业基础上的资本主义工厂以工人的自然差别取代了工场手工业分工的技术基础，创造了兵营式的纪律。资本主义工厂对工人产生了直接的影响，主要表现在它不仅扩大了剥削的范围，而且通过延长工作日以及提高劳动强度加强了剥削的程度。机器大工业还引起了工场手工业、手工业、家庭劳动的重大革命，最终以机器生产为基础的生产方式代替以手工业和分工为前提的协作，从而奠定了资本主义新的物质技术基础，资本主义生产方式得以确立，工业资本成为社会的支配力量。

第一节 机器大工业的产生

跨洋贸易及地区之间贸易的发展形成了世界市场及英国相对世界市场，同时，各个国家的关税与货币制度也有了较大发展。英国由于具备了政治、经济、社会等诸多方面的因素，从18世纪60年代开始，率先爆发了工业革命。机器生产经历同种机器的简单协作和不同种工具机的分工协作两个阶段。只有机器生产机器，才可能建立与机器大工业相适应的技术基础。机器大工业的出现与发展，使劳动过程发生了重大变化。

一、世界市场与相对世界市场的形成

16—18世纪是西欧国际贸易迅速发展的时期。美洲大陆的发现及新航路的开辟极大地推动了西欧国际贸易的发展。这一时期的西欧国际贸易主要分为两大部分，即区域贸易和跨洋贸易。区域贸易主要分为地中海贸易、中欧贸易、波罗的海贸易及大西洋沿岸贸易。其中，地中海贸易主要是地中海沿岸的欧洲各国之间以及这一地区与近东之间的贸易，而中欧贸易、波罗的海贸易及大西洋沿岸贸易基本上属于欧洲各国之间的贸易。跨洋贸易是这一时期最重要的贸易。跨洋贸易主要有两条线路：一条是从大西洋沿岸到亚洲；另一条是从大西洋沿岸到美洲。葡萄牙在16世纪开拓了大西洋到亚洲的航线之后，一直垄断着该航线，后来荷兰、英国、法国也通过该航线进行商业贸易，直到17世纪，荷兰开始垄断这条航线，其范围从日本到东南亚，后又扩展到印度、波斯甚至南非等。欧洲与亚洲贸易的特点主要体现在其进口方面，与亚洲进行商业活动的目的主要是进口奢侈品与美食。16世纪进口的主要是香料，尤其是胡椒。到了17世纪，印度纺织品代替了香料，成为欧洲主要的进口货物。在18世纪20—30年代，茶开始成为欧洲主要的进口物品。欧洲对美洲的贸易则截然不同。西班牙、葡萄牙、英国都在美洲掠夺了大量的土地，建立种植园，奴役印第安人和黑人。同时，欧洲还在美洲开采贵重金属，大批的金银财富从美洲流入欧洲，为以后工业革命的发生提供了经济保证。[①] 而欧洲向美洲出口的商品种类很多，包括马匹、家具、酒类、纺织品、各种工具以及其他消费品，这些都是殖民地居民所必需的生活用品。

跨洋贸易和区域之间的贸易联系，将世界联系在一起，形成了以贸易为主要内容的早期世界市场。马克思指出，现代意义上的世界市场开始于15世纪末16世纪初，形成于17世纪中期，它是在资本主义市场经济逐渐取代传统的自然经济的过程中形成的。世界市场的产生与发展是和资本主义生产方式紧密相连的。"世界市场本身形成这个生产方式的基础。另一方面，这个生产方式所固有的以越来越大的规模进行生产的必要性，促使世界市场不断扩大。"[②]

[①] 宋则行、樊亢：《世界经济史》，经济科学出版社，1998，第90页。
[②] 马克思、恩格斯：《马克思恩格斯文集》第7卷，人民出版社，2009，第371页。

早期世界市场不仅包含欧洲原来的区域性的市场，而且包括亚洲、美洲及非洲的沿海地区，进行贸易的商品种类也增多了，不仅涉及奢侈品，还涉及日常消费品，从亚洲运出的商品种类从香料扩大到丝棉织品、咖啡、茶叶，等等；而从美洲运出的商品种类从金银扩大到木材、糖类、烟草，等等；从欧洲运出的商品种类从毛织品、金属制品扩大到各种日常消费用品。从总体上来讲，跨洋贸易和区域之间的贸易仍然具有互通有无的性质，也不是建立在国际分工的基础之上的，它与机器大工业出现之后形成的世界市场有显著的不同，进行交易的商品还没有成为各自再生产中的必不可少的环节。此外，在早期的世界市场中居于支配地位的仍然是商业资本，而不是工业资本。工业资本在欧美等国家工业革命基本完成的时候，才在世界范围内确立自己的统治地位。①然而，早期世界市场的出现和商业资本的积累，不仅为18世纪中后期的欧洲工业革命提供了必要的外部环境与条件，也为欧洲资本的原始积累开辟了重要途径。

英国作为西欧的经济大国主要是通过海外贸易以及殖民掠夺来进行资本的原始积累的。一方面，英国通过不断的战争从其他殖民国家手中掠夺他们的海外市场及殖民地，获得了贸易的优惠权。在1650—1654年对葡萄牙的战争中，英国打败了葡萄牙，从而取得了葡萄牙在加勒比海地区的自由贸易权。为了打败海上强国荷兰，英国于1652—1674年连续发动了三次对荷兰的战争，最终迫使荷兰承认了《航海条例》，从而打破了荷兰对海外贸易的垄断权，还从荷兰手中夺去了新尼德兰的领土。另一方面，英国不断进行殖民掠夺和殖民扩张。英国先后在北美大西洋沿岸建立了北卡罗来纳、南卡罗来纳及宾夕法尼亚等殖民地。此外，英国还先后于1600年、1606年成立了东印度公司、伦敦公司、普利茅斯公司，并授予东印度公司招募军队以及建筑军事要塞的权力，使东印度公司成为英国在印度的代理机构，直接将孟买变为东印度公司的管辖范围。

海外贸易及对殖民地的掠夺为英国资本主义的发展创造了国外市场和大量的货币资本，海外市场的巨大需求及充裕的商业资本极大地促进了英国工场手工业的发展。16世纪中期，英国的呢绒工业每年出口已经高达12万匹，到17世纪上半叶则增加到25万匹。16—17世纪初期，英国的工场手工业在造船、采矿、冶金、玻璃、造纸等行业中也迅速发展起来了，生产能力也有了巨大的

---

① 宋则行、樊亢：《世界经济史》，经济科学出版社，1998，第91-92页。

提高，其中煤炭的产量在17世纪初已经位于欧洲第一位。商业及工场手工业的发展都促进了英国相对世界市场的形成。"在17世纪，商业和工场手工业不可阻挡地集中于一个国家——英国。这种集中逐渐地给这个国家创造了相对的世界市场。"①

跨洋贸易及区域之间的贸易联系形成了早期世界市场，商业及工场手工业的发展也促进了英国相对世界市场的形成，扩大了对产品的需求，而这都是工场手工业所不能满足的，从而也为以后英国工业革命的爆发埋下了伏笔。

二、关税与货币制度的发展

在资本主义兴起的初期，重商主义思想成为当时占统治地位的经济主张。伴随着商业的不断发展，特别是世界市场的不断扩大，对外贸易在经济中的作用越来越重要，很多新兴的民族国家开始尊崇并奉行重商主义的政策与思想，从而引发了思想观念的重大变革。重商主义主要经历了早期重商主义与晚期重商主义两个阶段。无论是早期的还是晚期的重商主义，它们都强调政府对社会经济生活的干预。

马克思指出："竞争很快就迫使每一个不愿丧失自己的历史作用的国家为保护自己的工场手工业而采取新的关税措施（旧的关税已无力抵制大工业了），并随即在保护关税之下兴办大工业。"② 为了在激烈的贸易竞争中立于不败之地，英国、法国、葡萄牙等国家纷纷按照早期重商主义的思想主张，颁布并实施了一些政策与法令，从而达到禁止货币外流和保护本国企业的目的。英国的爱德华四世规定本国与外国的商人进行商品交易必须在规定的市场中进行，还把金银的出口定为大罪。葡萄牙与西班牙政府则直接控制金银的交易，并规定国外商人必须把因出售货物而赚取的货币购买本国的商品。

到了晚期重商主义，各国都实行了关税保护以及鼓励本国工场手工业发展的政策。特别是在柯尔培尔任法国财政大臣期间，实行了一系列重商主义政策。最开始，他实行的是防御性措施，实行关税保护政策。1677年柯尔培尔把呢绒的进口税率提高了一倍，以此来阻止本国企业到英国及荷兰进口呢绒。

---

① 马克思、恩格斯：《马克思恩格斯文集》第1卷，人民出版社，2009，第565页。
② 同①书，第566页。

此外，为了保护本国的特色产品花带和饰带，柯尔培尔也将这些产品的进口税提高了一倍。之后，柯尔培尔提出了计划生产的战略，即根据国家的资源，规定生产的内容及生产的地点。在他任财政大臣期间，建立了113个皇家经营的大型工场手工业，其中安比林和萨望果工场手工业生产的地毯与装饰品比较出名。此外，柯尔培尔还赋予了军火、冶炼及奢侈品工业专卖权、财政补贴、津贴等扶持政策，极大地促进了法国军工产业的发展。[①]英国也为了保护本国工业的发展，特别制定并出台了一些关税政策。例如，禁止羊毛、漂布泥等出口，尤其是对荷兰的出口，从而达到保护本国工业原料的目的。由于17世纪末18世纪初，印度的印花布大规模地占领了欧洲市场，为了应对这种局势，1700年，英国下院还通过了禁止在英国出售印度花布及其制品的法案。1720年进一步规定，从1722年圣诞节开始，禁止使用与穿着外国制的印花布，以此来达到保护本国棉布业的目的。西欧各国对本国企业所采取的保护政策及关税制度，在一定程度上促进了本国工场手工业的发展，阻止了外来商品的冲击。

在13—14世纪之后，商业开始从铸币中解放出来，并按照金银块进行核算，即按照重量接受铸币，具体规定以某种铸币进行支付。16—18世纪中的西欧货币制度是金银复本位制。在英国，银原来是作为一切国内商业的有效的支付手段，国际贸易中则是用黄金作为计算货币的。在巴西发现了大储量的黄金之后，英国的黄金储量越来越多，英国也越来越为这种平行本位制所困扰。特别是在黄金价格比较便宜之后，黄金便进入了造币厂，同一时间，银的流通由于银币的溶解而岌岌可危。由于一切贷款都必须要用银来偿还，故此企业对于防范白银的外流是有很大的利害关系的。最初，英国政府企图用专制的方法维持这种金银本位。后来在伊萨克·牛顿的指导下，典型英国金币基尼的价值被定为21先令，以银为基础，每九磅白银铸成一千个法郎，银对金的比率按照15½比1的相对价值规定下来。法国国内对铸币的异常需求，比英国强烈，使得金银之间的价值关系长期稳定。

西欧各国在保护关税的政策下开始大力兴办和发展工场手工业，促进了工场手工业的繁荣，货币制度的改革也在一定程度上促进了商业的发展，这一切都为英国工业革命的爆发奠定了基础。

[①] 王珏:《世界经济通史》中卷，高等教育出版社，2005，第13-14页。

三、工业革命的爆发

从 18 世纪 60 年代开始,英国率先爆发了工业革命。工业革命之所以在英国爆发,是因为它具备了工业革命发生所必需的政治、社会、经济及科学技术条件,具体如下:

第一,1688 年英国发生了资产阶级革命,确立了君主立宪的政治制度。到 18 世纪上半叶,一切有利于资本主义发展的制度、立法及政策都已经被建立起来。1689 年英国颁布实施了《权力法案》,这一法案对英国国王的权力进行了约束,规定凡是国家政要都必须经过国会的批准,国王不能随意改变法律。国会是一个主权机构,由多数党组阁进行执政,其党首为首相,是权力的执行者,少数党成为在野党,可以对执政党进行监督,甚至可以弹劾首相。1689—1783 年,主要由辉格党进行执政。从 1783 年开始,托利党的小威廉·庇特担任首相进行执政,辉格党成为在野党。之后辉格党与托利党开始轮流执政,他们都充分利用国会及内阁的权力颁布和实施了一系列有利于工商业发展的法案,推行了有利于资产阶级的政策以及法律,不断加强对本国民众和殖民地的压迫与剥削,为工业革命的爆发提供了非常优越的政治环境。

第二,17—18 世纪的西欧,特别是英国与法国为了争夺殖民地爆发了激烈的战争,最引人注目的是 1756—1763 年的战争。由于法国单方面宣布对加拿大和路易安娜享有主权,从而引发了英国及其他国家的强烈反对,最终导致了以英国为首的一方与以法国为首的一方的残酷战争。1759 年,英国军队攻克了加拿大的魁北克,第二年又取得了蒙特利尔,以英国为首的军队获得了最终的胜利。1763 年英法等国签署了《巴黎条约》,英国拥有了对加拿大和路易安娜的所有权。虽然英国战争不断,但是由于其独特的地理位置,不仅能够比较长期地保持和平,而且社会秩序也井然有序。这种安定有序的社会环境也有利于英国工业革命的发生。

第三,资本的原始积累为工业革命提供了重要的经济基础。首先,圈地运动。圈地运动最初发生于 14 世纪,英国资产阶级通过使用暴力把农民撵走,强行霸占农民的土地与公有土地,并把霸占的土地圈起来。圈地运动使大批的农民失去了土地,农民沦为可以雇佣的自由劳动力,为机器大工业的发展提供了数量庞大的后备军。其次,殖民掠夺。17 世纪末,英法便开始了殖民地霸权的争夺。在1701—1713年的西班牙王位继承战争中,英国获得了地中海附近的直布罗陀港、米诺卡岛及北美的阿卡迪亚等周围的土地;在1756—1763年的七年战争中,英国获得了加拿大及密西西比河东岸等土地;在印度,英国排挤了法国的势力,取得了对印度的统治权。英国已经成为世界第一殖民强国,并不断地从殖民地掠夺大量财富。再次,奴隶贸易。英国从16世纪中期就已经开始了奴隶贸易。17—18世纪,每年大概贩卖黑奴5000人。1713年西班牙王位继承战争后,英国成为世界上最大的奴隶贸易国。[1]原始积累为英国工业革命提供了充裕的经济保障。

第四,科技的进步为英国工业革命提供了技术支撑。伴随着工场手工业的发展,近代技术也融入生产中。近代技术不仅来源于生产中的经验、技巧,也来源于科学的发展。16世纪,发生哥白尼革命;18世纪,天体力学、经典力学、高等数学都已经建立起比较完善的理论体系。近代技术可以说是近代科学与生产相结合的产物。在第一批纺织机中,就已经应用了伽利略、牛顿建立起来的力学原理,等等。如果没有近代科技的发展,工业革命是无法完成的。

伴随着科技进步和工场手工业的快速发展,特别是进入18世纪之后,英国的居民人均收入有了大幅度的提升。收入的提高及海外殖民地的扩张,必然会增大对英国工业产品的需求,然而英国工场手工业的生产远远不能满足这种需求。另外,来自国外和国内各行业之间的竞争,也为工业革命的爆发提供了动力。

工业革命是用机器生产代替手工劳动的伟大变革,最开始是从解放工人的手工劳动开始发生的。棉纺织品市场的不断扩大,刺激了生产工艺的改进。1733年,兰开夏的约翰·开伊率先发明了飞梭,在一定程度上解放了手工劳动,从而使织布效率提高了一倍。1735年,约翰·怀亚特发明了纺纱机。然而,这些发明只是机器的雏形,在技术方面并没有特别重大的突破,更没有带动全行业的技术革新。1764年,哈格里夫斯发明了以自己女儿的名字命名的手摇纺纱机——珍妮纺纱机。这是一种多轴纺纱机,最初是把8个纱锭竖装在一个机构上面,这样就可以同时纺8根纱线,后来又增加了纱轴,从而使纺纱的效率提高了几十倍。这是从工具到机器的伟大发明,具有重要的历史意义。此后,在纺纱部门陆续出现了很多的机器发明,带动了全行业的技术革新。[2]

---

[1] 金波:《主要资本主义国家近代经济发展史》,当代中国出版社,1994,第27–28页。

[2] 宋则行、樊亢:《世界经济史》,经济科学出版社,1998,第106页。

英国的工业革命从此拉开了帷幕。

18世纪60年代之后,英国的棉纺织业发展开始加快,而纺纱机纱锭的增加,迫切需要更强大的动力。1768年,理查德·阿克莱特发明了水力纺纱机,这样不但提高了生产效率,还让纺纱机走出家庭,集中到靠近水的厂房中,为近代工厂制度的建立奠定了基础。1779年,塞缪尔·克隆普顿发明了骡机,又名走锭精纺机,它借鉴了珍妮纺纱机和水力纺纱机的优点,一次就可以转动300~400个纱锭,织出的纱线非常精细,而且很结实。到18世纪80年代初期,纺纱机就已经发展得相当成熟,英国的棉织品占领了欧洲很多国家的市场。纺纱技术提高了,织布的速度开始落后,于是在1785年,卡特莱特发明了水力织布机,从而把织布效率提高到40倍,并于1791年建立起第一个使用卡特莱特水力织布机的工厂。[①] 到19世纪初期,英国的棉纺织业基本上都采用了机器生产。在棉纺织业使用机器之后,棉纺织业中的其他工序也逐渐发明并使用机器。在棉纺织业的带动下,毛、丝等纺织部门及造纸、印刷等其他轻工业部门,也陆续采用了机器。

蒸汽机的发明是英国工业革命中最重要的事件。伴随着机器的发明和生产能力的扩大,机器体系开始变得越来越庞大,这就需要更大的动力来推动机器的运转。此外,机器使用水力不仅使工厂地址要受到地域的限制,而且由于水力的季节性变化较大,无法保障工厂稳定的动力供给。所以,寻找一种新的、更稳定的动力源就成为英国工业中的重大课题。1782年瓦特成功地发明了联动式蒸汽机,使工业生产的原动力发生了革命性的变革。这种联动式蒸汽机的主要优点是,其活动杠杆的震动实现了圆周运动,可以当作各种机械的动力源。后被广泛地运用到纺织、冶金等生产部门。蒸汽机的使用推动了机器大工业产生。

蒸汽机的发明是人类历史上的一次伟大的创举,它使机器从根本上摆脱了人力以及自然力的束缚,极大地提升了生产能力。恩格斯对蒸汽机给予了非常高的评价:"分工,水力特别是蒸汽力的利用,机器装置的应用,这就是20世纪中叶起工业用来摇撼旧世界基础的三个伟大的杠杆。"[②] 工业革命不仅导致了生产技术的伟大变革,创造了巨大的物质财富,而且引发了生产关系的大变

---

① 宋则行、樊亢:《世界经济史》,经济科学出版社,1998,第107页。
② 马克思、恩格斯:《马克思恩格斯文集》第1卷,人民出版社,2009,第406页。

革,开创了崭新的历史时代。

四、机器大工业建立的技术基础:用机器生产机器

机器出现之后,机器生产经历了两个不同的阶段:一种是同种机器的简单协作;另一种是不同种工具机的分工协作。同种机器的简单协作主要是指同一种类的工具机在空间中聚集在一起,同时共同发挥生产作用。马克思以信封制造机和纸袋制造机为例,说明了原来工场手工业中不同工序的生产已经被许多种工具所组成的工具机所代替。例如,很多织布机聚集在一个厂房中就构成了织布厂,很多缝纫机聚集在一起也会构成缝纫机厂。虽然,独立完成整个产品的制造过程与由独立生产同一种类产品的手工业者组成的工场手工业一样,都进行的是简单协作,但是,现在运用的是机械工具,它们都是由同一台发动机进行推动并由转动机进行转动的,可以使很多工具机同时进行运作,在进度、规格等方面都能达到高度的一致,这是在工场手工业中不可能达到的。

而真正的机器体系则是由不同种类的工具机构成的,劳动对象必须要经过不同的生产工序,而这些生产工序是由不同的工具机来操作的,最后才能制成产品。这种机器体系是一种以分工为基础的协作,但是它与工场手工业的分工协作截然不同:第一,在工场手工业中,劳动的每一个局部过程都是运用手工工具来操作的,所以,生产过程的划分必须要以最大限度地适应工人的技术专长为原则。但是在机器体系中,每一个局部过程都必须要工具机才可以完成,分工协作主要表现为各种工具机的结合,生产劳动过程按照其性质划分为不同的生产阶段,基本上都是由科学技术来完成的,所以,工人必须要以机器为中心,适应机器的运作。第二,在工场手工业中,各个局部工人的人数要到达一定的比例,才能正常地运转起来而不会造成浪费;而在机器体系中,各种工具机的数量、运行速度等要达到一定的比例,工人的数量必须与工具机的比例要求相适应。第三,在工场手工业中,各个工人的直接协作造成了每个不同过程的分离,而这种分离主要是分工本身产生的。在机器体系中,工作机之间组成一个有组织的体系,生产对象从最初的生产过程开始到整个产品的完成,都依赖于机器,由一个过程传送到另一个过程,整个生产过程持续不断。机器生产最发达的形式是自动的机器体系。这种机器体系的特点就是各个工作机由一个

自动机提供动力,并且可以自动进行开关,工作机对生产对象进行加工的整个过程都是由自动装置进行控制的,工人只是机器的照看者,处于从属地位。

那么,机器是如何制造出来的呢?机器最初是由工场手工业中的工人和其他手工业者通过手工工具生产出来的。在工场手工业时期,就已经存在着技术熟练的工人,取代手工工具的机器在很长一段时期内都是在工场手工业中生产完成的。然而,随着机器生产的不断发展,必然要求建立起与大机器生产相适应的新的技术基础。如果还仅仅依靠工场手工业来制造机器,那么机器大工业就无法建立起来,更不可能得到充分的发展。所以,一旦机器大工业发展到某一些阶段,它必然会同旧的技术基础产生矛盾。第一,手工业生产的机器价格相对较高,不能满足资本榨取高额剩余价值的要求。第二,生产机器的手工业工人的技术具有一定的艺术性,不能大量地、迅速地增加,只可以循序渐进地增加。第三,由于各种机器规模的不断扩大,形式越来越自由,工具机越来越复杂,精密度的要求也越来越高,而这些问题都会受到人身的制约。第四,"一个工业部门生产方式的变革,会引起其他部门生产方式的变革。"①当然这里所说的"其他部门",不仅仅指其他工业部门,也包括农业及交通运输业等。要解决以上问题与矛盾,就必然要建立起强大的机器制造业。

马克思指出:"大工业必须掌握它特有的生产资料,即机器本身,必须用机器来生产机器。这样,大工业才建立起与自己相适应的技术基础,才得以自立。"②只有机器生产机器,才可能建立与机器大工业相适应的技术基础。而要达到这一目标,就必须具备两个基本物质条件:第一,必须要有一个能够提供强大的动力而且能被人掌控的发动机。蒸汽机的发明,不仅能够提供强大、稳定的动力,而且开关比较容易,完全符合这一要求。第二,各种机器部件的形状,如菱形、圆锥形等,也需要机器生产。机器体系中的组成部分,如钻床、刨床等,则满足了这一要求。

机器大工业的出现与发展,使劳动过程发生了重大变化。它打破了以往的单纯依靠人力的格局,并以科学取代了原有生产中的经验。在大工业中,机器的构造及分工都取决于客观的物理化学性质,作为一个不可分割的整体出现。而在工场手工业中,劳动过程的分工是主观的,仅仅是工人的组合而已。生产

---

① 马克思、恩格斯:《马克思恩格斯文集》第5卷,人民出版社,2009,第440页。
② 同①书,第441页。

过程的这种变化，必然会导致工人劳动的社会化性质；也只有劳动的社会化，机器生产才可能发挥作用。所以，整个劳动过程的分工，就由机器的性质所决定了。

第二节 机器大工业的生产组织形式

机器大工业的出现使资本主义的生产组织形式发生了重大变化，劳动者不再终生使用一种专门工具，而是终生服侍一台机器。与大工业相适应的生产组织形式是资本主义的工厂制度。到19世纪后半期，工厂制度在欧洲普遍建立起来，它创造了兵营式的纪律，把工厂变成了一座监狱，使工人遭受了巨大的身心摧残。工厂法的出现不仅瓦解了旧的家庭关系，在新的机器大工业的基础上重构了家庭以及两性关系，而且进一步加速了工人与资本家的矛盾。

一、机器体系与工厂制度

机器的出现及其在生产过程中的应用，使工人在生产中的地位发生了重大变化。工作机把产品生产过程中的不同操作结合在一台机器上，构成生产中的不同运动。在同一类型的工作机组成的机械简单协作中，每一台工作机都进行着同一职能，从而构成了机器间的生产协作。在由不同类型的工作机构成的机器体系中，工业产品依据其在生产中的各个环节，依次通过各个机器的操作最终完成。机器大生产从其自身的运动过程来讲，各组成部分和各个环节、阶段的运动过程是如何完成的，以及它们之间又是怎样连接的，是由物理学、化学等规律客观规定的，尽管其完善要经过大量的实践经验。工作机的发明使工具摆脱了人身器官的制约，而由机械动力所驱动的机器体系，只需要人的看管就可以完成产品的全部生产过程。所以，劳动者就由过去终生使用一种专门工具，转变为终生服侍一台机器；由过去的工人使用劳动资料转变为现在的劳动资料使用工人，工人的生产技术及生产经验不断得到弱化与消解，工人对劳动资料有了更深程度的依赖。

与机器体系及工人地位的变化相适应的生产组织形式是资本主义的工厂，"一个由无数机械的和有自我意识的器官组成的庞大的自动机，这些器官为了生产同一个物品而协调地不间断地活动，因此它们都从属于一个自行发动的动力"。① 资本主义工厂主要包括两种类型：一种是机械工厂，是由同一种工作机组合而成。这一类工厂生产同一种产品，各台机器都完成同一种操作，可以说是一种协作。另一种是机器体系工厂，由各种不同的工作机的机器体系组成的，各部分机器从事不同的操作。工人只不过是机器体系中有生命的附件而已。在资本主义工厂中，工人被安排在各个阶段的机器上进行劳动，并保持各个生产阶段的连续性，从而形成了新的劳动分工。首先，每一台机器的操作工人及其助手的劳动分工，如纺纱机的工人与其助手，他们的主要差异就在于力气、年龄、灵活性、经验等特征。其次，由原动机与工作机的差别造成的辅助工之间的劳动分工，主要是由动力机与工作机的数量决定的。再次，机械工与维修工等技术工种的区别主要在于技术上的差异。每一个工厂按照空间都被分成不同的车间，操作工及其助手则是车间中的主要劳动者。

机器体系的运用必然会导致雇佣工人数量的增加，从而刺激着工厂规模的扩张。生产规模的扩大使资本家不但面临着购买原材料、机器等生产资料的资金问题，也面临着诸如训练与监督工人、提高机器的生产率、生产更多的剩余价值等方面的问题。机器的运用，一方面必然会要求工人掌握操作机器的技能以及对原材料加工的方法、工厂主怎样鼓励工人勤奋劳动、如何防止工人毁坏机器、怎样进行机器的维护、怎样进行工厂的车间的划分，等等；另一方面，机器生产因为缺少必要的标准化技术，机器的生产、运行、维修都需要专门的技术工人。所以，特别是在工厂主管理能力以及技术知识有限的状态下，为解决以上问题，在资本主义的早期工厂中依然采用的是工场手工业的分工；换言之，工厂主负责购买生产资料及销售劳动产品，工厂的各个合伙人之间都有明确的权力划分，各个车间都是由一些技术比较熟练的工人进行管理，这些熟练工人不但可以招聘工人，还负责培训及监督工人，等等。一般情况下，工厂主是按照产品的数量来支付报酬的，工人间则按照技术等级、计时工资等在不同的人员中进行分配，因为计件价格一般是根据以往的经验及未来预期制定的，为了抵制工厂主下调计件工资率，工厂中的熟练工人一般会组织行业工会，并制定一些相关的诸如工人分级标准、等级工资率等，工厂主为了更快地进行市场扩张、缓解与工人之间的矛盾以及节约管理成本等，在与工人的多次谈判

---

① 尤尔，转引自马克思、恩格斯：《马克思恩格斯文集》第5卷，人民出版社，2009，第482页。

中，大多会选择与工会进行合作。所以，熟练工人在一定程度上决定着工厂内车间的劳动分工、工人的招聘与培训、任务的安排及报酬的分配，等等。如此一来，资本主义工厂最初就形成了一个以工厂主为顶点、各合伙人负责部门、熟练工人控制劳动过程的生产组织结构。①

  工厂制形式最初是在纺织业中发展起来的。阿克莱特是近代工厂的创始人。其贡献在于能够利用发明建立工厂。他建立的第一个工厂规模不是太大，第二个工厂就是克罗姆福德工厂。克罗姆福德工厂位于德温特河边，这个地方，水流量比较大，而且流速很快，适合建设水车厂，能够给工厂提供强大的动力。克罗姆福德纺纱工厂在几年的时间就迅速发展壮大起来，到1779年，它的规模就达到了几千个锭子并雇佣300多个工人。因为采用了水力纺纱机，克罗姆福德工厂的产品质量好，比最熟练的纺纱工人用手纺车纺出的纱还要结实、耐用。②1806年，英国的曼彻斯特建立了第一家用蒸汽机传动的织布机工厂；到1818年，曼彻斯特出现了14家织布厂，拥有2000台织布机；1830年英国估计有5.5万~6万台蒸汽机带动的织布机。新的纺织工业在旧的手工纺织厂找到了自己的安身之处，即曼彻斯特及约克伯爵领地的边缘地区。纺织工业从这些地方迅速扩展到英国的中部地区。而在苏格兰克莱德地区，最大的工厂就建在新拉纳克，产品经过格拉斯哥运到国外。在1830年以后不久，曼彻斯特工厂的人数平均上升到400多名工人。英国棉纺织业的巨大增长不仅表现在大量的原料进口上，还体现在其产品的出口上。与以往的毛织业不同，新的居于最重要地位的工业完全依赖于进口。在1780年英国棉纺织工厂发展之初，原棉进口总量约为8000吨，1800—1801年就达到了2.5万吨，1815年以后迅速攀升到5万吨，1825—1830年，上升为10万吨，1849年达到34.6万吨。虽然其中八分之一向大陆出口，但是绝大部分是在英国本土加工的。在棉制品的出口方面，1827—1828年棉制品出口达到1900万英镑，占到英国出口总值的一半。毛制品出口为500万英镑，这些数字表明，与18世纪相比，虽然有所上升，但是棉、毛工业的顺序已经完全颠倒过来，棉纺织品工业已经占据主导地位。③到19世纪后半期，工厂制度在欧洲已经普遍发展起来。

---

  ① 谢富胜：《分工、技术与生产组织变迁——资本主义生产组织演变的马克思主义经济学阐释》，经济科学出版社，2005，第170-173页。

  ② 萧国亮、隋福民：《世界经济史》，北京大学出版社，2007，第195页。

  ③ 汉斯·豪斯赫尔：《近代经济史》，商务印书馆，1987，第294页。

工厂制度普遍发展起来以后，工业就业人口的比例得到提升，工业所需要的资本增加，工业产量也开始倍增，由此产生了以下重要的影响：

第一，工人形成新的工作态度。在工厂制度下，与以往不同的是工人必须按照机器的作息时间来工作，由机器或机器的主人订出工作规则，工人来遵守，除非失业，工人都要遵从整个工作的安排来工作，在这种情况下，就产生了对工人工作情况进行监督的工头制度。在工厂规模扩大之后，工头之上另外还有监督人员。

第二，产生了工作保障问题。工人被机器的作息时间所束缚，除了出售其劳动时间，就不能再从事其他能赚取所得的工作，一旦经济不景气，产品滞销，机器停止运转，工人便会面临失业的境地。而在19世纪期间，经济波动非常频繁，导致工人面临的失业问题非常严重。在当时的条件下，失业救助措施也很有限。

第三，工人的技能在工业生产上的地位被改变。在工厂制度发展初期，由于以机器来生产标准化的产品，产品中的技术含量大为降低，在这种情况下，有技能的工人沦为了普通的按部就班的工人，甚至被半熟练或者完全没有技能的工人所代替。

第四，工人的工作效率问题。工厂制度的发展使近代经济走向自由放任时代，由市场去决定经济社会的运行，资本家之间的竞争变得日益激烈，有效率的资本家可以生存下去，没有效率的资本家则惨遭淘汰，被淘汰的资本家不得不提高生产效率来增加产量以免遭淘汰，这样，工人的生产效率问题就日渐引起资本家的重视。

第五，对社会和政治的影响。由于工厂制度要求工人大量聚集在一起工作，从而促使他们在同一地方居住和生活，这样就使得工人们在工作之外有机会联合在一起形成组织，并且为了他们的共同利益进行劳动运动。这些工会活动，对19世纪以来的欧洲社会及政治产生了很大的影响。

机器体系的建立促进了工厂制度的形成，在工厂规模不断扩大的同时，也带来了一些诸如工人的工作保障及工作效率、工人的工作态度及生产地位的改变、社会政治的影响等方面的问题。

二、资本主义工厂的三大特征

以机器大工业为基础的资本主义工厂，以工人的生理差别取代了手工业中的技术差别,使工人更加隶属于资本,成为机器的附属物,并通过各种方式加强对工人的剥削,创造了兵营式的纪律,成为一座"监狱",具体如下:

第一,资本主义工厂以工人的自然差别取代了工场手工业分工的技术基础。在工厂中,劳动分工有了显著的变化。资本主义的工厂是以大规模的机器体系为主体的、工人处于被支配地位的一种生产组织。工人作为机器的附属物,作为大机器体系的一个组成部分,受到机器的奴役,受到物的支配。资本主义的生产关系决定了资本主义工厂的特征。以前,工人只是依靠自己熟练的技术来操作工具,工人是劳动的主体。然而现在,操作工具的是机器,工人只是机器的附属物,是机器体系的一个组成部分。"使用劳动工具的技巧,也同劳动工具一样,从工人身上转到了机器上面。工具的效率从人类劳动力的人身限制下解放出来。这样一来,工场手工业分工的技术基础就消失了。"[①] 劳动分工使工具的效率不再受到工人身体的制约,于是在工厂中,以工人年龄与性别为基础的自然差别取代了工场手工业中的技术差别。

在资本主义的工厂里重新出现了劳动分工。然而,这是一种不同于工场手工业的分工,工人最初被分配到机器上,分配到生产的各个部门,使工人在同样的工作机上生产。在这个分工中,主要有两种工人:一种是操作机器的工人;一种是这些工人的助手。除此之外,还存在一些工程师、机械师,等等。他们是高级的工人,具有专门性的技术。由很多机器所构成的机器体系,必然会要求不同的工人从事不同的操作。工场手工业是把工人固定在一个岗位上,终生从事同一种操作;而机器大工业则不同,由于工厂的运行是以机器为基础,而不是以工人为基础,因此,即便工厂随意更换工人,也不会使工厂的运行停止。最重要的是,机器的运用使操作简单化了,工人比较容易学会操作机器,所以不必要特别培训一些"特殊"的工人。对于那些工人的助手,他们的劳动不仅能够被机器所取代,而且因为劳动比较简单,更容易被其他人所替代。所以,机器大工业的产生使工人不再终生从事同一种职业以及精通同一种技能,而是把工人变成机器的一部分。

第二,资本主义工厂内工人成为机器体系的附属物。行会手工业及工场手工业同资本主义工厂相比有着明显的差异:首先,前者是工人利用工具,而后者则是服侍机器;其次,前者是劳动资料以工人的运动为起点,而后者是工人

---

① 马克思、恩格斯:《马克思恩格斯文集》第5卷,人民出版社,2009,第483页。

以劳动资料为起点；再次，前者工人是活机构的组成部分，而后者工人则是死机构的纯粹附属物。所有资本主义生产都有鲜明的特点，那就是劳动资料与条件在使用工人，特别是机器的运用使这种对工人的使用变得更加突出。同时，也是在简单协作中已经出现的"生产过程的智力同体力劳动相分离，智力转化为资本支配劳动的权力，是在以机器为基础的大工业中完成的"。① 这是因为在个体生产的情况之下，生产资料及劳动产品都隶属于劳动者本身，所以，劳动者的意志直接支配着产品生产的全过程，此时劳动者的生产劳动表现为智力与体力的结合。但是在资本主义简单协作的状态下，很多工人被集合在一起受同一个资本家的指挥，生产及管理的职能属于资本家，此时的工人还掌握着某一产品生产的全部技能，智力与体力开始了最初的分离。在工场手工业之中，分工有了很大的发展，工人沦为局部工人，丧失了生产某一产品的全部技能，而仅仅从事着产品生产的某一部件的操作，智力与体力的分离得到了一定程度的发展。然而在以机器为生产主体的资本主义工厂里，工人的技能和经验被科技所代替，工人只是从事着简单而又繁重的体力劳动。整个生产过程是在资本家的指挥下进行的，智力已经成为资本控制劳动的手段，智力与体力的分离最终完成。

受机器支配的劳动，单调乏味，极大地侵蚀了工人的神经系统，而且由于工人长期地从事某一种单调而又繁重的工作，必然会造成其身体某一部位的频繁运动，而忽略了身体其他部位的运动，从而剥夺了工人身体及精神的自由，造成了工人智力低下、身体羸弱。

第三，资本主义工厂创造了兵营式的纪律，变成了一座"监狱"。工厂工人最初是由一些极不称职的成员组成的，例如，由于大土地所有制的扩张而导致产生的失地农民、教区养活的贫民等。对于这些没有任何经验以及没有受过集体劳动训练的人员，工厂主必须对他们进行训练和教育，特别是要使他们遵守纪律。工厂主必须通过各种手段把这些散漫的人员改变为肉体机械，并且这种机械要同自己成为其助手的机械在行动上保持一致，在动作上一样准确。于是，以往小作坊里通常所具有的那种自由放任就被极其严格的规则所代替：工人进厂、出厂和饮食都是在规定的时间中进行的；在工厂的内部，每个工人都有指定的位置和严格限定的简单重复的工作；每个工人在工头或监工的监视下

---

① 马克思、恩格斯：《马克思恩格斯文集》第5卷，人民出版社，2009，第487页。

必须不停地进行生产劳动，工头或监工通过罚款或解雇，有时甚至通过一种更加残酷的强制来使之服从。①所以，在资本主义工厂中，机器生产使"工人在技术上服从劳动资料的划一运动以及由各种年龄的男女个体组成的劳动体的特殊构成，创造了一种兵营式的纪律"。②这种纪律是资本对工人的专制的体现，加强了资本对工人的剥削。资本家还通过立法的形式进一步加强了对工人的控制，并不断进行修改与调整以获取更多的利益。与以往不同的是，资本家已经开始用罚款及扣工资的方式来取代手中的鞭子，结果导致了工人辛苦劳动而得不到工资，甚至还有可能成为资本家的债务人。

资本家为了追逐更多的剩余价值，不断提高工人的劳动强度，无视工人恶劣的劳动环境，无视工人的健康及生命危险，以至资本主义工厂的劳动条件十分严峻：污染的空气、持续的高温、刺耳的噪声，等等，这些都严重地破坏了工人的健康。此外，由于工厂防护措施的缺乏，工厂的伤亡事故不断发生。这样的生存环境，对于工人而言，就是一座"监狱"。

三、工厂法及其影响

工作日的无限延长以及工人在工厂中遭受到的巨大摧残，等等，这一切都要求资本家规范工厂的行为，所以，社会普遍遵守的准则——工厂法就应运而生了。工厂法对工作日长度、上下班时间、休息时间等的规定，使工厂法在所有使用妇女儿童的工厂中得到了很大的推广。工厂法的建立以及实施，迫使资本家采用更多的机器，不断用蒸汽机来替代工人的肌肉。为了从空间中夺回由工厂法的实施导致的工作日的减少，工厂主就要竭力扩充共同使用的生产资料，使工人在很大程度上集中起来。工厂法变成了对工场手工业的威胁及对机器生产的保证。③马克思在系统地阐述工厂法的普遍实行以及造成的社会后果之前，用大量的笔墨描述了工厂法中关于卫生与教育方面的一些条款。

工厂法的卫生条款，实际上就是对墙壁粉刷、清洁措施及通风设备与机器的防护等做出的一些简单规定。尽管工厂法的这些卫生条款非常简单，也花费

---

① 保尔·芒图：《十八世纪产业革命》，商务印书馆，1983，第306页。
② 马克思、恩格斯：《马克思恩格斯文集》第5卷，人民出版社，2009，第488页。
③ 乔瑞金：《马克思技术哲学纲要》，人民出版社，2002，第187页。

不了资本家太多的钱,但是资本家还是极力地进行反对,从而彰显了资本家的本性,即为了追逐利润的最大化,尽可能减少生产成本,甚至不惜牺牲工人的健康与生命为代价,以榨取工人更多的剩余价值。所以,在很多工厂里,通常因为缺乏一些必要的安全设施,发生了许多工人受伤甚至死亡的事件。此外,许多工厂的卫生设施不全及卫生不达标,也在很大程度上影响了工人的健康。在资本主义的工厂里,造成工人伤亡的事故连续不断,其中的很多事故本来是可以通过花费一些少量的钱安装一些简单防护设备避免的,然而,就连安装一些简单的防护装置都需要国家以法律的形式迫使资本家去完成,这充分反映了资本主义生产的本质。马克思举了基尔迪南的一家打麻工厂的例子,由于工厂主为了节省几个先令的装置费用,在短短的四年中,酿成了死亡6人以及残废60人的重大伤亡事故。"工厂法的这个部分清楚地表明,资本主义生产方式按其本质来说,只是超过一定的限度就拒绝任何合理的改良。"[①]

工厂法的教育条款,整体来讲是非常微不足道的。然而,该教育条款中关于工厂必须保证学龄儿童接受初等教育的规定,是值得肯定的。在很多工厂里都实行了半工半读,即他们半天在学校里读书,半天在工厂里进行劳动,使智育与体育得到了很好的结合,虽然上课的时间比正规的在校学生的要少很多,但是每天两种活动相互协调,能够使少年儿童精力旺盛,提高了学习效率,学到的知识和正规学生是相同的。所以,马克思指出:"从工厂制度中萌发出了未来教育的幼芽,未来教育对所有已满一定年龄的儿童来说,就是生产劳动同智育和体育相结合,它不仅是提高社会生产的一种方法,而且是造就全面发展的人的唯一方法。"[②]

工厂法对瓦解旧的家庭关系起到了重要的推动作用。工厂法最初只是对资本家剥削工人的一种干涉,后来则扩大到对家庭劳动的直接侵犯。很多家长为了多挣一点钱,甚至让自己年幼的孩子去工厂进行较为繁重的劳动。在最初的工厂法的教育条款中,就已经明确规定父母将儿童送去工厂劳动时,必须要接受初等教育。1867年通过的工厂法扩充条例对家庭劳动的工作日进行了规定,从而限制了父母权力的滥用。工厂法的规定在很大程度上瓦解了旧的家庭关系,在机器大工业的基础上,重构了家庭以及两性关系。

---

① 马克思,恩格斯;《马克思恩格斯文集》第5卷,人民出版社,2009,第554页。
② 同①书,第556–557页。

最初，工厂法只是在棉、毛、麻、丝等蒸汽、水力及机器行业中实行，随着机器大工业的发展，工厂法开始在各个行业中实行开来。工厂法在各个行业普遍实行，是机器大工业发展的必然结果。第一，工厂法如果只对某一些范围实行限制，就会使资本在其他范围内把损失捞回来，特别是在手工业及家庭劳动方面，资本的剥削更加赤裸裸。第二，工厂法如果只对某一些范围进行限制，而不对其他范围进行限制，必然会引起不平等的竞争，从而会受到工厂法限制的资本家的疯狂抵制。

工厂法在各个行业的普遍实行进一步加速了工人与资本家的矛盾。首先，"这种普遍化使小规模的分散的劳动过程向大的社会规模的结合的劳动过程的转化也普遍化和加速起来，从而使资本的积聚和工厂制度的独占统治也普遍化和加速起来。"① 从而建立起普遍的资本统治，同时也把工人反对资本统治的斗争开始普遍化了。其次，工厂法中关于工作日的规定刺激了技术的发展，从而造成了社会生产的无政府状态与单个工厂的组织性的矛盾，引起了工人与机器之间的竞争。再次，工厂法的实行也造成了小生产和家庭工业的破产，把他们变成了完全的失业工人，导致了严重的社会问题。最后，机器大工业的发展在使生产高度社会化的同时，也加强了资本对劳动的剥削，而工人与资本家的对抗也日趋激烈。伴随着资本主义的不断发展，工人阶级不断壮大起来，最终成为资本主义的"掘墓人"。

总之，工厂法的建立和实施迫使资本家采用更多的机器，对机器生产起到一定的保证作用，对旧的家庭关系的瓦解也起到极大的推动作用，进一步加速了资本家与工人之间的矛盾，产生出资本主义的"掘墓人"。

第三节 机器大工业的社会后果

机器大工业破除了人体器官的限制，使劳动内部的分工更加全面和精细。机器大工业不仅加强了资本对劳动的支配权，使劳动变为异化劳动，还把其他的资本都投入大机器生产中，使之转化为工业资本。机器的使用对工人产生了直接的影响，不仅体现在剥削范围的扩大，还体现在剥削程度的提高。机器大

---

① 马克思、恩格斯：《马克思恩格斯文集》第5卷，人民出版社，2009，第576页。

工业引起了工场手工业、手工业、家庭劳动及农业生产的重大变革,最终在全社会确立起以机器生产为基础的生产方式。

一、机器大工业的劳动分工与工业资本

工场手工业的劳动分工产生了劳动工具的分化及专门化,从而导致了生产组织的变化,然而,当工场手工业的这种分工达到顶峰的时候,机器就开始出现了。机器的使用是生产中的一次大变革,正是这次大变革,使资本主义的生产步入了其高级的形式——机器大工业。机器大工业使资本主义的生产组织发生了重要变化。机器的使用扩大了社会分工,这是由于机器的使用,极大地增加了原料、工具及半成品的数量,由此催生了原料、工具等产业的发展,社会分工越来越多。而在一个生产部门的生产中,机器引起了生产方式的革命。行会手工业后期的简单协作,破除了个人的局限,工场手工业则破除了简单协作的限制,有了比较系统的劳动分工,而以机器为基础的大工业,破除了人体器官的限制,使劳动内部的分工更加全面、更加精细。

机器大工业从技术上消解了旧的分工制度。工场手工业把工人牢牢地固定在一个生产部门之中,而在以机器为基础的工厂中,工厂的运转是以机器为起点的,所有的工人都要不断地进行更替,从而保证生产的正常运转。工场手工业时期的工人要经过漫长的学徒生涯,才能掌握一种产品生产的全部技术,而机器大工业时期,工人操作机器的技术比较容易学习,甚至很短时间就可以完全掌握。机器大工业在消除旧的分工制度的同时,也在令人更加憎恨的程度上恢复了旧的分工。机器大工业消除了以工人的技术为基础的等级制度,但又建立起以生理差别为基础的旧的分工。所以,机器大工业时期,对广大的工人来讲,与其说是遭受旧的分工压迫的结束,倒不如说是遭受新的分工压迫的开始。一般来说,科学技术的提高以及机器的发明与使用可以为工人节省更多的体力,创造更舒适的生活。虽然机器大工业生产为资本主义社会创造了丰裕的财富及五彩斑斓的商品社会,创造出了极大的社会生产力,然而,机器的发明和运用不仅没有为工人创造更舒适的生活,而且没有减轻工人的劳动负担,"甚至减轻劳动也成了折磨人的手段,因为机器不是使工人摆脱劳动,而是使

工人的劳动毫无内容"。① 这是因为资本主义社会掌握生产资料的是资本家，工人一无所有，只有出卖劳动力才能存活下去。资本家为了获得更多的剩余价值，就会通过发明与使用新机器，不断增加劳动强度，从而把行会手工业时期劳动者对劳动的仅有的一点兴趣彻底消灭了，所以，机器大工业带给工人的不是福音而是无尽的灾难。

机器内的分工，最初还保留着工场手工业时期的那种分工形式，有一些操作，特别是那种不断重复的操作被转移到机器中，而很多技术性的工作依然保留在工人手中，仍然需要技术工人来完成，当然这种情况一般多会发生在机械工厂中。当工具积累不断增加、机器的作用进一步扩大，机器生产上的分工也逐渐发展起来。在以机器为基础的工厂中，它使劳动者从很小的时候开始，就要懂得并学会使自己的行为符合于同一个动机的一系列连续运动。特别是在众多机器同时运转的机器体系的工厂中，必然会要求不同的工人组成不同的生产小组，不同的小组在不同的机器下进行生产劳动。"在工场手工业和手工业中，是工人利用工具，在工厂中，是工人服侍机器。在前一种场合，劳动资料的运动从工人出发，在后一种场合，则是工人跟随劳动资料的运动。在工场手工业中，工人是一个活机构的肢体。在工厂中，死机构独立于工人而存在，工人被当做活的附属物并入死机构。"② 所以，在以机器大工业为基础的工厂中，工人一辈子只能服务于一台机器。机器生产归根结底需要人来操作，一旦没有工人对机器运转中产生的信息进行收集及处理，整个机器的生产过程就无法持续。然而，人毕竟是一个动物机体，由于生理等方面的因素，处理信息的能力是有限的，因此，机器运行越是简单，其产生的信息量就越少，生产加工速度相对较快，效率也相对较高。这就会要求工人之间的劳动分工越细致越好，而分工越细致就越能提高机器的生产率。所以，机器大工业的劳动分工，也正是顺应这种要求而产生的。

机器大工业的劳动分工与工场手工业及行会手工业相比，有明显的不同：工场手工业及行会手工业的劳动者是主体，工具是劳动者的附属物，是从属于劳动者的，劳动的专业化引起了工具的分化，导致了工具的专门化，整个生产过程要以劳动者为中心，适应劳动者的技艺。而在机器大工业中，机器是主

---

① 马克思、恩格斯：《马克思恩格斯文集》第 5 卷，人民出版社，2009，第 487 页。
② 同①书，第 486 页。

体，劳动者只是机器的附属物，机器的分工决定着劳动者的分工，劳动者要顺应机器的运转规律。机器大工业的分工改变了以前工场手工业时期按照工人的技术来进行分工的组织形式，因为机器大工业中的工人是按照机器的需求来进行劳动分工，并按照机器的工序来进行劳动的，他们就好像士兵要服从于军官的命令一样，服从于机器的运转规律。

  机器大工业抛弃了工场手工业局部工人的手工技艺及智慧。由于劳动分工的重新分配，原有的手工技艺已经不再适应机器大工业的发展，在机器面前，技术上的差别逐渐被消灭了。在行会手工业或者工场手工业中，劳动者必须要经过很长一段时间的学习和训练，才可能掌握一定的技能与劳动工具，否则他就无法进行生产。而在机器大工业中，所需要学习的仅仅是某种机器的工作原理，是不需要经过很长时间的学习，也不需要什么特别的训练，只需要在很短的时间内就可以掌握的。此外，由于机器是主体，工人只是机器的服务者，工人之间的差别越来越小。从前手工技术的特殊化训练有助于改进工具和技术条件，从而引起发明创造，而现在工人成为机器的奴隶，被剥夺了这个发明创造的机会。

  然而，在大多数工人的技术失去作用的同时，机器大工业却要求少量的工人有更高及更熟练的技术。马克思指出："还有为数不多的负责检查和经常修理全部机器的人员，如工程师、机械师、细木工等等。这一类是高级的工人，其中一部分人有科学知识，一部分人有手艺，他们不属于工厂工人的范围，而只是同工厂工人聚集在一起。这种分工是纯技术性的。"[1] 对于机器工厂来讲，高级技术工人是不可或缺的，然而这种高级技术工人的数量在逐渐地变少，这是因为要培养出一些高级工人，必须要进行一些必要的科学技术教育，但是一般的工人及其子女受到那种科学技术教育的机会较少。

  机器的采用及其内部的劳动分工，不仅加强了资本对劳动的支配权，使劳动变为异化劳动，还把其他的资本都投入到大机器生产中，从而变为工业资本。工业资本完全控制了整个社会的运行，一切目的都是生产更多产品，榨取工人更多的剩余价值。"大工业创造了交通工具和现代的世界市场，控制了商业，把所有的资本都变为工业资本，从而使流通加速（货币制度得到发展）、

---

[1] 马克思、恩格斯：《马克思恩格斯文集》第5卷，人民出版社，2009，第484页。

资本集中。"① 工业资本的本性就是实现自身增殖的最大化。在资本主义社会，工业资本就是"绝对精神"，它就像一个高高在上的"上帝"，凌驾一切之上，统治世间的一切。其所有者已不再具有一个自由独立的人格，而是工业资本的奴隶，成为"资本人格化"，一切行为的目的都是执行资本增殖的意志。资本家通过他所占有的生产资料，不断进行资本的再循环和扩张，以此榨取更多剩余价值，实现资本自身增殖的目的。

在以"工业资本—财富"为内在逻辑的资本时代中，伴随着工业资本与权力的相互勾连而不断放大，一切存在都变为财富。人类的贪婪通过工业资本得到了张扬。工业在释放生命本能、创造巨大物质财富的同时，也给人类带来了诸多危机和困惑，主要集中表现在以下"三大悖论"中：

其一，经济悖论。工业资本追逐自身增殖最大化的本性及激烈的市场竞争压力，迫使工厂扩大自己的生产规模，以获得市场中的生存权利。一方面，在对财富的渴望中，资本家狂热地追求剩余价值的最大化，不断压低工人的工资，由此导致工人消费能力的最小化；另一方面，资本家为了尽可能多地将榨取的剩余价值转化为工业资本，也不得不克制自身的物质欲望，从而造成全社会消费能力的极大抑制。但是，工业资本的不断扩张必然会导致生产力的快速发展、消费品的迅猛增长，而消费能力的不足最终导致生产过剩，产生经济悖论：以抑制消费为前提的资本扩张，造成的结果却是消费品增长导致的过剩，进而破坏资本扩张的前提条件。这种悖论必然会导致两个方面的积累，即工人贫困的积累及工业资本的积累。工业资本扩张到达极限，最终失去了扩张的空间，形成经济危机。

其二，生态悖论。自然资源与生态环境是工业资本扩张的物质前提。在工业资本的宰制下，工业资本源源不断地把自然资源纳入大工业的扩张运动中，通过工人的劳动变成剩余价值的物质载体，以此达到剩余价值的最大化。因此，工业资本导致的后果是资本千方百计地对外扩张，把一切可用资源不断货币化、资本化。在对自然界的扩张过程中，不可避免地导致诸多生态问题，诸如雾霾现象、温室效应、土地污染、水资源污染，等等。这些生态问题不仅威胁到人类的生存，而且破坏了资本扩张所需的物质基础，以致容纳资本扩张的环境空间越来越少，资源的价格越来越贵，工业资本逐渐失去了扩张的前提，

---

① 马克思、恩格斯：《马克思恩格斯文集》第1卷，人民出版社，2009，第566页。

导致资本扩张的生态悖论，产生生态危机。

其三，人的发展悖论。在工业资本的支配下，具有发展潜能的个人成为工业资本扩张的关键要素。这是由于工业资本要在强大的市场竞争中获得生存权利，就要不断地推进技术革新，以获得相对剩余价值。进行技术创新的人的潜能主要体现在个人创造力和学习能力两个方面，而这两种能力都要求个人具有自由的发展空间。但是，工业资本在扩张运动中，为了获取更多的剩余价值，就会不断地压缩和剥夺工人的自由发展空间。工业资本只是根据自身的需要，用最节省的方式来挖掘工人的某些潜力和技能，以达到自身增殖的最大化，于是，工业资本就把工人在分工中所需要的某些技能发挥到了极致，而当个人的某一方面的潜能发展到极致时，同时也抑制了个人其他方面潜能的发展，最终沦为"单向度"的人，失去了自由的发展空间，丧失了创造能力和学习能力，不能进行技术创新，从而导致工业资本无法进行扩张，产生人的发展悖论。[1]

总之，机器大工业破除了人体器官的限制，使劳动分工更加全面，使工人的劳动更加异化。机器大工业在促进工业资本对整个社会统治的同时，也造成了经济、生态以及人的发展的"三大悖论"。

二、机器生产对工人的三大直接影响以及工人的抗争

机器的使用对工人产生了直接的影响，主要表现在不仅扩大了剥削的范围，即资本已经把妇女和儿童纳入剥削的范围，而且通过延长工作日及提高劳动强度加强了对工人的剥削程度，给工人的身心健康带来了严重的摧残，使他们成为"单向度"的人。

首先，资本对补充劳动力的占有。机器的出现简化了操作程序，只要是四肢灵活的人，即便体力较弱也可以操作机器，成为工厂的一名工人。所以，资本家采用机器之后，可以大规模地雇佣妇女与儿童，由此产生出很多严重的后果。第一，机器的使用扩大了资本家对工人的剥削范围。机器使用之前，仅仅是工人受到资本家的剥削，然而机器使用后，工人的家庭成员都被纳入资本的统治中，受到资本的剥削，如此一来，资本不但剥夺了儿童的娱乐，还剥夺了家庭中的自由时间。第二，降低了劳动力价值。劳动力价值是由劳动力本人与家庭成员所需要的生活资料的价值决定的，妇女与儿童到工厂做工，减轻了成

---

[1] 鲁品越：《资本逻辑与人的发展悖论》，《学习与探索》2013年第2期。

年男工的负担,从而降低了劳动力价值。例如,一家四口都到工厂做工,家庭收入比原来只有一名男工做工的收入要高一些,从表面上看,生活水平提高了,劳动力价值增加了。但是实际上并非如此,增加的收入是用更多的劳动获得的,劳动力的价值降低了。一家人都给资本家劳动,从而使资本家获得了更多的剩余价值。第三,"机器还从根本上使资本关系的形式上的中介,即工人和资本家之间的契约发生了革命。"① 以前,资本家与工人都是自由的,是按照一定的契约进行劳动力买卖的。如今,因为生活所迫,成年男工像贩卖奴隶那样出售自己家人的劳动力。所以,妇女和儿童在劳动力问题上,连形式上的平等与自由也不存在。第四,女工与童工身心受到摧残。马克思引用了大量的事例,形象地阐述了机器、资本对妇女儿童造成的严重后果:身体和精神受到摧残、婴儿死亡率奇高、道德败坏,等等。第五,廉价的妇女与儿童对成年男工的就业造成了一定程度的威胁,特别是对成年男工为提高工资、缩短工作日、反对资本专制的斗争,构成了很大的压力。

其次,工作日的延长。使用机器是缩短工作日的最有效的途径,但在资本主义制度下,使用机器却成了延长工作日的最有力的手段。第一,机器与手工工具不同,手工工具离开了人的操作就无法运行,而机器可以脱离人的操作独立运行,再加上机器操作相对容易,女工与童工也很容易上手,这就为资本家延长工作时间提供了可能。第二,延长工作日可以在不增加机器预付资本的条件下,增加剩余价值。例如,一台机器在每天工作 8 小时的情况下,寿命为 12 年,使用 12 年后可以获得 15 万镑剩余价值,现在工作日延长到 16 个小时,机器的使用寿命缩短到 6 年,那么使用 12 年后可获得剩余价值 30 万镑。虽然在第 7 年时就需要更换,但是新机器是资本家用以前机器回流的价值购买的,不需要增加新的预付资本,而且可以增加新的剩余价值。第三,延长工作日可以减少机器的损耗。机器的损耗分为有形损耗和无形损耗两种。有形损耗即正常使用中的磨损与不使用时的自然损耗。正常使用中的磨损与机器的使用成正比,自然损耗与机器的使用成反比。无形损耗则是更廉价的机器出现,而使现在的机器价值贬值。资本家为了减少机器的自然损耗及无形损耗,获取更多的剩余价值,就必须不断地延长工作时间,提高机器的利用率。第四,与增加工人相比,延长工作日可以大大节省投在劳动资料上的资本。在依靠延长工

---

① 马克思、恩格斯:《马克思恩格斯文集》第 5 卷,人民出版社,2009,第 455 页。

作日实现扩大再生产时,不变资本中的机器等投资不变,而投资在原材料等上的不变资本会伴随工作日的延长而按比例增加。所以,资本家为了节约机器等不变资本,榨取更多的剩余价值,不断延长工作日。第五,延长工作日可以获得更多的超额剩余价值。最初采用新机器的生产部门,其产品的个别价值低于社会价值,二者之间的差额构成超额剩余价值。然而这只是暂时的,一旦其他的企业也采用新的设备时,原有企业所获取的超额剩余价值就会消失。第六,延长工作日,增加剩余价值,弥补因减少工人而引起的剩余价值量的减少。资本家使用机器不仅可以减少必要劳动时间,增加剩余劳动时间,提高剩余价值率,而且又相对地减少了工人的数量,降低了剩余价值量,所以,这中间就包含一个矛盾。资本家为了弥补因工人减少而引起的损失,就必然会延长工作时间,从而增加相对剩余价值与绝对剩余价值。

再次,劳动的强化。当资本家无限制地延长工作日受到工人阶级激烈反抗时,资本主义国家通过出台一系列的法律来限制工作日的长度。由于不能延长工作日,资本家转而提高劳动强度,来增加剩余价值。提高劳动强度与提高劳动生产率是一样的,"二者都会增加任何一段时间内所生产的产品总额。因此,二者都能缩短工人生产自己的生活资料或其等价物所需要的工作日部分"。[1] 由于剩余劳动时间的增加,从而资本家能够榨取更多的剩余价值。以往,资本家主要是依靠提高劳动生产率来生产相对剩余价值的,工人的劳动耗费并没有额外增加。然而,缩短工作日之后,资本家为了使自己的剩余价值不减少,必然会强迫工人在同样的时间内增加劳动消耗,这样,就使工人完成了更多的工作量,从而达到了增加剩余价值的目的。如果为了补偿由于缩短工作日而导致的剩余价值的减少是资本家提高工人劳动强度的动机,那么缩短工作日以及机器的使用又为提高劳动强度准备了主客观条件,资本家利用这一主客观条件不断强化工人的劳动强度,从而引起了以下后果:首先,资本家的财富伴随着劳动强度的加强不断增加。其次,机器的改进和劳动的强化,导致了工作日不断缩短。工作日缩短了,不仅没有阻碍工厂的发展,反而推动了工厂的发展。如英国的工业在1833—1847年实行的是12小时工作制,这一时期工业的发展超过了以前长达50年的发展,而从1848年实行10小时工作制之后,英国的工业又得到了进一步发展。再次,劳动的强化损害了工人的健康。因为机器运转速

---

[1] 马克思、恩格斯:《马克思恩格斯文集》第5卷,人民出版社,2009,第605页。

度的加快，看管机器的工人高度紧张以至达到筋疲力尽的状态，加上很多工厂中的工作环境很差，例如空气中弥漫的棉絮、灰尘等各种有害物质，从而导致工人肺病死亡率很高。

机器大工业对环境造成了很大的破坏，尽管人们对蒸汽机进行了一系列的改造，但是其效率仅仅为10%，所产生的90%的热量都通过辐射而损失了，相当一部分燃料是通过烟囱浪费了，① 以及大量工业废渣的随意倾倒，等等，都对环境造成了巨大破坏与污染。此外，工厂中机器震耳欲聋的噪声、难闻的气味、持续的高温及没有防护的设备等，都对工人的身体造成了极大的损伤：身体羸弱、听力下降、目光呆滞、性能力退化以及麻木不仁，等等。

由于机器对工人身心健康造成了很大的伤害，工人反抗资本家以及机器的斗争日趋激烈，工人通过发生暴动、捣毁机器等方式反抗劳动资料。工人反抗资本家的斗争从很早就已经开始了，在工场手工业时期，工人的反抗斗争就已经比较激烈了，然而，工人反对劳动资料的斗争，是在资本家使用机器进行生产时才开始的。作为纺纱机和织布机前身的织带机是德国人在16世纪发明的，1621年荷兰的莱顿开始使用此种机器，导致了当时花边工人的反抗。1676年织带机进入英国，也遭到了英国大批工人的反对。1800—1815年，在英国发生了工人破坏机器的"鲁德运动"。工人反抗机器，其根源在于资本关系而不是机器本身，工人在最开始的时候并没有意识到这一点，他们没有反对资本关系本身，而是反对作为资本主义生产资料的机器。"工人要学会把机器和机器的资本主义应用区别开来，从而学会把自己的攻击从物质生产资料本身转向物质生产资料的社会使用形式，是需要时间和经验的。"② 具体如下：

第一，工场手工业时期工人反抗资本家，是以工场手工业的存在为前提的。在工场手工业时期，工人也反对资本家，进行一些抗议和暴动，那时工人抗争的主要目的是提高工资及改善工作条件，工人并没有反对工场手工业本身，不反对作为工场手工业基础的劳动资料，这是由于工场手工业在提高劳动生产率的同时，并没有导致工人失业的情况发生，相反还吸收了大量的工人。因为在工场手工业时期，手工业虽然已经被取代，但它仍然是工场手工业存在的基础，工人依然是工场的主体，工具由工人来支配。由于当时的手工工人不

---

① 刘易斯·芒福德：《技术与文明》，陈允明译，中国建筑工业出版社，2009，第155页。
② 马克思、恩格斯：《马克思恩格斯文集》第5卷，人民出版社，2009，第493页。

多，再加上世界市场的形成，急需大量的工业产品，不仅不能裁减工人，还需要增加大量的工人。工场手工业也为更多的失地农民创造了新的生产领域。所以，手工劳动者在反对资本家时是不会去破坏劳动工具的。

第二，机器的资本主义使用，机器可以替代工人。首先，机器的应用不断排挤工人。在工场手工业中，劳动分工使工人具有掌握局部工具的能力，劳动力具有一定的价值，但是使用机器之后，劳动工具不再由工人来操作，而是由机器来操作，工厂的运行以机器为核心，工人成为机器的"仆人"，成为机器的奴隶，仅仅从事着一些简单的看管工作，劳动力价值发生了贬值，很多工人由于受到机器的排挤而失去工作，成为失业者。首先，这些失业者面临着严峻的生存问题，即要么被饿死，要么为了生存不得不低价贱卖自己的劳动力来换取维持生存所必要的生活资料。其次，机器的改良与发展继续使大量工人失业，劳动力贬值。

一方面，机器的使用已经完全与工人相对立，机器已经成为资本家获取更多剩余价值的帮手，不断给工人造成失业与贫困，降低劳动力价值，从而导致工人越来越贫困，工人的劳动变成一种异己的劳动，开始与自身相对立，工人开始不断地反抗机器，他们通过破坏机器等方式来毁坏生产资料，甚至举行大规模的暴动。另一方面，机器又被资本家利用起来作为镇压工人的武器。1830年后的一些发明创造，都是资本家为了应对工人的起义而发明的，特别是自动机器的发明，基本上可以排除依靠自己技能的工人，熟练的技术工人被从事看管机器的工人所替代，女工、童工替代了成年男工，工人的反抗力被大大削弱了。

三、机器大工业对传统劳动分工方式的消融

手工业及工场手工业为机器发展奠定了现代技术基础，但是机器生产体系一旦产生用机器制造机器并走向大工业的惯性时，就开始了对手工业、工场手工业、家庭劳动以及农业生产的消融。机器大工业引起的工场手工业、手工业、家庭劳动的重大革命在于以机器生产为基础的生产方式代替以手工业和分工为前提的协作。

现代工场手工业和家庭手工业通过雇佣女工与童工、无视工人基本的生产条件、延长劳动时间等手段，来实现降低劳动力价值以及提高剩余价值的目

的，但是终将遭遇一些无法超越的限制，当达到某一临界点时，应用机器以及把工场手工业劳动与家庭劳动变为工厂生产就成为必然了。以服饰生产为例。进行服饰加工的工场手工业，是在机器应用已经比较普遍的情况中发展起来的。由于当时社会上有大量的"过剩"人口，他们对工作条件要求很低，只要能够维持生活就可以。所以，资本家也开始注意到这部分"过剩"人员并允许他们把半成品带回家中进行加工。为了榨取更多的剩余价值，资本家把工人的工资压得极低，致使产品很便宜，能够与机器大生产的产品进行竞争，这一情况持续了很长一段时间。此外，由于家庭劳动产品比较便宜，市场随之不断扩大，从而引起了激烈的竞争。原有的单纯依靠对工人原材料进行剥削的生产方式，已经不能适应市场和竞争的要求，于是，这个行业中开始采用机器，缝纫机被逐渐采用。缝纫机运用之后，年轻的妇女取代了年龄大的妇女，少女取代了儿童，成年男工被排除在外。机器的采用消灭了手工劳动，失业人口大幅度增加，饿死人口也开始倍增。虽然缝纫机工人的工资增加了，但是劳动强度更大了，劳动时间也更长了。

机器生产的分工要比工场手工业的分工科学很多，所以，机器生产很容易进入工场手工业，从而使工场手工业内部的技术基础和劳动组织发生质的变化，这样一来，工场手工业组织就会逐渐瓦解。机器生产还造成了工人结构的变化，大量的女工、童工及非熟练工人被廉价雇佣。这种廉价劳动力的雇佣不仅存在于大规模的生产中，也存在于家庭工业中。机器大工业也使家庭劳动发生了重大变化，使家庭工业成为工厂和工场手工业的一个机构。"资本除了把工厂工人、手工工场工人和手工业工人大规模地集中在一起，并直接指挥他们，它还通过许多无形的线调动着另一支居住在大城市和散居在农村的家庭工人大军。"①

工场手工业与家庭劳动向机器大工业的过渡是比较复杂的，特别是在缝纫、制鞋等部门中，其形式也是多种多样的。例如，使用真正意义上的机器生产，建立了工厂制度；中间商在很小的房间内雇佣为数不多的工人进行生产，并从资本家领料加工；家庭成员本身或雇佣少量工人使用自己的机器进行生产；等等。在这一过渡之中的影响因素主要"取决于缝纫机占领这一或那一工业部门的范围的大小和时间的长短，取决于工人当时的状况，取决于工场手工

---

① 马克思、恩格斯：《马克思恩格斯文集》第 5 卷，人民出版社，2009，第 531 页。

业生产、手工业生产或家庭生产三者谁占优势，取决于工场的租金"。①

工厂法在社会中的建立与实施，极大地促进了工场手工业和家庭工业向大机器工业的过渡。第一，工厂法所规定的一些制度如工作日的长度、儿童的换班，等等，必然要求资本家增加机器的使用，最大限度地增加厂房等生产资料，同时也最大限度地增加劳动力。伴随着劳动日及童工的制约，工场手工业逐渐丧失其存在的基础，被机器大工业所取代。第二，工厂法使工场手工业转化为工厂生产所必需的物质条件成熟起来，从而保证了工人的休息。在工场手工业中，工人的劳动不能停歇，必须不间断地进行生产劳动，最后导致一些像火柴场中的工人在吃饭的时候还要一边吃饭一边劳动。而工厂法的实施，使工人的午饭时间以及中途休息时间得到了保障，必然会刺激很多工场采用新的生产技术，采用新的机器，这样不仅能够提高产品的数量，还可以使生产有序地进行，生产也不会因工人周期性的休息而受到任何影响。第三，在计件工资的厂房里，工人通常会夜以继日地劳动来弥补自己浪费的时间。特别是在没有受到工厂法约束的工场手工业中，在生产的旺季，由于订单的突然增加，工人的过度劳动让人害怕。在家庭劳动中，同样也存在着这种过度劳动，而且这种过度劳动达到顶峰，工人在用生命换取报酬。然而，工厂法的颁布与实施，规定了正常的工作日，从而可以使劳动量进行均衡安排，消除了工场手工业中的无政府状态，从而促进了机器的使用，加速向机器大工业的过渡。

机器大工业在对工场手工业、手工业、家庭劳动影响的同时，也对农业生产产生了巨大的影响，推进了农业的资本主义化，主要体现在以下几点：

第一，机器大工业加速了农民的破产，改变了农村的阶级关系。机器在农业中的普遍使用，不仅提高了劳动生产率，而且极大地瓦解了小农经济，众多农民失去了赖以生存的土地，沦为一无所有者。他们为了生存不得不到资本主义的大农场中从事农业生产劳动，变为农业工人。机器在农业的使用，一方面使耕地面积增加了，另一方面，使农村人口大大地减少了。于是，农村中的阶级关系发生了变化，未使用机器之前的农村，农民是主体；使用机器之后，农村出现了与城市一样的阶级关系，即资本家与工人之间的关系。

第二，建立起资本主义生产方式，改变了工农业之间的关系，发展了城乡之间的对立。大工业的建立导致农业中最陈旧的经营方法被科学技术及管理方

---

① 马克思、恩格斯：《马克思恩格斯文集》第5卷，人民出版社，2009，第544页。

法所取代，从而使"农业和工场手工业的原始的家庭纽带，也就是把二者的幼年未发展的形态联结在一起的那种纽带，被资本主义生产方式撕断了"。① 这是因为在很长一段时间内，农村自然经济的一个主要特征就是农业与手工业的紧密结合，后来虽然产生了农业与手工业的分工，但手工业依然作为农村家庭副业而存在。机器大工业的出现，阻断了农业与手工业的联结，造成了农业与工业的对立，资本主义生产方式得以建立。伴随着工农业的不断发展，城乡之间的对立也在不断地加深，城市人口越来越多，一方面可以成为推动社会发展的动力；另一方面，越来越多的土地转变为城市用地，阻断了人与土地的物质循环，经过人类的消费之后，排泄物也无法再回到土地中。马克思在谈到"消费排泄物的利用时"曾经指出，消费排泄物对于农业生产非常重要，因为它是人类和土地之间物质变化的根本条件。他还列举了伦巴第、日本的小规模园艺式农业的例子进行说明。然而，资本主义社会中工业和农业的大规模生产，割裂了人与土地之间的物质变换，造成了土地"新陈代谢"的断裂。资本主义社会化大生产必然导致城市人口的集聚，大量的城市人口产生的排泄物由于不能有效地进入土地生态系统，会造成城市的污染。机器大工业的运用加速了城乡之间的对立。

第三，机器大工业加强了对农业劳动者和土地的掠夺。机器大工业在农业的生产过程中，机器成为奴役和剥削工人的主要手段，给工人的独立、自由及活力造成了巨大的伤害。农业资本家以破坏农村劳动力为代价来提高劳动生产率，通过提高劳动强度榨取更多的剩余价值。另外，"资本主义农业的任何进步，都不仅是掠夺劳动者的技巧的进步，而且是掠夺土地的技巧的进步，在一定时期内提高土地肥力的任何进步，同时也是破坏土地肥力持久源泉的进步。"② 所以，资本主义农业的发展，是以农业劳动者的牺牲和土地肥力的破坏为代价的，这是资本主义发展的必然结果。

总之，资本主义的发展历经了行会手工业、工场手工业及机器大工业不同发展阶段，只是到了机器大工业时期，资本主义生产方式才真正确立起来。马克思、恩格斯指出："资产阶级在它的不到一百年的阶级统治中所创造的生产

---

① 马克思、恩格斯：《马克思恩格斯文集》第5卷，人民出版社，2009，第578–579页。
② 同①书，第579–580页。

力,比过去一切世代创造的全部生产力还要多,还要大。"[1]以机器为主体的工厂制度代替了以手工技术为基础的手工制度及工场手工业制度,农业社会进入农业工业社会。工业革命前,西欧的经济成分主要为农业与畜牧业,其次才是工业,而且都是劳动密集型产业。工具机及蒸汽动力的广泛运用,带动了纺织业、冶金业、机器制造业、交通运输业、煤炭工业、地质矿产业以及化学工业等产业的迅猛发展,农业也开始机械化了,从而导致资本和技术密集的制造业与加工业取代了劳动密集的农业及畜牧业,而成为整个经济社会中的主导产业,人类社会也开始从农业经济时代向农业工业经济时代过渡。

小农经济的瓦解和农业的机械化,导致大量的农民失去了生产资料,与沦为机器附属物的城市工人一起,都成为雇佣劳动者,即近代工人阶级。工人阶级和资产阶级成为社会中两大主要阶级。生产力的突飞猛进及由此而来的资本主义生产关系的巩固与发展,使资本主义生产方式取得了统治地位。

---

[1] 马克思、恩格斯:《马克思恩格斯文集》第2卷,人民出版社,2009,第36页。

第六章 马克思工厂观在唯物史观构建中的作用

马克思工厂观是唯物史观创制过程的一个关键性环节，同时也是《资本论》研究的必要理论环节。如果没有对工厂的产生与发展历程的探析，即对行会手工业、工场手工业及机器大工业的考察，马克思就不可能全面理解资本主义，就不能揭示资本主义经济运行的一般规律，马克思唯物史观关于人类历史的宏大叙事就不可能建构起来。同时，如果没有对资本主义工厂的分析，马克思就不能发现剩余价值理论、工作日理论，等等，也就无法构建起《资本论》这一宏伟巨著。马克思的工厂观确证、丰富和发展了唯物史观。

第一节 唯物史观创制过程的关键性环节

马克思的工厂观是唯物史观创制过程的一个关键性环节。如果不清楚工厂观是如何产生的，就不明白资本主义的产生历程，也就无法完整地研究资本主义，必然会导致唯物史观关于人类历史的宏大叙事无法构建起来。此外，工厂观作为唯物史观基本原理的具体展开，也是唯物史观建构的一个重要性环节，它验证、丰富与发展了马克思的唯物史观。

一、工厂的形成过程昭示着资本主义的产生过程

在资本主义的起源问题上，主要存在着"贸易根源说"、"产权说"及"文化说"等观点。除了"贸易根源说"比较接近资本主义起源的主题之外，"产

权说"和"文化说"主要探讨的是资本主义经济如何兴盛的动力机制。而马克思工厂观通过对分工与协作发展历程的剖析,即从行会手工业到工场手工业再到机器大工业的探析,对资本主义起源问题的分析更加全面而深刻。

(一)资本主义起源的几种观点

关于资本主义的起源问题,特别是从20世纪50年代以来,开始成为国内外学术界关注的重大课题。这方面的研究视角多样、观点众多。根据已有的研究成果,主要是以保罗·斯威齐、伊曼纽尔·沃勒斯坦等为代表的"贸易根源说",以新制度经济学为代表的"产权说",以马克斯·韦伯和维尔纳·桑巴特为代表的"文化说"。

1. 贸易根源说

20世纪50年代,莫里斯·多布提出资本主义发生的"内部起源说"。他认为,封建社会灭亡以及资本主义社会产生的根本原因,就在于封建主的残酷压榨与剥削导致了农民的起义,最终小土地所有者和手工业者在一些城乡接合部孕育出资本主义,并最终成为了资本家。而亨利·皮朗则提出了"商业贸易说",认为商业导致了欧洲生活以及文化的变迁。亨利·皮朗的坚定支持者保罗·斯威齐提出:"马克思早已指出过资本主义产生的两条道路,由手工业者变成商人和资本家的道路是蜗牛式的道路,而商业控制产业,尤其是大商人投资设厂转化为产业资本,才在资本主义产生上起了很大的作用。"[①] 后来,费尔南·布罗代尔提出了"经济世界论",即城市之间的贸易构成了经济世界,从而进一步巩固了"贸易根源说"。到20世纪后期,珍妮·阿布-卢格霍德与贡德·弗兰克进一步发展了"贸易根源说"。珍妮·阿布-卢格霍德在《欧洲霸权之前1250—1350年的世界体系》中,提出了"世界体系"的概念。他指出八个有联系的城市地区构成了13世纪的非洲—欧亚世界体系。伊曼纽尔·沃勒斯坦也是"贸易根源说"的拥护者。他认为远洋探险以及新大陆的发现而导致的国际商业往来是资本主义诞生的基础,并从16世纪起,形成了核心、边缘及半边缘的世界经济体系。

不可否认,商业贸易在资本主义形成的过程中居于十分重要的地位。但是仅仅把资本主义的起源归结为商业贸易,则是不恰当的,因为它没有找到真正的根源,商业贸易诞生的根源何在?它没有给予解答。斯密虽然提出了分工理

---

① 马克垚:《资本主义起源理论问题的检讨》,《历史研究》1994年第1期。

论，但是他的分工更多的是对于资本主义经济发展的推动力的讨论。马克思则把"自发分工"看作资本主义诞生的原初依据，通过对分工协作的分析，揭示出机器大工业的形成以及工厂制度的产生极大地促进了资本主义的形成与发展。

2. 文化说

其主要代表人物为维尔纳·桑巴特及马克斯·韦伯。桑巴特在《现代资本主义》中认为资本主义精神导致了资本主义的起源。资本主义精神是由企业的精神以及市民的精神共同构成的一种整体性的心态。[①]"企业家精神"主要表现为一种不满现状的进取精神，这种精神破除了封建主义的那种自给自足、静止的、安逸的经济状态，把人们抛入到对货币、利益贪婪的追逐中。而"市民精神"主要体现为经济理性、算计以及节俭、勤勉、守约等。正是"企业家精神"与"市民精神"的结合促成了资本主义的产生。

马克斯·韦伯也与桑巴特一样强调资本主义精神的重要性。然而，"不同的是，其一，马克斯·韦伯主要是强调企业家精神对资本主义经济发展的推动作用，他不同意桑巴特把'对金块的贪婪'以及'对货币的热心'的企业的精神看作资本主义精神的主体。所以，第二，关于资本主义精神的产生，韦伯并没有像桑巴特那样把它归结为犹太教教义和信仰，而是归结于新教伦理的禁欲主义的节俭以及为上帝积累财富的天知责任感。"[②]

3. 产权说

"文化说"不但较为深刻地分析了资本主义社会起源的文化因素，还指出了经济制度及行政法律制度在资本主义起源的重要作用。而"产权说"则是这种理论的一种拓展。"产权说"和"文化说"所要探讨的都不是一般意义上的资本主义起源，而是提高生产率促进经济发展的根源。在西方主流经济学仅仅把制度当作经济增长的前提基础时，科斯提出了著名的"交易费用"，威廉姆森、诺思对古典经济学的"理性经济人"进行了修正，并把制度作为内生变量。

在新制度经济学中，有效的排他性产权制度是比较根本的制度。这一制度的确立，是人类发展史中的重要革新，因为它确保了经济组织的高效率运转，从而引起了西方资本主义社会的兴起。但是，私有财产的发生根源何在？在这

---

① 维尔纳·桑巴特：《现代资本主义》第1卷，李季译，商务印书馆，1958，第215页。
② 卜祥记：《资本主义起源问题的检讨》，《社会科学战线》2009年第1期。

一问题上,新制度经济学对其进行了剖析,正是在这一分析中,可以窥见新制度经济学对西方资本主义社会产生根源的探讨。在新制度经济学看来,"产权"并不仅仅是对法律而言的所有权,而是由使用权、收益权及让渡权三部分构成的。而对私有财产的占用、处置及收益则是产权的最基础的内容。

"产权说"从所有权制度变迁的角度对资本主义的起源问题进行了探讨,发展和推进了传统经济学所有权理论。但是,其与"文化说"相同,关注的重点只是资本主义兴起的根源,而非一般意义上的资本主义的发生根源。

所以,除了"贸易根源说"比较接近资本主义起源的主题之外,"产权说"和"文化说"的核心话语主要是经济如何走向兴起的动力机制。而马克思的工厂观正是立足于历史哲学的高度,通过对分工与协作发展历程的剖析,即从行会手工业到工场手工业再到机器大工业,从部落所有制到"古典古代公社所有制和国家所有制",从等级资本所有制到商业资本,最后到工业资本的分析,从而对资本主义起源问题进行了更为全面而深刻的追问。

(二)分工与协作揭示出资本主义之源

通过分工与协作,马克思对资本主义的起源进行了深刻而全面的揭示。马克思指出:"分工的各个不同发展阶段,同时也就是所有制的各种不同形式。"[①]"自然分工"的扩大导致了"部落所有制",工商业与农业的分工导致了"古典古代的公社所有制和国家所有制",农业与手工业的分工导致了"封建的或等级的所有制"。在"部落所有制"中,分工非常简单,仅仅局限于家庭分工的扩大。在"古典古代的公社所有制和国家所有制"中,分工也开始变得复杂,开始出现了城市与乡村的对立、工商业与农业的对立以及公民与奴隶之间的对立。在"封建的或等级的所有制"中,它是以共同体为基础的,出现了地主与农奴之间的对立。这一阶段的私有财产主要是由个人所处的等级所决定的,在城市中有师傅、帮工、学徒的等级,在乡村有王公、贵族、农奴的等级。总体来讲,"封建的或等级的所有制"阶段中的分工还是不发达的。

资本主义的生产是从协作劳动开始的。作为一种组织形式,协作是"人数较多的工人在同一时间、同一空间(或者说同一劳动场所),为了生产同种商

[①] 马克思、恩格斯:《马克思恩格斯文集》第 1 卷,人民出版社,2009,第 521 页。

品,在同一资本家的指挥下工作"。① 这种协作已经开始具有了资本主义性质。协作不仅提高了个人的生产力,还创造了一种生产力,从而可以生产更多的使用价值。而分工则是一种复杂的协作,它有着比较严格的专业划分,可以在很短的时间中完成更多的工作,可以极大地缩短必要劳动时间,从而可以获得更多的剩余劳动时间。

在工场手工业中,分工获得了"典型形态"。"工场手工业分工通过手工业活动的分解、劳动工具的专门化、局部工人的形成以及局部工人在一个总机构中的分组和结合,造成了社会生产过程的质的划分和量的比例,从而创立了社会劳动的一定组织,这样就同时发展了新的、社会的劳动生产力。"② 在工场手工业中,每一个手工业工人都丧失了独立劳动者的全面生产能力,变成了只能从事局部工作的局部工人。工场手工业通过把这些局部工人结合成一个生产的总体,建立起一个以人为器官的生产机构。工场手工业工人在生产中必须服从商业资本的意志,遵从商业资本的指挥。局部劳动在提高劳动生产率的同时,也使工人丧失了独立生产的能力,逐渐成为了资本的附属物。

随着分工的进一步发展,手工工具开始向机器转变,"作为工业革命起点的机器,是用这样一个机构代替只使用一个工具的工人,这个机构用许多同样的或同种的工具一起作业,由一个单一的动力来推动,而不管这个动力具有什么形式。"③ 大规模的机器使用,把各种复杂的劳动形式消灭了,取而代之的是简单的机器劳动。所谓简单的机器劳动,主要是通过一些看管机器的工人来实现的一些辅助性的简单工作。在机器劳动中,原有的局部工人的专业化分工被彻底消灭了,劳动者的技能与智慧已经毫无"用武之地"。由于劳动分工上的新排列,手工技术成为了多余,技术上的差别被消灭了。工人所做的只是服侍机器的不同部分,工人之间的差别越来越小了。

机器的使用及其分工加强了资本对劳动的支配权。对大多数工人来说,机器成了奴役他们的工具,他们被钉牢在单调乏味的没有内容的机器劳动上,就像钟表的长短针,永远地在钟表盘内不断地重复地转动着,每个工人都连续不断地把看管机器的下一步工作传给另一个工人。在机器的轰鸣中,工人成为机

---

① 马克思、恩格斯:《马克思恩格斯文集》第 5 卷,人民出版社,2009,第 374 页。
② 同①书,第 421–422 页。
③ 同①书,第 432 页。

器的附属物，变得迟钝、麻木与无知，开始"畸形"发展。机器大工业的出现引起了工场手工业、手工业及家庭劳动的重大变革。而机器在农业的广泛使用，也使得原来自由的农业劳动者，变成了在农业资本家指挥下的雇佣劳动者。这一时期，工业资本开始占据主导地位，并反过来支配商业资本。"大工业创造了交通工具和现代的世界市场，控制了商业，把所有的资本都变为工业资本，从而使流通加速（货币制度得到发展）、资本集中。"[①] 工业资本真正形成，资本主义得以诞生。

马克思正是通过分工与协作，揭示出资本主义工厂经历了一个由行会手工业、工场手工业到机器大工业的发展历程。正是在资本主义工厂的诞生过程中，工业资本开始确立并逐渐占据社会的统治地位，资本主义生产方式也最终建立起来。

二、工厂观是唯物史观创制过程中的重要环节

如果可以把马克思哲学理解为实践唯物主义，理解为努力探索人类历史发展的唯物史观，那么，马克思工厂观就是唯物史观必不可少的理论枝干，这是因为马克思工厂观通过分工与协作，即对行会手工业、工场手工业、机器大工业以及工厂制度的阐述，有力地验证了唯物史观的科学性。

首先，就整体与部分的联系来看，特别是当马克思在《德意志意识形态》中创立唯物史观的时候，马克思也同时遇到了一个非常重要的课题，即要对这一理论体系所要描述的历史宏大叙事的资本主义的产生、运行给予科学的分析。这是由于，如果没有对机器大工业以及工厂观的探析，就不可能对资本主义的经济运行机制做出透彻的说明，那么《德意志意识形态》所阐述的关于人类历史的宏大叙事就是不完整的，并且内容也是空洞的、没有科学论证的理论设想，而共产主义理论也只能是空中楼阁、没有依据的空想而已。这必然会使马克思去研究《资本论》，研究工厂的形成历程，而且马克思工厂观作为马克思唯物史观基本原理的具体展开，也是唯物史观建构的一个关键性环节。

马克思通过对分工协作以及生产组织形式的分析，揭示了工厂的形成历程，厘清了资本主义的起源和经济运行规律。资本主义生产的起点是从协作开始的，协作向前发展，出现了工场手工业的内部分工，从而使原来能够生产整

[①] 马克思、恩格斯：《马克思恩格斯文集》第1卷，人民出版社，2009，第566页。

个产品的手工业者变成了只能够生产这一产品某一工序的局部工人。资本开始以牺牲工人为代价加强自身的增殖,工场手工业具有了资本主义性质。机器的使用,极大地增加了原料、工具及半成品的数量,由此催生了原料、工具等产业的发展,社会分工越来越多。随着机器大工业的建立,工厂制度得以产生。工厂制度普遍建立之后,以机器生产为基础的生产方式代替了以手工业及分工为前提的协作,使生产力得到了迅猛发展。农业的机械化与城市大工业产生了大量的无产者,他们为了生存不得不出卖自己的劳动力,沦为雇佣工人,即近代工人阶级。工人阶级和资产阶级成为社会中两大主要阶级。生产力的突飞猛进以及由此而来的资本主义生产关系的巩固与发展,使资本主义生产方式取得了统治地位。

机器大工业在使资本主义生产方式确立起来的同时,使工人成为机器的附属物,给工人带来了深重的灾难:一方面,机器扩大了工人被剥削的范围。机器的出现简化了操作程序,大量妇女与儿童都被纳入雇佣工人的范畴中。另一方面,提高了工人被剥削的程度。资本家为了获得更多的剩余价值,必然会强迫工人在同样的时间内增加劳动消耗,这样就使工人完成了更多的工作量,从而达到了增加剩余价值的目的。工人在单调乏味的机器劳动中,不仅神经系统受到侵蚀,而且工厂中机器的震耳欲聋、难闻的气味、持续的高温以及没有防护的设备等都对工人的身体造成了极大的损伤,加上工人长期从事某一种单调而又繁重的工作,必然会造成其身体某一部位的频繁运动,而忽略了身体其他部位的运动,从而剥夺了工人身体和精神的自由,造成了工人智力低下、身体羸弱,使工人得到"畸形"发展。

马克思正是通过对工厂的产生与发展历程的探析,揭示资本主义的起源及经济运行机制,从而厘清了人类历史发展的一般规律,构建了人类历史的宏大叙事,有力论证了《德意志意识形态》中关于人类历史的宏大叙事。

其次,就一般与个别的联系来看,工厂观作为马克思唯物史观的一个重要内容,它发端于《1844年经济学哲学手稿》,聚焦于《德意志意识形态》,成熟于《资本论》,它包含唯物史观的一些重要的核心要素:

1. 劳动

正像唯物史观的理论那样,马克思对资本主义大工业及商品生产的劳动分析,就是从"人和自然之间的物质变换的一般条件"以及"人类生活的永恒的自然条件"①的劳动开始的。在原始社会，人们最初是通过采集和狩猎等劳动方式来获得生活资料的，伴随着人类实践能力及生存能力的提高，打猎开始成为人类的一种基本劳动形式，当人类获取的猎物越来越多时，就出现了动物的养殖业，由此慢慢形成了游牧民族以及游牧部落。在游牧民族形成的同时，部分原始人群开始了种植一些食用植物。特别是铁制农具的制造和使用，使农业成为原始人类的一种非常重要的生产部门。

原始社会解体之后，手工业开始从农业中分离出来，并作为一种职业逐渐兴盛起来，商品的大量剩余导致了商品交换的普遍兴起，随着商品交换的日益扩大，开始出现了零星的雇佣劳动。到了封建社会中后期，在行会手工业中出现了明显的雇佣劳动，例如帮工，这时的雇佣劳动仅仅是一种辅助的形式，并没有成为社会的普遍形式。

在封建社会后期，伴随着毛纺织工场手工业的繁荣，羊毛价格的上涨，导致封建新贵族把农民从土地上驱赶出去，把大量农民的土地转变为牧场，从而造成了大批失去土地的农民。众多失地的农民进入城市中，为了维持自身的生存，他们不得不出卖自己的劳动力，这样，他们就变成了雇佣工人，雇佣者由于占有了工人的剩余劳动而成为资本家。

随着机器对手工工具的取代，机器大工业开始建立起来。在以机器大工业为基础的资本主义工厂里，工人的技能与经验被科技所代替，工人成为机器的附属物，从事一些简单的看管机器的工作。在雇佣劳动制度下，资本家由于拥有资本，从而能够占有工人的剩余价值，而雇佣工人只能被资本家所雇佣，受到资本的剥削。工人的劳动对工人而言没有任何意义，是使"生"成为"活"的唯一目的活动，是一种异化状态的劳动。雇佣劳动在机器大工业时代开始成为社会的普遍化形式并拥有了完整的形式与意义。

2. 分工

马克思正是通过对行会手工业、工场手工业、机器大工业的具体劳动分工的考察，阐释了工厂观的形成过程，揭示了资本主义的起源与生产的秘密，有力地验证了唯物史观的科学性。

资本主义生产的起点是从同一个资本雇佣很多工人开始的。"人数较多的工人在同一时间、同一空间（或者说同一劳动场所），为了生产同种商品，在

---

① 马克思、恩格斯：《马克思恩格斯文集》第5卷，人民出版社，2009，第215页。

同一资本家的指挥下工作,这在历史上和概念上都是资本主义生产的起点。"①这种简单协作生产方式,除了同一资本雇佣较多的工人之外,几乎与行会手工业没有太大差别,只不过是行会手工业作坊的扩大而已。然而这种量的差别,已经潜在地蕴含着质的差别。一方面促进了生产资料的节约;另一方面由于很多人在一起共同劳动,获得了社会劳动的性质,导致了工场内部协作的出现,这种协作不仅提高了个人生产力,而且创造了一种新的生产力。随着生产力的进一步发展,简单协作就逐渐过渡到以分工为基础的协作。

以分工为基础的工场手工业,由于生产组织形式的变化以及工具的改进,劳动生产率得到进一步提高。然而,这种工场手工业是建立在手工工具的基础之上的,具有很大的狭隘性。为了获取更多的剩余价值,资本家通过不断改进生产技术与方法,打破了这种手工工具的局限性,最终导致了以采用机器大生产为标志的产业革命,机器大生产取代了手工劳动,从而极大地促进了生产力的发展,摧毁了一切旧制度及其基础,创造了一个全新的时代。

3. 私有财产关系的演进

从货币到资本。自从游牧部落从其余的野蛮人群中分离出来,特别是农业的出现和发展,交换开始出现。这种交换最开始是由畜牧业部落、农业部落和野蛮人之间的不同需要而产生的,是一种从不同的使用价值的角度进行的交换:或者农业部落用自己生产出的多余的农产品来换取畜牧产品,或者是畜牧部落用自己多余的畜牧产品来换取农产品。随着手工业对农业的脱离,交换从偶然交换到经常交换,从物物交换到货币交换。

资本主义生产方式的历史起点,就是资本的原始积累。马克思指出:"货币和商品,正如生产资料和生活资料一样,开始并不是资本。它们需要转化为资本。但是这种转化本身只有在一定的情况下才能发生。"②

劳动者对其生产资料享有所有权,是小生产存在的基础。在封建社会后期,小生产广泛存在。这种小生产排斥生产过程中的内部分工协作。然而,随着生产力的不断发展,生产资料的积累及生产的社会化成为社会发展的必然趋势,而这种趋势是同以小生产为基础的生产方式相矛盾的。所以,当生产力发展到一定程度,小生产必然会消亡,劳动者与生产资料开始分离,而实现这种

---

① 马克思、恩格斯:《马克思恩格斯文集》第5卷,人民出版社,2009,第374页。
② 同①书,第821页。

分离的主要途径就是资本原始积累的方法。资本主义的原始积累过程是用血泪书写的过程，它采用了最残酷、最下流、最卑鄙、最无耻的野蛮手段，对生产者的生产资料直接剥夺。在英国，从15世纪末开始，毛纺织工场手工业的迅猛发展，引发了羊毛价格的持续上涨，结果就产生了"圈地运动"，即采用暴力的手段把农民从其耕种的土地上驱赶出去，把原有的耕地变成牧羊场。这一过程持续了几个世纪。失去了土地的广大农民，变成了彻底的无产者，成为可以自由出卖自己劳动力的自由劳动者。与此同时，统治阶级又通过一系列的法律，采用恐吓、威逼、酷刑等手段，迫使这些无产者服从于雇佣劳动制度。①马克思一针见血地指出："要使资本主义生产方式的'永恒的自然规律'充分表现出来，要完成劳动者同劳动条件的分离过程，要在一极使社会的生产资料和生活资料转化为资本，在另一极使人民群众转化为雇佣工人，转化为自由的'劳动贫民'这一现代历史的杰作，就需要经受这种苦难。如果按照奥日埃的说法，货币'来到世间，在一边脸上带着天生的血斑'，那么，资本来到世间，从头到脚，每个毛孔都滴着血和肮脏的东西。"②资本出现之后，它通过自身的扩张机制，把世间一切事物都纳入自身的扩张系统中，在疯狂榨取工人的剩余价值实现自身增殖的同时，按照自己的意志打造出一个崭新的世界。

资本是历史发展到一定阶段的产物，资本的形成标志着社会生产过程的一个新时代，马克思通过对货币转化为资本的形成历程及其实证分析，揭示出剩余价值生产的秘密。"马克思正是对资本主义生产秘密的揭示使得马克思的唯物史观成为科学，并进而使得马克思的社会主义成为科学的理论。在这个意义上，剩余价值理论已经不再仅仅是与唯物史观并列的东西，它本身就是唯物史观的组成部分了。"③

总之，马克思工厂观基本理论构成的以上理论环节，可以说正是唯物史观的基本理论要素。所以，我们认为马克思的工厂观是唯物史观建构过程中的关键性环节，它确证、丰富、发展了唯物史观，使唯物史观成为真正的科学。

---

① 叶汝贤：《唯物史观发展史》，吉林人民出版社，1985，第184页。
② 马克思、恩格斯：《马克思恩格斯文集》第5卷，人民出版社，2009，第870–871页。
③ 卜祥记、周巧：《马克思〈资本论〉研究的理论前史探源》，《学习与探索》2014年第1期。

第二节 《资本论》的必要理论环节

《资本论》揭示了资本主义剥削的秘密，科学论证了资本主义必然走向灭亡的规律。《资本论》通过对剩余价值理论、工作日理论、局部工人与整体工人理论的描述，剥离了掩盖在资本主义剥削外面的各种假象，科学地论证了资产阶级天然的剥削本性。而剩余价值理论、工作日理论、局部工人与整体工人理论都离不开马克思工厂观思想。马克思正是通过对行会手工业、工场手工业及机器大工业的考察，揭示了资本家为了提高劳动生产率，在生产内部实行劳动分工，并通过绝对延长剩余劳动时间及相对延长剩余劳动时间两种基本途径对工人进行残酷剥削，从而揭示了剩余价值理论、工作日理论、局部工人与整体工人理论。所以，如果没有对工厂观的探析，《资本论》关于剩余价值理论、工作日理论、局部工人与整体工人理论是建构不起来的，更是不完整的。马克思工厂观是《资本论》研究的必要理论环节。

一、绝对剩余价值与相对剩余价值：资本家剥削的两种基本途径

马克思在工厂观中通过对行会手工业、工场手工业及机器大工业的考察，揭示了资本家通过绝对延长剩余劳动时间以及相对延长剩余劳动时间两种基本途径来榨取工人的剩余价值，揭露了资本家剥削工人的秘密。

伴随着行会手工业的不断发展，行会手工业中出现了一些富裕行东，他们通过雇佣较多的帮工以及在家中设机雇工，不断突破行会的限制，这样，一些行会手工业就发生了质变，行东变成了经营者和管理者，开始榨取雇佣工人的剩余价值。普通的帮工在不能晋升为行东之后，不得不受雇于行东，开始变成永久性雇佣工人。于是，手工作坊开始出现，工人在生产中有了一些协作，即简单协作。

在简单协作中，"许多人在同一生产过程中，或在不同的但互相联系的生

产过程中，有计划地一起协同劳动。"①这种协作劳动比个体劳动具有更多的优越性。一是许多工人在一起劳动可以节省一些生产资料的费用。二是协作劳动可以激发工人的竞争意识，从而在一定程度上提高劳动生产率。三是协作劳动能够创造出一种集体力，这种集体力远远超过个人劳动之和。产品的增多导致了剩余劳动时间的增多。所以，简单协作成为了资本家剥削工人的一种手段。

工场手工业是在简单协作的基础上发展起来的，是建立在雇佣工人的专业分工以及手工操作基础之上的协作。工场手工业有两种不同的形式：一是把不同种类的工人集中在一个工场中，使他们共同完成某种商品；二是把同一种类的工人集中在一个工场中，使他们每一个人从事整个产品生产的某一工序。工场手工业与简单协作相比更能提高劳动生产率，这是由于局部工人长时期从事同一种劳动，必然会把注意力放在自己从事的操作上，不断积累经验，能够以较短的时间完成操作。由于很多不同年龄的局部工人在同一工场中劳动，从而能够使经验很快地传递开来，由此可以减少生产中很多非生产性消耗，进而提高劳动生产率，生产出更多的剩余价值。

在工场手工业中，从事生产职能的局部工人仅仅是资本的存在形式，"因此，由各种劳动的结合所产生的生产力也就表现为资本的生产力"。②工场手工业打破了工人原有的生产方式，使其成为资本的附属物，成为畸形发展的人。工人只能片面地从事一种生产技能，丧失了才能的多方面发展，从而导致了这样一种后果，即工人想要进行生产，只能把自己的劳动力出卖给资本家。所以，工场手工业"一方面，它表现为社会的经济形成过程中的历史进步和必要的发展因素，另一方面，它表现为文明的和精巧的剥削手段"。③

伴随着工业革命的爆发，机器在生产中得以广泛使用，机器生产取代了工人的手工劳动，从而导致了资本主义生产方式的变化，大规模的机器体系完全取代了工人的结合。工场手工业时期，工人之间的结合可以说是主观的，而在机器面前，劳动的结合则具有客观性，因为机器体系是作为现有的物质条件出现的，工人只有组织起来，通过社会化大生产才可以发挥作用。"因此，劳动过程的协作性质，现在成了由劳动资料本身的性质所决定的技术上的必要

---

① 马克思、恩格斯：《马克思恩格斯文集》第 5 卷，人民出版社，2009，第 378 页。
② 同①书，第 417 页。
③ 同①书，第 422 页。

了。"①因为机器大工业把科技与生产进行了紧密的结合，从而极大地提高了劳动生产率。

在以机器为主体的资本家工厂中，机器是主体，工人仅仅是机器的附属物，从事着简单而又繁重的体力劳动。机器生产成为资本家剥削工人的手段，最终的结果就是工人的越发贫穷。"工人生产的财富越多，他的生产的影响和规模越大，他就越贫穷。工人创造的商品越多，他就越变为廉价的商品。"②资本家使用机器的唯一目的就是缩短必要劳动时间，获得更多的剩余劳动时间。

资本家加强对剩余价值的榨取，主要是采用绝对剩余价值生产与相对剩余价值生产两种方法。绝对剩余价值生产必然会面临着两个方面的问题：一方面，工作日不能无限制延长，因为涉及生理及道德的界限问题；另一方面，工作日的延长必然会受到工人的反抗，而且反抗的力量与强度越来越大。所以，资本家只能在工作日长度不变的情况下，通过提高劳动生产率来获取更多的相对剩余价值。

马克思正是通过对行会手工业、工场手工业、机器大工业的分析，探寻了剩余价值产生的历程，揭示了资本家剥削工人的两种基本途径，即绝对剩余价值与相对剩余价值，从而揭露了资本主义生产的秘密。

二、工作日理论：揭露了资本家剥削工人的残酷现实

马克思的工作日理论，揭示了资本家为了获取更多剩余价值而无限制地延长工人的劳动时间，展现了资本家剥削工人剩余价值的贪婪与残酷，进一步说明了资本主义是榨取工人阶级血汗的剥削制度。

工作日不是一个自然日，在资本主义工厂中，它是由必要劳动时间和剩余劳动时间构成的。假定劳动力是按照它的价值买卖的，而劳动力的价值是由生产维持劳动力所必需的生活资料的劳动时间决定的，那么，在劳动生产率、劳动强度已定的条件下，这种必要劳动时间就是一个已定的量。但是，剩余劳动时间却是一个可变的量。所以，工作日的"总长度随着剩余劳动的长度或持续

---

① 马克思、恩格斯：《马克思恩格斯文集》第5卷，人民出版社，2009，第443页。
② 马克思、恩格斯：《马克思恩格斯文集》第1卷，人民出版社，2009，第156页。

时间而变化。因此，工作日是可以确定的，但是它本身是不定的"。①资本家在购买了劳动力商品之后，就必然会要求工人尽可能长时间地工作，以此来榨取更多的剩余劳动。资本家对剩余劳动的贪婪是没有止境的，正如马克思指出的那样："作为资本家，他只是人格化的资本。他的灵魂就是资本的灵魂。而资本只有一种生活本能，这就是增殖自身，创造剩余价值，用自己的不变部分即生产资料吮吸尽可能多的剩余劳动。"②

资本家为了榨取更多的剩余价值，采取日工和夜工的换班制度。换班制度是资本家剥削工人剩余劳动的一种方法，它通过延长工作日残酷地压榨劳动力。资本家之所以采用换班制度，主要是因为"从价值增殖过程来看，不变资本即生产资料的存在，只是为了吮吸劳动，并且随着吮吸每一滴劳动吮吸一定比例的剩余劳动"。③换言之，只要工人运用资本家的生产资料在一定时间内进行劳动，必然会给资本家生产出一定量的剩余劳动。反之，如果生产资料闲置不用，资本家就剥削不到工人的剩余劳动。所以，资本家为了最大限度地榨取工人的剩余价值，必然会尽可能地不使生产资料闲置下来。然而，日夜不停地榨取同一个劳动者，从生理上来讲是不可能的，所以要克服工人生理上的障碍，就必须使用一种新的剥削方式——换班制度。

在换班制度下，生产过程可以在24小时内不停歇地进行，这样，资本家每天24小时内都可以源源不断地从劳动者身上榨取剩余劳动。换班制度，造成工人加班加点，甚至连夜工作，而且使法律无法控制工作日的界限，从而使资本家可以肆无忌惮地延长工人的劳动时间。

虽然英国出台的工厂法对工作日进行了限制，以此来控制资本家无限度地追求剩余价值。然而，资本家们还是想方设法地突破法律所规定的工作日，不断加强对剩余劳动的榨取。而在一些没有受到法律约束的生产部门，马克思通过大量翔实的史料，揭露了资本家为了获取更多的剩余价值，无限制地延长工作日，给工人的身心带来了严重的后果：它使工人劳累过度，生命缩短；工伤事故不断发生，造成了大批工人的伤残甚至死亡；它使童工的身心发育受到严重摧残，使女工的健康得不到起码的保障。资本家已经把工厂变成了可怕的

---

① 马克思、恩格斯：《马克思恩格斯文集》第5卷，人民出版社，2009，第268页。
② 同①书，第269页。
③ 同①书，第297页。

"地狱"。

总之，马克思的工作日理论，特别是对日工和夜工换班制度的分析，揭示了资本家为了榨取更多的剩余价值，不断延长剩余劳动时间，揭露了资本家剥削工人的残酷事实。

三、局部工人与整体工人：资本家剥削工人的隐秘方式

马克思对局部工人及整体工人的描述，深刻地揭示了资本家剥削工人的隐秘方式。资本家为了提高劳动生产率，获取更多的剩余价值，把原来独立的手工业者变成了只能生产某一产品部分工序的局部工人。局部工人作为总体工人的组成部分，极大地提高了劳动生产率。

首先，局部工人提高了劳动效率。工场手工业的内部分工使原来精通多种技能的手工业者变成了局部工人。工人在劳动中被重新组合，每个工人只能从事某一专业中的一个简单部分。马克思指出："终生从事同一种简单操作的工人，把自己的整个身体转化为这种操作的自动的片面的器官，因而他花费在这一操作上的时间，比顺序地进行整个系列的操作的手工业者要少。"[1] 局部工人的出现，把原来非常复杂的手工劳动分解为一系列的简单操作，从而使劳动单纯化与机械化了，极大地提高了劳动生产率。因此，与原来的手工业相比，工场手工业能够在一定的时间内生产出更多的劳动产品。同时，因为局部工人长时期反复从事同一种操作，局部劳动的一些技巧与方法也会逐步完善起来，节省劳动的经验也会慢慢积累起来。由于工场中不同年龄的工人在一起劳动，这种经验与技能可以不断地传递下去。所有这些都极大地提高了劳动生产率，创造出更多的剩余价值。

其次，局部工人可以减少劳动的非生产消耗。工场手工业的劳动不需要有太多的脑力劳动，而是把很多局部工人组合在一起的分工协作。由于工人集中在一起进行分工协作，也使各个劳动者的动作变化小了，动作变小意味着空隙减少。"一旦手工业者整天不断地从事同一种操作，这些空隙就会缩小，或者说会随着他的操作变化的减少而趋于消失。"[2] 空隙的缩小减少了非生产消耗，

---

[1] 马克思、恩格斯：《马克思恩格斯文集》第 5 卷，人民出版社，2009，第 393 页。
[2] 同①书，第 395 页。

节约劳动时间,而劳动时间的节约同时就是生产力的进步。以针的生产为例。一根针在工场手工业内大概要经过72种甚至92种的劳动分工。每个分工都是由不同的局部工人操作,这样就可以比较迅速地把针大批量生产出来。由于以前针的生产能力有限,针一般只有贵族或富裕家庭才能拥有,比较珍贵。工场手工业不仅可以大批量生产,而且可以大大缩短生产周期,从而使针不再那么珍贵,变成了普通的物品。所以,局部工人的出现减少了劳动非生产消耗,极大地提高了劳动效率。

分工使每一个局部工人仅仅承担一部分生产劳动,许多局部工人结合在一起就构成了总体工人。所以,局部工人只是总体工人的有机组成部分,这种由局部工人结合在一起而构成的总体工人,就成为工场手工业的"活机器"。总体工人比以往单个手工业者具有更高的完善性,这是因为单个手工业者不可能对产品的各项技能都很精通,而工场手工业则充分发挥了工人某一方面的技能。"现在总体工人具备了技艺程度相同的一切生产素质,同时能最经济地使用它们,因为他使自己的所有器官个体化而成为特殊的工人或工人小组,各自担任一种专门的职能。"[1]然而,整体工人的完善性是以局部工人片面的、畸形的发展而完成的。"局部工人作为总体工人的一个肢体,他的片面性甚至缺陷就成了他的优点。从事片面职能的习惯,使他转化为本能地准确地起作用的器官,而总机构的联系迫使他以机器部件的规则性发生作用。"[2]

局部工人是资本家为了获得更多的剩余价值,不断提高劳动生产率的必然结果。局部工人的出现,极大提高了社会生产力,增强了资本家对工人的剥削程度,榨取了工人更多的剩余价值,所以这是一种比较隐秘的剥削手段。局部工人不断从事着单调的劳动,必然会导致工人体力与脑力的大量消耗,而且这些消耗伴随着工人日复一日的机械劳作,不仅不能得到恢复,反而损伤程度越来越大,从而妨碍了工人精神的集中和焕发,造成工人的精神萎靡。马克思正是通过对局部工人及整体工人的描述,揭示了资本家残酷剥削工人的事实。

总之,马克思工厂观具有重要的理论意义,这表现在它不仅是马克思唯物史观创制过程中的一个非常重要的关键性环节,而且是《资本论》研究中的必要理论环节。工厂观的形成过程,即行会手工业—工场手工业—机器大工业的

---

[1] 马克思、恩格斯:《马克思恩格斯文集》第5卷,人民出版社,2009,第404页。
[2] 同①书,第404–405页。

发展过程，不仅是资本主义生产方式的生成过程，也是资本主义生产关系的确立过程。在工厂观中，马克思通过对剩余价值理论、工作日理论、局部工人与整体工人的分析，揭示了资本家对工人剥削的残酷事实。马克思的工厂观确证、丰富和发展了唯物史观。

第七章　马克思工厂观的当代意义

当代资本主义工厂在科学技术、生产组织方式、资本形式、工人的结构、管理方式等方面都发生了显著的变化，但是马克思工厂观所坚持的基本理论和立场依然没有改变，它对于我们透视和批判当下现代性依然具有重要的现实意义。在当代资本主义工厂中，工人依然被当作机器来使用，工人的异化劳动并没有得到消除，工人仍然是"单向度"的人，仍然是资本剥削的对象。当然，马克思的工厂观也面临着一些挑战，诸如"中产阶级"的阶级性问题、剩余价值理论的当代价值问题以及无产阶级革命理论的当代适用性问题，等等。我们要在坚持马克思工厂观的基本立场与基本观点的同时，不断地发展与完善工厂观思想，使之与时俱进。

第一节　当代资本主义工厂的新变化

当代资本主义工厂发生了显著变化，突出表现在工厂科技的变化、生产组织方式的变化、经营权与所有权的分离，以及虚拟资本在工厂中作用的增大等方面。当代资本主义工厂的新变化也使工人的生活水平与生活质量得到极大改善，出现了"白领工人"，导致了无产阶级的"中产阶级化"趋势。

一、科技的变化："工业 4.0"的到来

自从 18 世纪 60 年代英国爆发第一次工业革命以来，西方资本主义国家的社会生产力迅猛发展。科学技术已经成为第一生产力，在生产中的作用越来

大。"在马克思看来,科学是一种在历史上起推动作用的、革命的力量。"[①]自第一次工业革命以来,迄今已经发生过以电力发明为主要标志的第二次工业革命、以电子和信息技术的广泛运用为主要标志的第三次工业革命,以及正在发生的以应用信息物理系统为标志的第四次工业革命——"工业4.0"。

(一)第二次工业革命

第一次工业革命以蒸汽机的广泛使用为主要标志;而第二次工业革命则以电力的发明与广泛运用为主要特征,工厂由此进入了电气化时代。电力的广泛运用不仅为生产的自动化开辟了道路,也为以后电子科学技术的发展创造了条件。

19世纪中叶之后,科技的发展与应用,给资本主义带来了源源不断的财富,资本与生产的高度集中,不仅使工厂的数量急剧膨胀,而且使工厂的规模不断得到扩大,以至出现了千人甚至万人规模的大工厂。然而,在这些工厂中,还在使用第一次工业革命时期的蒸汽机作为动力,还在使用皮带、塔轮等笨重的机械转动机构来传递蒸汽动力,已经远远不能适应生产的需求,阻碍了生产的发展。因为这种传递动力的方式不仅距离有限,效率低,而且在动力的分配上非常不合理,对机械的控制也产生了诸多不便。

电机则比蒸汽机具有更大的优越性,然而从法拉第1821年做成第一个实验电机模型,发展到工业上的大规模使用,整整花了40多年的时间。最初的发电机,是用永久磁铁作为磁场的,直流电机的功率很小。1845年,英国科学家惠斯通制造出第一台使用电磁铁的发电机,从而取代了电磁铁。1978年,俄国亚布洛契可夫发明了交流发电机。1885年,意大利物理学家法拉里成功研制出两相异步电动机模型。1889年,俄国工程师杜列夫——多布罗夫斯基先后发明了三相制,鼠笼式三相电动机,这是第一台能够实用的三相电动机。1885年,由英国工程师菲尔安设计的第一座交流单相发电站在伦敦附近建立。[②]法国于1892年建成了第一座三相交流电站。

电力经过一次能源转化而来,它可以很便捷地转换成其他形式的能,不仅可以长距离地传输,其能量稳定、强劲,从而克服了蒸汽机动力的不足,而且

---

① 马克思、恩格斯:《马克思恩格斯文集》第3卷,人民出版社,2009,第602页。
② 杜金铭、杨应芹、方玉媚:《科技经济社会》,西南交通大学出版社,1999,第50页。

通过电线等传输方式，极大地消除了动力传递的效率低下、距离的限制及动力分配的不合理等问题，具有蒸汽机所无法比拟的优越性，开始成为取代蒸汽动力的新能源。人类进入电气时代，电力成为工业发展的主要动力。19世纪最后30年间，美国、德国、英国等国家的经济得到了迅猛发展，世界工业总产量翻了2倍以上，特别是1870—1913年的世界贸易量也翻了3倍以上。[1]

这次工业革命使工厂的科技化程度得到极大提升，提高了西方资本主义生产的社会化程度，跨国企业开始出现并日益壮大起来，国际经济之间的联系变得更加紧密。

（二）第三次工业革命

第三次工业革命发生在第二次世界大战之后，电子和信息技术的应用，使制造业生产过程实现了大规模的自动化，机械作业逐步替代人类作业，从而大幅度提升了制造业的效率，极大地推动了生产力的发展。

电子计算机的发明是人类史上的重大事件。1946年，第一台电子计算机在美国研制成功，但其运算速度比较低，后来，美国科学家冯·诺依曼对第一台电子计算机做了革命性的改进。1947年，巴丁、肖克莱、布拉顿等三位科学家发明了晶体管。1959年，以晶体管为开关元件的第二代电子计算机在美国问世。同年，基尔比等发明了集成电路。1964年，出现了以集成电路为核心的第三代电子计算机，运算速度大大提高。[2] 随着科技与社会生活的迅猛发展，信息的重要性越来越凸显。20世纪70年代以来，随着微电子等技术的发展，信息技术应运而生。特别是进入20世纪90年代，世界各国都开始了建设信息高速公路的热潮。1992年，美国首次提出"国家信息基础设施计划"。从1993年开始，我国也开始规划与酝酿筹建国家重大信息工程——"金桥""金卡""金关"三大工程。

信息技术以其方法的科学性、工具设备的先进性、技能的熟练性、经验的丰富性、作用过程的快捷性、功能的高效性等优点，加快了企业的信息化、自动化程度，不仅使企业实现了大规模生产，而且提升了大规模生产的效率，从而逐渐取代了传统的机械作业。狭义上讲，信息化的过程，实际上就是现代信

---

[1] 王喜文：《工业4.0——通向未来工业的德国制造2025》，机械工业出版社，2015，第27页。

[2] 石俊田、徐佳：《科技革命与经济体制》，东北大学出版社，2008，第32页。

息技术所导致的产业变革的过程,即在产业发展上由信息技术所引起的革命过程。在产业劳动的方式上,开始从机械化向自动化、电子化及网络化发展。电子技术特别是机器人的普遍应用使工厂生产的信息化程度显著增强。[①] 完全信息化、自动化的"无人工厂"在20世纪末也已经出现。

这次工业革命不仅使众多资本主义国家步入信息社会或后工业社会,还使物质生产部门在资本主义国家中的比重下降到包括信息产业在内的第三产业之下。

(三)"工业4.0"的到来

现在人们正在迎来"工业4.0"。"工业4.0"是德国联邦教研部与联邦经济技术部在2013年汉诺威工业博览会上提出的概念。它描绘了制造业的未来愿景,提出了继蒸汽机的应用、电力发明及电子信息技术等三次工业革命后,人类将迎来以信息物理融合系统(CPS)为基础,以生产高度数字化、网络化、机器自组织为标志的第四次工业革命。[②]

"工业4.0"是一次现代信息和软件技术与传统工业生产相互作用的革命性转变。同时,这场转变也会对工业产生革命性的影响。智能工厂是即将到来的革命的目标系统。具有本地化智能的智能产品和与智能工具及生产手段相联合的软件,一并活跃在现代的工厂里,并连接在智能全球供应链上。在生产中,智能产品和网络化的个体相联结,为增殖步骤提供信息与帮助,不间断地记录已经进行的加工步骤与质量指标,并借助于人类技能、部件以及生产手段自发将生产指引向最优路径。在生产完成以后,智能产品会持续通过在线连接与制造企业的后端服务流程及社会化媒体保持联系。[③]

以蒸汽机的广泛使用为特征的第一次工业革命使工厂进入机器时代,以电力发明为特征的第二次工业革命使工厂进入电力时代,以电子和信息技术为特征的第三次工业革命使工厂走进信息化时代,而以信息物理融合系统为特征的"工业4.0"昭示着工厂智能化时代的到来。工业革命的爆发必然会导致资本主义工厂生产组织形式的变化。

---

① 石俊田、徐佳:《科技革命与经济体制》,东北大学出版社,2008,第43页。
② 乌尔里希·森德勒:《工业4.0》,邓敏、李现民译,机械工业出版社,2015,封面文字。
③ 同①书,第68页。

二、生产组织方式的变化：福特制、丰田制、大规模定制

伴随着工业革命的爆发以及消费者需求的变化，资本主义工厂为了适应科技变化和市场的需求，其生产组织形式也不断发生变化，大致经历了福特制、丰田制、大规模订制三种形式。

（一）福特制

20世纪初期，产生了一种以生产自动化、产品标准化、流水线作业以及大规模生产为特征的生产方式，这种生产方式在随后的60年时间里一直统治着许多发达国家的很多生产部门，这就是福特制生产方式。在福特制下，工厂的生产组织形式发生了显著变化，具体如下：

第一，在技术方面，实现了标准化、流水线作业，从而可以大规模地生产出整齐划一的标准化产品，即用简单的机器设备不断地制造出大批量的标准化产品，在一定程度上实现了生产组织方式的革命。

第二，福特制通过持续不断地分工，将每一个生产任务都划分为最小的单元，然后，通过对一些工人进行简单技能的培训，由他们分别完成每一个生产任务。劳动过程的控制和管理是通过庞大的科层组织机构实施的，每个工作都是在流水线上反复进行的一项特定的操作。

第三，福特制生产的产品种类单一，数量庞大。福特公司面对的是消费者需求比较单一的汽车市场，生产出了大批量的同一型号的汽车，这样不仅极大地降低了生产成本，而且提高了生产效率。

第四，从价值增值过程来看，福特制生产方式体现在物品所构成的实物价值链上。工厂原材料的采购、产品的设计、零部件的生产及半成品的组装、产品的销售、物流等环节，都包括在整个价值链之中。如此一来，产品的生产与销售都集中在一个工厂中，从而形成了"纵向一体化"生产体系，由此获得了规模成本优势。[①]

福特制生产方式采用生产流水线的形式，不仅极大地提高了工人的劳动效率，而且使生产的产品数量大大增加，产品价格也从原来的860美元下降到

---

① 王蒲生等：《产业哲学视野中全球生产方式的演化及其特征——从福特制、丰田制到温特制》，《科学技术与辩证法》2008年第3期。

276美元,这仅仅相当于当时福特汽车工厂一般工人两个月的工资。福特制的生产流水线大幅度提升了劳动生产率,同时也极大地降低了工厂的生产成本。福特制生产方式在属于它的那个时代取得了巨大的成功,并且攫取了稳定而丰厚的回报。福特制生产方式的应用与推广,促进了美国经济的快速发展,使美国成为世界经济发展的"领头羊"。福特制生产方式在带来生产高效率的同时也存在着一些固有的内在缺陷:

第一,福特制生产方式的生产工具是功能单一、需要大量原材料和能源供应的大型机器,而能源价格的上涨造成了成本的上升。为了预防后续的生产过程发生问题,稳定流水线作业的劳动过程,福特制生产组织储备了大量的原材料和零件、半成品等存货,从而增加了不变成本。

第二,福特制生产方式的劳动过程是根据流水线来安排的,管理部门将工人当作低技能可替换的劳动力,使工人机械地执行工作,无法对具体的作业活动进行改善,而且重复单调的操作导致了工人的不满,从而降低了整个生产过程的效率。

第三,功能单一、专用性的机器设备转化的高成本意味着在福特制生产方式中,不能随着生产的需要而进行生产方法、设备的更换和调整,从而使得产品的质量和工艺水平一成不变,阻碍了改进产品的能力。[①]

由于福特制生产方式存在着很多严重缺陷,伴随着技术的发展、大众需求的变化以及外部市场环境的变化,产生了"福特制生产危机",其最终被"丰田制"所取代。

(二)丰田制

在美国福特制面临着生产率、市场份额及利润率不断下降的情况下,日本丰田汽车公司的生产方式崛起并引起了各界的注意,这种生产方式带来生产率、市场份额及利润率的不断上升。丰田公司在20世纪30年代进入汽车制造业,使用单件生产方式生产少量轿车的试制品。在第二次世界大战后,丰田汽车公司开始全面生产轿车和商用载货汽车,但在当时的经济条件下面临着一些问题:

首先,日本国内市场供需的问题,国内市场小但是需要的汽车种类复杂,总的来说,就是需求的汽车品种多,但是数量小。

[①] 刘俊奇:《当代资本主义的发展与危机》,中国社会科学出版社,2014,第38–39页。

其次，第二次世界大战后，日本国内工会运动正处于高峰期，美国占领军当局颁布的劳动法提高了工会在谈判雇佣待遇方面的地位，继而1945—1950年的通货膨胀引发了经济萧条。丰田汽车公司有意裁员引发了劳资冲突，通过谈判双方达成了一系列有利于工人的协议，日本的工会势力越来越强大。

再次，日本经济在经过第二次世界大战后极为缺乏资金和外汇，既没法购买国外最先进的技术，也没法购买高额价格的机器来进行生产，无力进入外国市场，还受到来自美国汽车行业的竞争压力。

在以上情况下，怎样以较低成本来生产多品种、小批量的汽车就成为摆在丰田公司面前的一个重要课题。丰田汽车公司的总工艺师大野耐一在经过20多年的摸索后，以生产低成本、小批量的汽车为目的，创造出了一种全新的生产方式，即丰田制生产方式。相对于福特制生产方式，丰田制生产方式的主要优点在于：

第一，"及时生产"。"及时生产"就是通过消除生产现场"浪费、不均、不合理"的现象来提高生产效率。为了达到"及时生产"的目的，大野耐一采取了一种被称为"拉动方式"的办法，即每个零件都被安排在所需的工序上。为了解决"拉动方式"下后工序每次以不同的数量来批量领取零件以及前工序必须预先准备好相应需求数量的库存、设备和劳动力的问题，丰田汽车公司采取了"均衡生产"方式，即根据最终装配线的额定数量，各子装配线上生产零件领取量的不均衡就降到最低的程度，并以一定的速度来生产一定数量所需的零件。在最终工序实行均衡生产时，要求前工序的作业部门必须快速而频繁地进行作业转换。另外，丰田汽车公司通过多技能工人组成合作团队的方法，不仅改进了工艺流程，还大大缩短了作业时间。[①] 这样，从丰田汽车公司内部的劳动过程来看，各类措施和方法被应用到实际生产过程中，实现了省力、省人及零浪费的目的。

第二，自动化、标准化和工人能动性的结合。丰田公司一方面建立了现代化的自动生产线，通过工人数量的缩减来节约劳动力成本；另一方面通过对工人进行简单的技能培训，使工人能够掌握多种技能，不仅减少了工作岗位，而且发挥了工人的创新性。由于工人在生产中能够将产品的质量管理以及机器的维护结合起来，从而能够达到发现生产中的技术缺陷与改进生产工艺的目的。

---

① 谢富胜：《控制和效率：资本主义劳动过程理论与当代实践》，中国环境科学出版社，2012，第178-179页。

此外，丰田制生产方式把研发、生产及销售等不同单位组建成一个团队，把不同的生产部门有机地联系起来，从而打破了原有的福特制中的科层等级结构，使工人不需要通过"纵向"等级，就可以获取其他生产部门的信息，极大地加速了产品创新的速度。

第三，快速反映消费者的不同需求。随着经济的发展，消费者的需求开始变化并呈现多样化的发展趋势，所以，对于汽车企业来讲，要想满足消费者的不同需求，就必须快速进行多种类、小批量及低能耗的生产，尽可能缩短产品的生产周期，以多样化的产品来满足不同消费者的需求。[①] 丰田制的这种多样化的产品克服了福特制结构单一的产品生产模式，极大地迎合了顾客的不同需求。

丰田制生产方式并不是对福特制生产方式的否定，而是在吸取福特制生产方式的流水线及标准化等优点的基础上，克服了福特制的一些诸如浪费、产品单一、等级科层等缺点，通过"及时生产"、自动化、标准化和工人能动性的结合，以及快速反映消费者的不同需求等方式，不仅消除了浪费，降低了生产成本，而且产品质量更高、品种更多，深受不同消费者的喜爱，快速地开拓了市场，取得了显著的经济效益。

（三）大规模定制

20世纪90年代中期之后，美国福特公司借鉴了日本丰田生产方式的成功之处，将大规模生产和品种多样化结合起来，在国内某些行业中，逐渐形成了大规模定制的生产方式。

所谓"大规模定制"就是通过大规模生产的效率，为单个消费者或小批量多品种的市场定制设计、生产产品。它把私人定制和大规模生产有机地结合起来，从而真正实现了消费者个性化需求与企业大批量生产的结合。在大规模生产定制中，企业需要在满足外部市场需求多样化的同时，不导致额外的成本和时间的支出。为了达到这一目的，大规模定制首先要做的就是降低产品内部的复杂性，然后最大限度地通过产品设计来实现多样化；另外，通过电脑程序控制的生产机器在通用性材料上进行定制以降低切换的作业时间，这样就迎合了消费者多样化需求。

---

① 王蒲生等：《产业哲学视野中全球生产方式的演化及其特征——从福特制、丰田制到温特制》，《科学技术与辩证法》2008年第3期。

网络技术的发展与应用,为大规模定制提供了便利。大规模定制在经历过内部重组后,充分利用了信息技术在内部流程的信息传递和库存管理方面的优势,使大规模定制可以通过信息技术追踪消费者的喜好,控制供应商的原材料供给。大规模定制与福特制在生产过程、研究开发、管理决策及销售方面截然不同。

首先,在生产过程方面,大规模定制的产业链采用"模块化"方式的生产流程。"模块化"由产品的设计、生产及工厂的组织形式三部分构成,这是一种全新的产品生产体系的流程创新。在此生产体系中,产品的功能是由独立的零部件实现的,而零部件之间的联结则是按照一定的接口标准进行的。

其次,在研究开发方面,大规模定制打破了福特制职能部门间的横向分割,它利用交叉职能并行的开发团队,不断进行技术创新,从而具有福特制无法比拟的创新性。

再次,在管理决策方面,不同于福特制,决策信息通过信息技术在同一层次快速传递和共享,高层管理部门不用再通过繁杂的中间层来传递信息,中间的管理层级也日益扁平化。

最后,在销售方面,借助于信息技术,可以及时把握市场的动态,从而能够快速地反馈信息,这样,设计部门就可以在第一时间设计出客户需要的产品,并且通过大规模生产将产品快速投向市场。

总之,为了更好地适应变化多端的市场,迎合广大消费者的差异性需求,资本主义工厂已经由以前品种单一的大规模流水线生产方式转向消除浪费、增加产品类型的丰田制,从杜绝浪费、提高生产率的丰田制转向大规模生产与满足私人个性化要求的大规模定制。相比福特制与丰田制,大规模定制生产方式的优点显而易见,其生产规模缩小了,成本降低了,产品越来越多样化与个性化,并且有更大的弹性来应对市场的千变万化,从而能够以较低成本向市场提供多样化的产品。

三、管理方式的变化:经营权与所有权的分离

经营权与所有权的分离是现代企业的重要特征之一。分散的产权结构、企业规模经济的不断扩大、技术手段的完善、管理能力的要求是造成企业经营权与所有权分离的原因所在。

首先，分散的产权结构是企业经营权和所有权分离的必要基础。股份制公司已经成为当代公司的主要形式。而股份制公司一个非常显著的特点就是产权结构相对比较分散，从而导致了所有权与经营权的分离。美国花旗银行曾经做过一次调查，在被调查的56家大公司中，每家公司的股票持有人都在5万人以上，其中27家公司的股东超过10万人。这种非常分散的所有权给传统意义上的管理带来了极大的挑战，从而导致传统的管理失去效率。即使按照掌握已经发行股票的5%~6%就可以控制公司的标准，人数也非常多。从这个意义上来讲，尽管在股票持有上存在着一定程度上的集中，但是，股东的分散反而形成了一种抵消势力。因为，绝大部分的股票持有人（即股东）最关心的是股票行情问题，并不是公司的管理问题。另一方面，股票持有者也基本不在公司的管辖范围之内，相反，受公司管辖的是直接参加公司生产活动的生产人员。股份制企业的这种消极的性质，必然会导致职业经理人的出现。

其次，规模经济与技术手段是企业经营权和所有权分离的前提条件。规模经济也可以称作"规模利益"，主要是指企业生产能力的扩张，可以导致生产成本降低，从而取得更好的经济收益。伴随着生产力的迅猛发展，不断扩张的资本必然会要求企业的生产规模不断扩大，达到规模经济的要求，从而能够生产更多、更具竞争力的产品投放到市场，以占领更大的市场份额。此外，经济及市场的发展也必然造成企业运行的"外部性"问题，基于节省交易费用的考虑，生产者之间以及生产者和经营者之间要联合起来，用一体化来替换市场合同交易，交易的内部化极大地降低了市场交易成本和信息成本。所以，经营权与所有权分离的程度主要可以归结为生产发展所带来的规模效益问题。这是由于只有达到一定的生产规模，才有可能聘用职业经理人管理企业从而达到提升企业效益的目的，当然，也只有当企业生产达到一定的规模才有可能承受职业经理人的费用。①

再次，管理能力是企业经营权和所有权分离的必然要求。在资本主义的早期阶段，资本家或大股东都是采取直接控制和管理企业的方式，企业的经营权与所有权是合二为一的。伴随着科技革命以及企业规模的不断扩大，对企业管理者的能力及素质都有了更高的要求，管理已经成为一门系统的学问，以至原有的很多资本家或大股东已经不能适应新的管理要求，无法管理企业的正常运行，于是，资本家或股东们需要雇佣一些有专门管理知识及管理经验的行家里

---

① 林勇：《所有权与经营权：分离与控制》，《经济学家》1995年第2期。

手来管理企业,这样,企业的经营权与管理权逐渐开始分离,职业经理阶层开始出现,从而实现了人力与资源的最优组合。

以经营权与所有权分离为特征的现代企业,主要是通过聘用职业经理人来管理和经营企业。所谓"职业经理人",一般指在一个所有权与经营权分离的公司中全面进行企业的生产管理,同时还拥有着企业的管理权与经营权的高级管理人员。对于职业经理人控制的企业来讲,股东们会毫无疑问地把企业的代理权交给经理人。职业经理们也常常拥有着自己企业的股票,但是一般比例是不大的。可以说,经理人与本企业的利益关系是非常密切的。职业经理人绝大多数都接受过高等教育,有的甚至具有博士学位。在欧美一些发达国家有一半以上的企业都实行了经营权与所有权的分离,职业经理人虽然也是企业的雇佣劳动者,但是他们却与工人有着天然的区别。他们不仅掌握着企业的决策权,还掌握着企业的经营权。

经理人与企业委托人之间的合同安排仅仅依赖于产出的结果。经理人与股东在利益分享上的关系还取决于双方的风险偏好。换言之,如果要使经理们有动力,他的报酬必须取决于企业的经营结果,因为企业的股东是分散的,所以,我们可以假定股东们是风险中性者,股东的利益只是他所能获得的利润或者该利润的市场价值。根据假定,职业经理人是风险逃避者,不能够在市场中得到相应的风险补偿,因为除了股东们之外没有人能觉察到各种偶然的情况。所以,合同的安排必须要能够吸引职业经理人的努力。只要职业经理人是风险逃避者,他们就不可能承担全部风险,我们可以判断,职业经理人不会持有全部的剩余索取权。[1] 对股份制企业来说,最迫切需要的是,职业经理人的刺激要足够大。经理们的报酬制度是经营权与所有权分离状态下整个刺激机制正常运行的关键。所以,大多职业经理人不仅享受着丰厚的年薪,还享受着企业的分红及其他的物质待遇。

四、工人的变化:"中产阶级化"

20世纪以来,经过社会主义革命及工人运动的洗礼,再加上全球经济危机的冲击,"放任自流"的资本主义自由市场经济全面崩溃,取而代之的是政府干预的混合市场经济(美国),欧洲在第二次世界大战后建立了福利市场经

---

[1] 张军:《现代产权经济学》,上海三联书店,1991,第174页。

济或社会市场经济。① 于是在当代资本主义企业中，发展出了工人参与企业管理的制度，工人的实际工资也得到显著提升，社会福利制度普遍建立，在一定程度上缓解了劳资之间的矛盾。

第一，工人实际工资的提高。所谓实际工资，就是扣除了税金以及消费品物价增长因素后的实际收入，它是工人收入的主要来源，也是衡量工人生活水平的重要尺度。随着资本主义的发展，特别是第二次世界大战之后，工人的实际工资收入得到显著提高。1949—1971年，美国工人的实际工资提高了41%，年平均增长1.6%；法国提高了131%，年增长3.9%；日本提高了316%，年增长6.7%。1973—1982年，工人的实际工资虽然增长幅度下降许多，但也呈增长趋势，法国工人实际工资年均增长1.8%，日本工人实际工资年均增长1.4%，德国工人实际工资年均增长0.7%。②

第二，职工股份所有制的出现。第二次世界大战之后，伴随着科技的进步以及生产力的高度发展，当代资本主义企业中劳动者的素质特别是科学文化修养得到了很大的提升。以往的文盲及半文盲的劳动者已经不复存在，绝大部分劳动者都受到过较好的文化教育以及基本的技能训练，由此导致了资本主义基本矛盾——生产的社会化同生产资料的私人占有制之间的表现形式的变化，即单一的生产资料的私人占有制与传统的雇佣劳动制约着具有较高文化素质以及专业技能的劳动者，阻碍着他们积极能动性的发挥，从而使企业的发展受到严重的制约。所以，要使企业从困境中解脱出来，首先就要改变传统的雇佣劳动制度，让企业的职工参与到企业中来，从而发挥他们的主观能动性。③ 所以，职工股份所有制在当代资本主义中的出现及其发展，是资本主义顺应社会化大生产发展的必然趋势。

职工股份所有制是职工通过拥有企业的股票，进而拥有一定的企业产权和资本收益权，同时也享有着对企业的部分管理权。职工股份制主要是通过以下三种形式来实现的：一是集体信托持股。在该种形式中，股份没有量化到具体的职工身上，而是由信托基金组织集体持有。因为信托基金组织有职工的最初

---

① 高峰、张彤玉：《当代资本主义经济研究》，中国人民大学出版社，2012，第113页。
② 胡连生、杨玲：《当代资本主义的新变化与社会主义的新课题》，人民出版社，2000，第143页。
③ 同②书，第67页。

资金投入的凭证,因此,企业职工能够享有企业的利润分成。① 二是个人账户持股。在该种形式中,企业为职工建立资本账户,企业的资本按照股份划分到职工的专有账户中,每年的股票分红也会划入个人账户。企业的分红也大都根据股本大小进行分配。三是混合持股,即由信托基金组织及个人账户持股。企业的红利,一部分根据股票的数量分给信托基金组织,从而增加公共财产的实力,一部分分到职工的持股账户中。职工股份所有制在充分调动职工的积极性、提高劳动生产率的同时,也使职工的收入大大提高。

第三,社会福利制度的普遍建立。第二次世界大战后,欧洲资本主义国家普遍实行了社会福利制度,在一定程度上缓和了阶级矛盾。社会福利制度的核心是社会保障制度。目前,西方发达国家的社会保障制度大体上可以分为"保险型"及"福利型"两种类型。"保险型"主要是指投保者在工作中断以及丧失工作能力时能够维持与以前的生活水平相应的生活。德国是这方面的典型代表,其社会保险主要有四种。主要由养老保险、医疗保险、失业保险及工伤事故保险四部分构成。"福利型"社会保障制度以瑞典为代表。瑞典的养老保险金制度主要可以分为基本养老金以及补充养老金两大部分。凡是年满65周岁的职工都可以享受到原有工资的70%。基本养老金的缴存比例为职工工资的8.4%,而补充养老金需要缴纳工资的12.5%,由雇主承担。瑞典的医疗保险只要职工缴纳其工资的13.5%,就可以让全家每个人都能享受到免费的医疗保险。失业保险主要由国家出资,工会主办,个人自愿参与。只要职工在失业前参加失业保险不少于12个月,失业后就可以领取失业金,金额为其收入的75%,最长可以领取300个工作日。② 除此之外,瑞典还有很多社会福利制度,可以说形成了"从摇篮到坟墓"的社会保障制度。

工人实际工资的提高、职工股份所有制的出现以及社会福利制度的普遍实行,使当代资本主义国家的工人的生活水平及生活质量得到极大提高,出现了所谓"白领工人"。"白领工人"一词最早出现于19世纪末的美国口语词汇中,与此相对应的是"蓝领工人"。所谓"白领工人"是指从事一些脑力及半脑力劳动的人员,主要包括专业技术人员、行政管理人员、办事员,等等。而"蓝领工人"一般是指在传统工业部门从事体力劳动的雇佣劳动者。"白领工人"与"蓝领工人"的区别在于:

---

① 马丁·威茨曼:《分享经济——战胜滞胀》,哈佛大学出版社,1984,第82页。
② 赵景峰:《当代资本主义经济新变化与发展趋势》,科学出版社,2014,第80页。

第一，劳动方式不同。传统工业部门的"蓝领工人"一般是操作一些机器，从事以体力劳动为特征的机械劳动；而"白领工人"则不同，他们主要通过电脑、按钮、仪表和一些数据等进行技术性的生产劳动，从事的往往是一些脑力或半脑力劳动。

第二，劳动条件不同。传统工业部门的"蓝领工人"的工作一般比较累、脏，工作环境相对较差，所以工作时会经常穿着蓝领的工作服。而"白领工人"的工作条件相对较好，没有"蓝领工人"的那种累、脏的工作，工作时衣装整洁，衣领洁白。

第三，劳动强度不同。因为劳动方式及劳动条件不同，所以从事工作的劳动强度也就不同。"蓝领工人"从事的工作一般都是机器操作、维修、搬运等体力劳动，劳动强度比较大；而"白领工人"的工作一般是通过电脑、按钮、仪表和一些数据进行技术性的生产劳动，体力劳动比较少。

第四，经济状况不同。由于"白领工人"所从事的是一些脑力劳动，具有一定的技术含量，工资收入会比从事体力劳动的"蓝领工人"高，经济状况相对较好。虽然也有极个别的例外情况存在。

伴随着科技的不断进步，特别是在当代，"白领工人"队伍不断扩大，甚至超过"蓝领工人"。这是因为第一次工业革命之后，由于当时科学技术水平比较低以及机器结构相对简单，工人基本上都是依照传统的生产方式进行生产劳动，通过操作劳动工具对劳动对象进行加工，此外，劳动分工把每个工人都固定在某一个位置，使其终身服侍一台机器，从事一些简单而又枯燥的体力劳动。第二次世界大战之后，爆发了第三次工业革命，生产自动化程度不断提高，资本主义国家教育的普及与提高，导致从事脑力劳动及半脑力劳动的工人占到工人总人数的一半以上，"白领工人"超过了"蓝领工人"，从而改变了工人阶级的结构。

总之，伴随着工人实际工资的提高、职工股份所有制的出现以及社会福利制度的普遍建立，工人的生活质量得到显著提升，"白领工人"开始出现，加速了无产阶级的"中产阶级化"趋势。

五、资本形式的变化：虚拟资本的作用增大

伴随着社会分工的不断发展，剩余产品的出现导致了商品交换。最初的商

品交换是物物交换,自从货币产生之后,商品的价值与使用价值的矛盾外化为商品与货币的矛盾。最初货币表现为黄金以及与黄金挂钩的纸币,1973 年布雷顿森林体系崩溃之后,货币与黄金没有任何联系,开始了彻底的虚拟化。虚拟货币的价值量取决于货币供应量与货币需求量之间的关系。① 从借贷资本的角度来看,信用制度的发展,使货币可以充当多次存款工具,同一货币也可以执行多次借贷资本的职能,例如股票、证券,等等。如此一来,同一货币资本的反复使用就生成了虚拟资本。

虚拟资本一般是相对于现实资本而言的,现实资本是投入到生产过程中的能够带来剩余价值的资本,其本身就具有价值。虚拟资本本身没有价值,但是它却代表着一定的价值,虽然其本身不能产生剩余价值,然而它可以分割剩余价值。关于虚拟资本,马克思对其有较为详细的论述。马克思通过分析借贷资本的运动过程揭示了借贷资本运动与现实运动相分离的特征,认为借贷资本是对定期货币收入的所有权证书,其本身不具有任何价值,不是现实的资本,仅仅是虚拟的资本。"人们把虚拟资本的形成叫作资本化。"② 即通过资本化而存在的资本是虚拟资本。虚拟资本的存在是以借贷资本为前提的,而且是借贷资本发展的结果。虚拟资本在早期主要有两种典型形式:一是国债券;二是股票。20 世纪 70 年代初期,金融衍生工具开始出现。所以,部分长期借贷资本、证券资本、金融衍生工具构成了虚拟资本。

而金融资本可以分为两种:一是广义上的金融资本;二是狭义上的金融资本。广义上的金融资本一般指列宁在《帝国主义是资本主义发展的最高阶段》一文中所描述的"垄断资本",即工业资本与银行资本的融合,它是通过企业与银行的相互渗透而形成起来的。狭义上的金融资本一般是指能够产生收益的金融资产,主要包括债务工具、权益工具以及衍生出的金融工具。③

金融资本可以归属于虚拟资本,是虚拟资本的一种表现形式。第一,金融资本的价值主要是通过其能够获得一定的收益而衍生出来的,所以其价值本身就是虚拟的。第二,金融资本不但脱离了现实资本,也脱离了其所代表的价值。

---

① 刘东:《虚拟资本与投资银行》,中国金融出版社,2002,第 22 页。
② 马克思、恩格斯:《马克思恩格斯文集》第 7 卷,人民出版社,2009,第 528 页。
③ 李翀:《金融资本的发展与经济的虚拟化》,《东南学术》2003 年第 6 期。

第二次世界大战以来，特别是20世纪80年代以来，许多工业企业已经逐渐地改变单一的生产性资本增殖方式，金融性增殖方式越来越受到重视。生产性资本与虚拟资本交织在一起，并且出现了生产性增殖方式为金融性增殖方式服务，工业企业越来越明显地演变为金融集团，如表7.1所列。

表7.1　通用、丰田和奔驰公司主要股权控制额比较

通用汽车公司		丰田公司		戴姆勒-奔驰公司	
密歇根州养老基金	1.42%	樱花银行	4.9%	德意志银行	41.8%
Bermstein Stanford	1.28%	三和银行	4.9%	德累斯顿银行	18.7%
Well-Fargo银行	1.2%	东海银行	4.9%	商业银行	12.2%
大学养老基金	0.96%	日本生活	3.8%	巴伐利亚银行	1.16%
纽约银行信托公司	0.88%	长期信用银行	3.1%	总计	73.86%
总计	5.74%	总计	21.6%		

资料来源：弗朗索瓦·沙奈.金融全球化［M］.齐建华，译.北京：中央编译出版社，2001：190.

由表7.1可知，丰田公司21.6%的股份被一些金融机构的投资者所持有，而戴姆勒-奔驰公司73.86%的股份被银行机构所持有，虚拟资本在该公司处于主导地位，发挥着越来越重要的推动作用。

虚拟资本之所以对企业的发展具有很大的支撑和推动作用，这是因为，首先，集聚社会资金。由于虚拟资本的流动性较强，投资者可以随时投入或取出资金，还可以获取一定的收益回报，增加了虚拟资本对投资者的巨大吸引力，从而使很多社会闲置资金进入股票、金融衍生工具等虚拟资本市场，当虚拟资本进入实体资本领域，必然会加速实体经济的发展。[①] 其次，促进资源的合理配置。金融衍生工具等虚拟资本借助现代信息等技术，能够快速地由一些效益低的企业不断流向效益高的企业，并且能够依照利益最大化原则进行资源的重新配置，从而使一些有前景的企业得到迅猛发展。

当然，虚拟资本在促进企业快速发展的同时，也给企业带来了一些消极的影响。由于虚拟资本的投资回报率较高，社会闲置资金会大量流入虚拟资本，在资本总量一定的条件下，流入虚拟资本的资本越多，生产领域中的资本就会越少，从而对企业的发展造成很大的冲击。此外，如果虚拟资本发展过度，必然会导致虚假的经济繁荣现象，从而造成巨大的经济泡沫，带来社会的萧条与不稳定。

---

① 吴德礼等：《虚拟经济与实体经济》，中国财政经济出版社，2014，第82页。

总之，伴随着资本市场的不断发展，虚拟资本的规模越来越大，它在生产中的作用日益增强，越来越受到企业的重视。虚拟资本在对企业的发展起到巨大推动作用的同时，也带了一些负面影响。

第二节　工厂观对当下现代性批判的现实意义

当代资本主义工厂在科技、生产组织方式、管理方式等方面发生了翻天覆地的变化，特别是职工股份所有制、工人实际收入的普遍提高等都使工人及其家人的生活有了很大的改善与保障，这在一定程度上缓解了劳资矛盾，为资本主义的政治、经济及社会的发展创造了稳定的外部环境与条件，使资本主义社会出现了很多人眼中"欣欣向荣"的景象。但是，马克思工厂观所坚持的基本理论和立场依然没有改变，马克思工厂观对于我们今天批判现代性依然具有重要的现实意义。在当代资本主义工厂中，工人依然被当作赚钱的机器，工人的劳动也依然是异化劳动，工人仍然是单向度的人，仍然是被资本剥削的对象。正如马克思所说："工人生产的财富越多，他的生产的影响和规模越大，他就越贫穷。工人创造的商品越多，他就越变成廉价的商品。物的世界的增值同人的世界的贬值成正比。"[1]

一、人依然是机器

无论是马克思时代的机械化工厂，还是现代的自动化、信息化工厂，人依然被当作机器来对待和设计，依然是机器的附属物。法国哲学家拉·梅特里曾经指出："人体是一架自己发动自己的机器：一架永动机的活生生的模型。"[2]"人的身体是一架钟表，不过这是一架巨大的、极其精细、极其巧妙的钟表，它的计秒的齿轮如果停滞不走了，它的计分的齿轮仍能继续转动和走下去；它的计秒和计分的齿轮如果因为腐锈或其他原因受阻不走了，它的计划的齿轮以及其他种种齿轮，仍能继续转动着走下去。"[3] 人被当作机器看待，没有情感与

---

[1] 马克思、恩格斯：《马克思恩格斯文集》第1卷，人民出版社，2009，第156页。
[2] 拉·梅特里：《人是机器》，顾寿观译，商务印书馆，1959，第20页。
[3] 同[2]书，第65页。

思想，有的只是机械运动。

在当代资本主义的工厂里，许多工人仍然被分配到各个生产小组或生产部门，大多数工人从事的依然是技术含量不高的岗位，即操作机器的工人。当然，不同的生产部门会对工人有不同的要求。信息化、网络化技术的发展使工人的操作更加简单，更容易掌握与使用。如此一来，工厂就不需要花费更多的金钱来培训工人的"特殊技能"，因为工人的技能完全可以用机器来完成，用机器来替代。因此，当代工厂的工人也不再需要终生从事同一个职业，更不需要精通同一种技能，工人的技能及经验被科技所替代，工人成为了机器的一部分，超负荷地运转起来。

卓别林的电影《摩登时代》形象而逼真地展现了生产线上工人的劳动状况。自从福特公司首次采用生产线用于制造汽车之后，在极大地提高生产效率的同时，也不可避免地带来了现代化的弊端，那就是把人当作机器来对待。人成为机器的奴隶后，长期单调的机械劳动必然会导致工人精神上的崩溃，被机器所逼疯。《摩登时代》的故事发生在美国20世纪20年代经济大萧条时代，卓别林扮演的工人查理在流水线工厂中像机器一样运转，然后被机器逼疯，最后被送到精神病院。

20世纪80年代以后办公自动化技术的出现，使"白领工人"的分工更加精细，于是经过细致分工的工作组织的规范业务取代了在彼此熟悉的小组中工作的愉悦。即便在管理人员及专业人员这一层次中，合理化科层机构的发展也使办公室工作越来越像工厂生产。[①] "白领工人"中许多人每天都需要长时间并且注意力高度集中地使用电脑，移动鼠标，由于手腕关节长时期密集、重复和过度的使用，必然会逐渐导致腕关节的麻痹与疼痛，形成有别于传统工人手部损伤的症状——"鼠标手"。他们与机械工厂的工人除了工作环境以及工资待遇的差别之外，精神压力更大。在长期机械的工作中，必然会造成身心疲惫，精神沮丧。

从马克思时代的机器工人到《摩登时代》故事发生的流水线工人再到今天办公室中的"白领工人"，科学技术、生产组织形式及管理方式等都发生了翻天覆地的变化，但是，仍然没有改变的是，工人依然被看作赚钱的机器，被看作生产线上的一个运转的螺丝钉。工人作为一台能够进行生产劳动的高速运转

[①] C. 赖特·米尔斯：《白领——美国的中产阶级》，杨小东等译，浙江人民出版社，1987，第260页。

的机器,必须适应信息化、自动化的高强度工作,受到机器、电脑的支配,机械、麻木地从事着重复而单调乏味的劳动,而这些机械的劳动最终会侵蚀工人的神经系统。此外,由于工人日复一日地进行着某一种重复而又单调的劳动,也会造成工人身体某一部位的频繁运动,从而忽略身体其他部位的运动,在很大程度上剥夺了工人身体及精神的自由,最终导致工人身体羸弱、智力低下、心理疾病。工人已经失去人之为人的尊严,变成一部机器。

二、劳动异化的加剧

在现代企业中,"白领工人"发展与使用个人推理能力的机会也基本上被决策的集中化及科层制度要求的正规推理毁灭了。工作不但剥夺了"白领工人"的自由权,还剥夺了他们的那种全面观察与处理事情的认知能力。个人不能自由地计划他的工作,更不能改变他所从属的计划。他们的工作在很大程度上受到他人的管理与操纵。[①] 于是,"白领工人"的才能,无论是体力上的特长还是心理方面的特长,都变成了管理人员合理化计算中的单位。"白领工人"必须服从管理者的命令,遵从上级的指示,麻木机械地重复每天被计划好的工作。他们要想获得行动上的自由,唯一的途径是到工作之外去寻找,所以,工作就变成了他们为获得自己想要的生活而必须牺牲的异化劳动,无法摆脱。

早在《1844年经济学哲学手稿》时期,马克思就指出了工人劳动的异化状态。马克思认为工人的劳动异化有四重规定性。一是劳动产品的异化。工人生产的劳动产品不仅不属于工人,而且成为控制、强迫劳动的工具与手段。当劳动产品不依赖于劳动者时,劳动者却反过来依赖于劳动产品,受到劳动产品的控制与压迫。二是劳动本身的异化。对工人而言,劳动仅仅是一种谋生的手段,一种被迫的劳动。三是人的类本质的异化。人正是通过自己的劳动明证了自己的类存在物,然而异化劳动则把人的类生活变成维持人的动物机能的谋生手段。四是人与人之间关系的异化。在劳动过程中,工人都与自身本质相异化,劳动产品也与工人相异化,这个异己的力量归资本家所有,所以,劳动产品与工人的对立,实际上就是工人与资本家之间的对立。在异化劳动的四重规定性中,劳动过程的异化是最根本的、首要的异化形式,它形成并且规定着其

[①] C.赖特·米尔斯:《白领——美国的中产阶级》,杨小东等译,浙江人民出版社,1987,第259页。

他几种异化形式。

在工业的历史中，劳动更多地表现为技术实践活动，特别是机器劳动不仅使工人同自身相异化，也使自己与产品相异化，与人的类本质相异化。在工业社会中，异化不但表现为社会关系的对象化过程，还表现在由于机器的广泛应用而导致的日益增强的劳动分工及专业化。人在工厂中的劳动变得碎片化，丧失了整体的归属感，成为了生产系统中的辅助工具。劳动过程越是精致，劳动要求工人的才能就越少，个人与其整体的异化就越尖锐。[①] 其实，异化劳动在工场手工业的简单协作中就已经存在着。只是到了机器大工业之后，工人异化的状态才达到其完全形式，特别是信息化、数字化工厂，工人的劳动异化状态不仅没有削弱，而且呈现增强的趋势，工人越来越被机器、技术所异化，变成了科技、机器的奴隶。人首先作为工人，作为机器，其次才是作为肉体的主体。"这种奴隶状态的顶点就是：他只有作为工人才能维持自己作为肉体的主体，并且只有作为肉体的主体才能是工人。"[②]

此外，工人劳动的异化还表现为工人生理力量的丧失，即工人在工厂劳动中无法发挥自己的体力及智力作用。工人只是整个生产线的一个很小的部分，他们无须知道自己从哪里进入整个生产结构，更不必理会自己行为的意义。在工厂中，连续不断的是工人对机器工作的高度注视以及为机器动作所制约的工人动作。工人成为没有意识、动作单调的机器系统的有生命的附件。工人的劳动是一种自我折磨的劳动，工人对自己的劳动是冷漠的。长期的单调重复的劳动必然会损害工人的神经系统，剥夺工人的自由活动，使工人最终变得麻木、迟钝。

在当代资本主义工厂中，工人的异化劳动不仅没有消除，反而出现加剧的趋势，这种劳动只是工人的一种谋生手段，是使"生"成为"活"的唯一目的活动，劳动活动本身对工人来讲已经没有任何的意义。

[①] 李三虎：《十字路口的道德抉择——马克思的技术伦理思想研究》，广州出版社，2006，第118页。

[②] 马克思、恩格斯：《马克思恩格斯文集》第1卷，人民出版社，2009，第158页。

三、人依然是"单向度"的人

自从工业文明产生以来，无论是在机器大工业的工厂中还是在信息化的工厂中，资本要在巨大的市场竞争中获得生存权，就必须不断地进行技术革新，从而获取更多的剩余价值。而要不断进行技术革新，就必须要求工人具有较强的学习能力及创新能力，而这两种能力都必然要求个人有足够的自由空间与自由时间。然而，资本在快速扩张的过程中，为了尽可能多地获取剩余价值，就必然要压缩工人自由发展的空间与时间。资本仅仅遵循自己的本性，用最节省的方法来发展工人的某些潜力，从而达到增殖的最大化，因此，资本必然会把工人的某些技能发挥到极致，然而，一旦工人的某些技能发挥到极致时，工人其他方面的技能或潜力就必然受到遏制，从而失去了自由发展的空间，丧失了学习及创造的能力。

此外，社会化大生产以及先进的生产线必然会把工人的生存世界变为"大工厂"，社会的一切都被纳入大分工的系统中。工厂厂房、机器及其他的物质分工，把某一完整的产品生产划分为一系列的生产工序。在长期的耳闻目睹及心理暗示"单向度"是现存世界的基本单位中，人的认知系统发生变化。①于是，工人的主体性、个性被湮灭在机器的轰鸣中以及生产线中特有的节奏中，工人逐渐丧失自己的主体性和个性，丧失对机器控制的否定性，失去了自我思考和判断的能力，成为生产线上的奴隶，沦为屈从于机器现实而自我感觉良好的"单向度"的人。

所谓"单向度"，主要是指发达工业文明对人的一种潜移默化的影响，从而同化了社会中的反抗力量，使所有社会成员都认同并自觉融入这个社会中，从而失去了批判否定性的维度。马尔库塞指出："反对现状的思想能够深植于其中的'内心'向度被削弱了。这种内心向度本是否定性思考的力量也即理性的批判力量的家园，它的丧失是发达工业社会压制和调和对立面的物质过程在思想意识上的反映。进步的冲击使理性屈从于现实生活，屈从于产生出更多和更大的同类现实生活的强大能力。"②在发达工业社会，日趋完善的自动化、信

---

① 张雄：《现代性的逻辑预设何以生成》，《哲学研究》2006年第1期。
② 赫伯特·马尔库塞：《单向度的人——发达工业社会意识形态研究》，刘继译，上海译文出版社，2008，第10页。

息化、数字化改变了工人的境况及态度，工人身上的否定性因素已经逐渐退化。

在现代资本主义工厂中，工人依然是"单向度"的人，其"单向度"主要表现在以下三个方面：一是个性的抑制。在自动化、信息化的工厂中，科技以其强大的社会控制力压制着人类的个性，理性化、程序化宰制着人们的思维方式和行为准则。技术共同体已经把每一个工人都融为一体化，工人的个性和主体性被消解。二是自由的丧失。人的一切行为必须服从于现代科技，人的身心自由被牢牢框定在机器的需求范围之内，工人只是生产线上的一个螺丝钉，他们并没有选择自由空间以及自由时间的权利，他们只是被动地从属于工厂，从属于他们赖以生存的生产线。三是内心的空虚。主体性和批判性的丧失必然导致工人内心的孤独和寂寞。繁重而单调的工作使得工人越发沉溺于消遣的享乐中，沉溺于酒吧、网络游戏等声色中，以此来消磨自己工作之余的短暂闲暇时光，人的创造性及批判性已经退化。

四、资本的增殖本性更贪婪

资本不是单纯的物，它负载了社会关系的强制力。"资本不是物，而是一定的、社会的、属于一定历史社会形态的生产关系，后者体现在一个物上，并赋予这个物以独特的社会性质。"[①] 于是，在社会生产中，一旦把社会积累下来的剩余劳动，投入生产中转化为资本，人们负载它身上的强制力就会变成"资本的力量"，强迫资本家尽可能多地把剩余价值投入到生产过程中，以生产更多的剩余价值，如此不断循环往复，便形成了不断进行扩张的社会经济系统。资本的扩张机制主要表现在以下三个方面：

其一，资本的人格化形成意志强制力。资本的本性就是实现自身增殖的最大化。在资本主义社会，资本就是"绝对精神"，凌驾一切之上，统治世间的一切。资本的所有者已不再具有一个自由独立的人格，而是资本的奴隶，成为"资本人格化"，一切行为目的都是执行资本增殖的意志。资本所有者的唯一目的就是执行资本的意志，通过他所占有的剩余价值，不断进行资本的再循环和扩张，以此榨取更多剩余价值，实现资本自身增殖。所以"资本家实际上不是

---

① 马克思、恩格斯：《马克思恩格斯文集》第7卷，人民出版社，2009，第922页。

作为真实存在的主体意义上的人在场的，而是作为资本的追逐利润的人格化的存在物而四处活跃着"。①

其二，资本的吸附力形成资本的再循环。资本具有宰制性的经济权力，通过采用扩张和吸附的方式，不断摆脱各种条件的制约，进行资本的扩张。资本就像一部"永动机"，无休止地追逐自身的增殖是其最高使命。进入人类社会的各个要素内部，改造其中阻碍资本增殖的性质和形态，生发出资本扩张的有利条件。此外，在资本扩张的同时，资本增殖机器还具有强大的吸附能力，不断将社会中的各种生产要素吸附到自身的运动体系中，进入资本的循环过程中，实现再次增殖。这一过程永无止境。

其三，市场竞争导致资本扩张力最大化。在强大的市场竞争压力下，资本扩张速度快的企业会不断淘汰和吞并扩张慢的企业，扩张慢的企业将在激烈的竞争中失去生存机会。在这种残酷的竞争压力下，资本家被迫将榨取的剩余价值尽可能地转变为资本，通过扩张占有更多的市场份额，获得更大的生存空间。结果必然导致各个企业追逐自身利润最大化以及扩张最大化的发展趋势。②于是，外部竞争压力把资本的内在动力变成了外在的强制力，迫使资本家进行负债式的扩张，即资本家超过自己的能力范围，通过借贷进行资本扩张，来获取更大的生存权利。

资本的这种扩张本性迫使资本家不断扩大再生产，不断要求把剩余价值转化为资本，投入生产中，以实现自身的价值增殖。在这一运动过程中，资本还把其他一切社会资源纳入自己的扩张体系中，推动整个社会经济系统不断循环往复，从而使物质财富得以增加，资本积累不断扩大。资本的这种无限扩张的巨大魔力，使得资本按照自己的意志打造出一个崭新的世界。以"资本—财富"为内在逻辑的资本主义制度的生成，预示着资本统治的生成。资本的唯一目的就是追逐剩余价值最大化。于是，作为财富创造手段的资本被意念化为财富创造的终极目的性和永恒性，赋予了资本"主体化"特性，使得资本在财富创造上对人的一切活动及各种关系都具有主体性的宰制作用，从而导致人们把资本视为财富生成的先天动力因，对财富的渴望开始转化为对资本的渴望，开

---

① 张一兵：《回到马克思：经济学语境中的哲学话语》，江苏人民出版社，2009，第620页。

② 鲁品越：《资本逻辑与当代现实——经济发展观的哲学沉思》，上海财经大学出版社，2006，第63页。

始神圣化乃至顶礼膜拜，于是人们对财富的贪婪及占有欲，通过精神现象转化为资本的意志。资本具有了绝对的、至高无上的权力。

所以，资本从其诞生的那一天起，就已经注定其本性就是追逐剩余价值的最大化。第二次世界大战后，资本主义大企业的资本规模越来越大，例如在美国，20世纪初，资本超过100万美元的企业可以算是大企业了，1910年控制电机市场60%的通用电气公司的资产仅为1.02亿美元，控制石油市场份额80%的标准石油公司资产也不过8亿美元。然而到了1929年，美国制造业、矿业等部门中超过10亿美元的特大公司已经有65家；而到了1998年，超过10亿的企业已经增加到466家。在美国拥有100亿以上资产的企业1970年只有两家，1998年就增加到220家。企业资本规模越大，对市场份额的占有率也就越大，进而在本行业中占据更大的话语权，能够获取比以前更多的剩余价值。

20世纪60年代之后，由于产业资本的利润率呈现下降趋势，金融资本的利润率不断上升，面对激烈的市场竞争，产业部门为了获得更高的利润，不得不把自己的部分资金投入到金融领域中，从而使金融资本迅速扩张，一些产业部门的金融资产与实际资产的比例在20世纪70年为40%左右，而到了20世纪90年代就已经接近90%。① 金融资本在很多产业部门已经占据主导地位，攫取了更多的剩余价值。"资本害怕没有利润或利润太少，就像自然界害怕真空一样。一旦有适当的利润，资本就胆大起来。如果有10%的利润，它就保证到处被使用；有20%的利润，它就活跃起来；有50%的利润，它就铤而走险；为了100%的利润，它就敢践踏一切人间法律；有300%的利润，它就敢犯任何罪行，甚至冒绞首的危险。如果动乱和纷争能带来利润，它就会鼓励动乱和纷争。"②

无论资本主义工厂如何变化，资本追求剩余价值最大化的本性永远不会改变。伴随着虚拟资本的不断发展，资本的增殖本性不仅没有减弱，反而表现得更加贪婪。

---

① 朱炳元、陆扬：《当代资本主义经济虚拟化金融化的六大趋势》，《毛泽东邓小平理论研究》2011年第10期。

② 马克思、恩格斯：《马克思恩格斯文集》第5卷，人民出版社，2009，第871页。

五、工人依然是被剥削的对象

第二次世界大战之后,资本主义国家为了应对日益扩大的贫富分化以及维护社会的稳定,采取了一系列的手段与措施,例如推行职工持股制、提高工人的工资、实行普遍的社会保障制度,等等,使工人的生活水平与生活质量有了很大的提升,出现了无产阶级的"中产阶级化"的发展趋势。有很多学者特别是西方资产阶级学者认为无产阶级已经逐渐成为"中产阶级",不再受到剥削与压迫。然而,果真如此吗?我们并不否认现在的工人阶级与马克思时代的工人阶级相比,无论在工作环境、工资收入、生活质量等方面有了显著改变,但是资本主义企业的根本基础——生产资料的资本家私人占有制仍然没有改变,资本家榨取工人剩余劳动的本质没有改变,工人依然是被剥削的阶级。

资本主义从其产生的那一天开始,就采用了最残酷、最下流、最卑鄙、最无耻的野蛮手段,对生产者的生产资料直接剥夺,完成了资本的原始积累。失去了土地的广大农民,变成了彻底的无产者,成为可以自由出卖自己劳动力的自由劳动者。马克思指出:"要使资本主义生产方式的'永恒的自然规律'充分表现出来,要完成劳动者同劳动条件的分离过程,要在一极使社会的生产资料和生活资料转化为资本,在另一极使人民群众转化为雇佣工人,转化为自由的'劳动贫民'这一现代历史的杰作,就需要经受这种苦难。如果按照奥日埃的说法,货币'来到世间,在一边脸上带着天生的血斑',那么,资本来到世间,从头到脚,每个毛孔都滴着血和肮脏的东西。"[①]

特别是在当今西方资本主义企业,资本对工人的剥削开始以更加隐蔽的方式进行:"它以股票、债券等形式掩盖了资产阶级对巨额社会财富的占有,掩盖了劳动者受剥削、受奴役的地位;以体系化的管理形式掩盖了劳动者不断增大的劳动强度,掩盖了剥削程度的不断加重;以工会与企业关于工资和劳动条件的谈判掩盖了劳动者被剥削的实质,掩盖了雇工与资本所有者的不平等地位;以向落后国家和地区转移企业、劳务和资本获取超额利润等方式掩盖和缓和了发达国家工人阶级与资产阶级的矛盾,掩盖了整个资产阶级对整个工人阶

---

① 马克思、恩格斯:《马克思恩格斯文集》第5卷,人民出版社,2009,第870–871页。

级残酷剥削的事实。"①

第二次世界大战之后，美国的企业普遍实行了"高工资"和"高福利"政策，并通过各种手段笼络工人，工人的生活水平与生活质量有了较大程度的提升，很多工人成为"白领工人"，进入到所谓"中产阶级"行列。然而，从长期来讲，劳动者的实际收入在国民收入中的比例呈下降趋势，而劳动者被剥削程度即剩余价值率则呈现上升的趋势。1948—1977年，工人的实际收入在国民收入中的比重由39.7%下降到26.3%，下降了13.4%；同一时期，资产阶级榨取工人的剩余价值所占国民收入的比重由70.3%上升为73.7%，上升了3.4%；同样在这一时期，剩余价值率则从236.7%上升为280.9%，工人被剥削的程度显著提高了。②工人工资份额下降的原因主要是劳动生产率的提高所创造的剩余价值没有被分配给工人。特别是在20世纪80年代之后，工人工资所占国民收入的份额一直处在历史的低位上。③

虽然当代资本主义社会的工人生活水平有了很大的改善，工人的工作环境也不再是马克思笔下的那种脏、乱、差及震耳欲聋的机械工厂，然而资本家对工人的剥削程度不仅没有下降，反而呈现上升的趋势，工人依然是被剥削的阶级。

总之，面对当代资本主义的新变化，马克思的工厂观所秉持的基本立场与基本观点仍然没有改变，它对于我们透视和批判当今现代性依然具有重大的现实意义。在今天的资本主义工厂中，资本的增殖本性仍然没有改变，工人依然是被剥削的阶级，依然被当作赚钱的机器，工人的劳动依然是与自己本质相异化的劳动。

第三节　传统工厂观面临的理论挑战

面对当代资本主义工厂的巨大变化，马克思工厂观所坚持的基本观点和基本立场依然没有改变。但是，马克思的工厂观也受到了诸多挑战，例如"中产阶级"的阶级性问题、剩余价值理论的当代价值问题及无产阶级革命理论的当

---

① 张雷声：《论资本逻辑》，《新视野》2015年第2期。
② 姚廷纲：《战后美国工人阶级被剥削程度进一步提高》，《世界经济》1980年第11期。
③ 米歇尔·于松：《资本主义十讲》，潘革平译，社会科学文献出版社，2013，第208页。

代适用性问题，等等。我们要在坚持马克思工厂观的基本立场、基本观点的基础上，不断地进行理论创新，使马克思工厂观思想与时俱进。

一、"中产阶级"的阶级性问题

伴随着科技革命以及产业结构的调整，工人阶级的工作环境有了很大改善，生活水平也显著提高，于是一些西方学者开始否认无产阶级的存在，大肆渲染"工人阶级消失论"及无产阶级的"中产阶级化"等言论。这些言论充斥着整个西方社会，产生了很大的影响。这是一种美化当代资本主义的理论，它企图掩盖工人被剥削的事实，达到削弱无产阶级斗志的目的。只要我们坚持马克思的阶级划分原则，就可以发现"中产阶级论"者所谓劳动方式、收入及职业的划分标准是不正确的，"中产阶级"中的大部分依然是工人阶级，他们仍然遭受着资本的剥削与压迫，处于资本主义社会的最底层。

（一）"中产阶级"的划分标准及其主要观点

20世纪以来，西方资本主义阶段结构较为突出的变化，可以说是西方学者所提出的"中产阶级论"。虽然"中产阶级论"在当下非常流行，然而，我们在那些被认为关于中产阶级最权威的著作中，也很难寻到有关"中产阶级"的确切定义。西方学者认为中产阶级就是指"白领工人"，这是因为"白领工人"与传统意义上的工人阶级明显不同，传统意义上的工人阶级可以说是"蓝领工人"，主要由制造业及其他生产部门的体力劳动者构成。所以，在"中产阶级论"中，工人阶级主要是由体力劳动者及其家属构成的，而中产阶级则是由脑力劳动者构成的。所以，我们可以发现，所谓"中产阶级"的划分标准主要是根据劳动方式的不同。例如，1912年德国社会学家埃·莱德勒在一篇论文中根据劳动方式的不同把办公室职员及专业技术人员称为"新中产阶级"。1929年埃·莱德勒与另一位学者雅·马尔夏克在《新中产阶级》论文中，也根据劳动方式的不同，把技术工人、办公室职员、推销员及公务员归类于"新中产阶级"，并通过对技术工人、办公室职员、推销员及公务员的分析指出，职员阶级的迅速发展是经济继续不断的发展，特别是大企业的发展和企业组织新方法发展的结果。[①]

第二次世界大战后，西方学者对资本主义社会阶级结构的变化特别是对中产阶级的变化进行了大量的调研，发表了一系列的著作与论文。美国著名社会学家C.赖特·米尔斯的论著是诸多"中产阶级论"的典型代表，其著作《白领——美国的中产阶级》不仅被认为是有关白领问题的权威著作，而且是美国高等学校社会学的通用教材。C.赖特·米尔斯在该书中不仅以劳动方式，而且依据人们的职业、工资收入、受教育程度、财产、劳动方式、工作条件、工作服装等多个因素来衡量"中产阶级"。他把管理人员、教师、医生、科技人员、律师、办公室工人、推销员等都归属于"中产阶级"，并认为"中产阶级"的崛起给"马克思主义者提出了一个难题，标志着简单的有产与无产的二分法开始转向对无产集团内部进行区分"。[②]他还进一步指出，由"白领工人"构成的"中产阶级"是位于资本和劳动之间的中间阶级，不仅是资本和劳动的"调节器"，也是西方资本主义社会的稳定力量。美国学者托夫勒在《第三次浪潮》中以职业、教育为依据，把信息工作者、知识分子及技术工人划分为"中产阶级"，并认为随着社会的发展，科技权威的影响越来越大，越来越多的"中产阶级"会走上政治舞台。[③]美国社会学家丹尼斯·吉尔伯特与另一位学者约瑟夫·埃·卡尔合作的《美国阶级结构》中，以劳动方式、职业、名望、收入、流动性等作为"中产阶级"的划分标准，并且认为"中产阶级"的主要特征就是在工作中听从领导的安排，"但也具有充分的职业技能，维持良好的生活，享受主流生活方式。他们通常感到地位稳定，有时也会渴望向上流动。"[④]

西方学者在关于"中产阶级"的划分标准问题上没有一个统一的标准，显得非常混乱。而西方学者关于"中产阶级"的著作较多，观点也很多，归纳起来，大致有以下几种：

第一，"中产阶级"的数量与影响将不断增长，尽管他们不可能成为一支独立的政治力量，但是，他们将成为社会中各个阶级保持平衡的重要"稳定

[①] 转引自丹尼尔·贝尔：《后工业社会的来临——对社会预测的一项探索》，高铦等译，商务印书馆，1984，第82页。

[②] C.赖特·米尔斯：《白领——美国的中产阶级》，杨小东等译，浙江人民出版社，1987，第325页。

[③] 托夫勒：《第三次浪潮》，生活·读书·新知三联书店，1983，第504–506页。

[④] 丹尼斯·吉尔伯特、约瑟夫·埃·卡尔：《美国阶级结构》，中国社会科学出版社，1992，第394页。

器"。这种"稳定器"必将使资本主义社会永远延续下去。"中产阶级"的发展壮大必将在很大程度上阻止"无产阶级化"的发展趋势，缓解劳资矛盾。因为他们处于资本家与工人之间，他们不仅具有资本家的一些特性，也与工人有着密切的联系，他们能很好地与工人及资本家进行合作，成为他们之间沟通的桥梁，由此可以减少阶级对立与阶级冲突。"中产阶级"是资本主义社会的"稳定器"和"调节阀"，是他们带来了资本主义社会的稳定与和谐，带来了资本主义社会的万古长青。

第二，"中产阶级"就其社会属性以及政治面貌而言，现在属于以后也将属于资产阶级。他们满足于现状，不认同无产阶级的思想。这一点，特别是在一些不满足于充当经济阶级，幻想成为统治集团的群体之中，表现得更加明显。他们是资产阶级的天然盟友，是资本主义运动的突击队。

第三，随着"中产阶级"的不断壮大，"中产阶级"会把其他一些集团吸引过来，将会发展成为一支独立的政治力量。"中产阶级"最终将会取代其他阶级，成为整个社会的中流砥柱，是下一个统治阶级的候选人。"中产阶级"必将会成为整个资本主义社会中最重要的力量与阶级，未来的社会必将属于他们。

西方学者关于"中产阶级"划分的标准是混乱的，而且关于"中产阶级"的观点也是不正确的，只要我们用马克思的阶级划分标准对"中产阶级"进行剖析，就会发现以劳动方式、收入及职业等作为划分标准是不正确，更是不科学的。

（二）"中产阶级论"者的阶级划分标准是错误的

"中产阶级论"者所提出的"中产阶级"概念与马克思关于"中间阶层"的概念有一些重合，两者都是指社会两极之间的部分。马克思所讲的社会两极是指资产阶级与无产阶级，而"中产阶级论"者所讲的两极主要是概念含糊的上层阶级与下层阶级。他们所谓"中产阶级"主要是按照劳动方式、收入、职业等标准来进行划分的，与马克思的阶级划分原则是截然不同的。[①]

马克思阶级划分原则的最伟大之处就在于能够通过资本主义社会的表面现象，看到物与物之后的人与人之间的关系，揭示出无产阶级与资产阶级的对立关系。马克思正是根据对生产资料的占有以及在劳动中的地位来进行阶级划分

---

① 倪力亚：《论当代资本主义社会的阶级结构》，中国人民大学出版社，1989，第182页。

的，那些不占有生产资料、在劳动中处于被动地位而被剥削压迫的群体就是工人阶级，相反，那些拥有生产资料与资本、通过雇佣别人榨取别人的剩余劳动的群体则属于资产阶级。资产阶级与无产阶级的区别在于有没有生产资料和资本，剥削还是被剥削。这就是马克思的阶级划分原则所坚持的阶级分类标准，这也是唯一科学的阶级划分标准。而"中产阶级论"者背离了马克思的阶级划分原则，仅仅把无产阶级看作贫困的体力劳动者，并根据当代工人生活质量的提高以及劳动环境的改变，就开始鼓吹"中产阶级化""无产阶级消失论"等不实言论。事实上，仅仅把劳动方式、收入、职业等作为"中产阶级"划分的标准是完全错误的，在现实中也是没有根基的。

在当代资本主义社会，资本的形式也发生了很大变化，金融资本等虚拟资本在社会中的作用越来越大。然而，无论资本形式如何变化，其增殖的本性永远不会改变，它必然会尽可能地榨取工人的剩余劳动以实现自身的增殖与扩张，工人劳动作为剩余价值创造的唯一源泉，也是实现资本增殖的唯一途径。作为剩余价值创造手段的各种劳动，对于资本家而言都是获取剩余劳动的必要手段。所以，单纯依据体力劳动及脑力劳动的不同是不能正确判断人们在社会中所处的地位的。阶级划分最重要的任务就是对人们在社会中所处的地位进行区分：哪个阶级是剥削阶级，哪个阶级是被剥削阶级。而劳动方式对这种社会地位的区分是没有任何帮助的，也是不科学的。在当代资本主义社会，"根本不存在只有体力劳动者被剥削，而脑力劳动者不受剥削的事实。"[①] 所以，劳动方式不能成为判断劳动者是否被剥削的依据，也不能成为划分阶级的标准。

根据收入多少来作为阶级的划分标准也是不正确的。随着社会的进步，资本家为了维护自身统治的需要，不断提高工人的劳动收入。工人阶级的劳动收入相对于马克思时代的工人收入有了大幅度的提升，生活水平及生活质量都有了明显提高。为此，"中产阶级论"者就把一些收入高一点的工人阶级划归为所谓"中产阶级"，由此掩盖了工人被剥削、被压迫的事实。在当代资本主义社会，工人阶级依然是资本剥削的对象，他们依然处于社会的最底层。所以，根据收入的高低来作为划分阶级的依据是错误的。

同样以职业差异作为划分阶级的标准也是错误的。因为在当代资本主义社会，即使是同一职业的从业人员也可以分为不同的阶级。例如从事管理职业的人员中，很多人是无产阶级，也有一些是资本家。一些大企业的总经理等，虽

---

① 赵汇：《当代西方社会"中产阶级论"剖析》，《科学社会研究》2003年第3期。

然他们也是管理人员，但他们却拥有企业的股份，可以占有工人的剩余劳动，享有丰厚的企业分红，拥有企业的所有权及决策权。而同样一些管理人员，例如生产组长、技术组长，等等，他们不仅没有生产资料，也没有股票，更没有企业的决策权。他们只是资本家的雇佣劳动者，执行着资本家的意志，根本就不属于资本家集团。所以，同样是管理人员，可以有不同的阶级。由此可知，仅仅以职业不同作为阶级划分的标准是不科学的。

所以，只要我们遵循马克思的阶级划分原则，就能清晰地发现，"中产阶级论"者以劳动方式、收入及职业作为阶级划分标准是错误的，它掩盖了隐藏在劳动方式、收入及职业背后的资本剥削劳动的事实。"中产阶级"概念是一种没有社会根基的虚假的主观臆造。

（三）"中产阶级"中的大多数依然是工人阶级

"中产阶级"是一个人为捏造的概念，它是把不同阶级的人混在一起而构成的一个虚假的概念。只要我们根据马克思关于阶级划分的原则，即根据生产资料的所有制关系及在劳动中的地位，就可以清晰地洞悉"中产阶级"中的阶级情况与阶级属性。

行政管理人员可以分为高、中、低三个等级。高级管理人员虽然是资本家的雇佣劳动者，但是他们与普通的雇佣劳动者有本质的差别。他们掌握着公司的决策权及经营权，除了丰厚的年薪之外，还享有巨额的分红及其他免费的物质待遇，理应归属于资产阶级。中级管理人员与小资产阶级不同，它是有别于工人阶级的特殊雇佣劳动者，可以归于中间阶层。而低级行政管理人员并不掌握生产资料，在生产劳动中受到中高级管理人员的支配。他们虽然从事着管理工作，然而，他们的管理仅仅具有技术的性质，而很少具有监督的职能。他们经常与工人在一起讨论与研究问题，其工资也与工人差别不大，可以说，低级管理人员基本上属于工人阶级的一部分。

专业技术人员划分相对复杂，一般包括科学家、大学教授、办事员、销售人员、普通科技人员、自由职业者、中小学教师、医生、护士、律师，等等。通常来讲，独立经营的自由职业者一般归属于中间阶层，而受雇佣靠工资生活的科技人员、教师、医生、护士、普通律师等可以归属于工人阶级的范畴。办事员虽然在收入、劳动条件等方面优于蓝领工人，但是其工作性质与蓝领工人没有太大差异，基本上也可以归属于工人阶级。销售人员中的大多数都属于下层销售人员,可以归属于工人阶级。

由以上可知,"中产阶级"不是一个独立的阶级,他们中的大多数都可以归属于工人阶级。所以,资产阶级学者提出的"中产阶级"概念只是一个人为捏造的概念,它把一些资产阶级、一些工人阶级、一些中间阶层混淆在一起,用一些所谓"共同特性"把他们归为一个独立的阶级。[①]

此外,对于那些认为"中产阶级"必将取代其他阶级成为新的统治阶级的观点,可以说是痴人说梦。这是一种功能主义的观点,即认为最高政治权力源自功能上的不可或缺性,而在完成社会秩序要求的主要功能中不可缺少的阶级,必将成为统治阶级顺序表中的下一个阶级。诚然,管理人员以及专业技术人员在西方资本主义社会的运行中担负着组织者的任务,然而,他们是资本家所雇佣的劳动者,他们的管理职能也是资本家所赋予的,他们执行的是资本家的意志。管理人员及专业技术人员本来就不是一个独立的阶级,他们中的上层本身就是资本家或是其"代言人",其下层就是工人阶级或接近于工人阶级。只有中间部分处于资本家与工人阶级之间。伴随着资本主义社会发展的减速及经济危机的不断深化,管理人员及专业技术人员必将逐渐"无产阶级化",最终成为工人阶级的一分子。

总之,只要用马克思的阶级划分原则重新剖析"中产阶级",我们就能发现,所谓"中产阶级"就是一个没有任何根基的主观断想,它是把一些资产阶级、工人阶级、中间阶层都囊括在内的"混合体"。"中产阶级"中的大多数人依然是工人阶级,他们仍然遭受着资本的剥削与压迫。

二、剩余价值理论的当代价值问题

剩余价值理论的创立是马克思最伟大的贡献之一。正如恩格斯所说:"这个问题的解决是马克思著作的划时代的功绩。这个问题的解决使明亮的阳光照进了经济学的各个领域,而在这些领域中,从前社会主义者也曾像资产阶级经济学家一样在深沉的黑暗中摸索。科学社会主义就是以这个问题的解决为起点,并以此为中心的。"[②] 然而,伴随着资本主义社会的不断发展,马克思的剩

[①] 倪力亚:《论当代资本主义社会的阶级结构》,中国人民大学出版社,1989,第184页。
[②] 马克思、恩格斯:《马克思恩格斯文集》第9卷,人民出版社,2009,第212页。

余价值理论遭受到了很大挑战。一些西方资产阶级学者开始宣扬剩余价值理论"过时了",不再适应当代资本主义生产了。不可否认,当代资本主义社会剩余价值的生产发生了一些变化,但是,它依然没有偏离马克思所揭示的资本主义生产运行发展的轨迹,它依然是来自工人阶级的劳动创造。马克思的剩余价值理论依然具有鲜活的生命力,它关于资本主义生产的科学论断,依然是我们观察与分析当代资本主义生产的最有力的武器。

(一)剩余价值生产与分配的新变化

当前,资本主义剩余价值的生产,已经步入国际垄断资本主义阶段,虽然这一时期剩余价值的生产依然是建立在生产资料的资本家私有制的基础之上的,存在着剥削、压迫以及不平等的财富生产,但是它与早期资本主义社会的剩余价值生产有着显著的变化:

第一,"无人工厂"的出现。第二次世界大战以来,伴随着科技的不断进步,工业机器人在一些生产领域中逐渐运用,开始用机器操作机器,从而取代了部分体力劳动及脑力劳动。此外,自动化生产流水线的推广,使操作工人的数量显著减少,甚至出现了"无人工厂""无人车间"。这样,产品不经过工人的劳动就可以自动生产出来,而且资本家获取的剩余价值不仅没有减少,反而大大增加了。

第二,工人参与企业管理与剩余价值分配。在早期资本主义剩余价值的生产中,工人没有任何的发言权,更不可能参与到企业的管理中,但是20世纪以来,随着工人运动的兴起以及全球经济危机的爆发,职工股份所有制开始出现。职工股份所有制是职工通过拥有企业的股票,进而拥有一定的企业产权和资本收益权,同时也享有对企业的部分管理权。在职工持股占大多数股权的企业,职工也相应地享有了企业的管理权。而在职工持股量占比很小的企业,职工代表可以以股东的身份参与到企业的管理中。职工股份所有制主要是通过集体信托持股、个人账户持股、混合持股三种形式来实现的。工人通过上述三种途径参与到企业的管理中,虽然没有消除资本家对工人的剥削,但工人也在一定程度上参与了剩余价值的分配。

第三,社会福利制度的普遍实行。社会福利制度在西方资本主义国家的政治、经济、社会生活中具有极为重要的影响。社会福利制度不仅是一项基本的社会政策,更是一项重大的经济政策。社会福利制度从1883年德国俾斯麦首相开始实行以来，发展迅速，特别是第二次世界大战后，西方资本主义国家的社会福利制度有了显著的发展，从过去单纯的"济贫"演变成具有社会规模的公民应享的基本权利。换言之，社会福利制度的原则从"选择性"发展成为"广泛性"，福利国家由此发展起来。社会福利制度主要包括"养老金、伤残补助、失业救济、低收入家庭补助、鳏寡孤独补助、免费教育、免费医疗、带薪休假以及交通、住宅、俱乐部等福利设施"。[①]例如，美国政府在养老金、医疗保险及穷人福利上的支出由1950年的268亿美元上升为2011年的27766亿美元，所占当年政府开支的比例也从1950年的17.7%，上升为2011年的44.1%，分别占到当年GDP的5%与18.4%。[②]社会福利制度的普遍实行，为工人阶级的生活带来了巨大保障。于是，一些资产阶级学者就大肆鼓吹资本主义国家的社会福利制度是国家对工人的"恩赐"，是资本家对剩余价值的"割舍"，是工人无须劳动而获得的"无偿收入"。

总之，第二次世界大战之后，资本主义剩余价值的生产与分配发生了很大变化。工业机器人、自动化生产线甚至"无人工厂"的出现，使剩余价值不仅没有减少，反而增加了。此外，资本家已经不再独自占有生产资料，也不再独自享有企业的股票及利益分成，许多管理人员和普通工人也通过持股参与企业管理及剩余价值的分配。西方资本主义国家社会福利制度的普遍实行，也造成了剩余价值再分配的表象。于是，很多资产阶级学者开始鼓吹马克思的剩余价值理论"过时了"。如美国激进政治经济学派的领袖保罗·斯威齐在与保罗·巴兰合著的《垄断资本》一书中，就认为马克思在《资本论》和剩余价值理论中所表述的"基本理论图式"，在垄断资本主义制度下已经"不恰当了"，必须要更换一下"术语"，于是，就用含混不清的"经济剩余"来替代所谓全部"剩余"。[③]还有熊彼特的所谓"创新报酬说"[④]及英国米克的"垄断利润说"，[⑤]等等。此外，还有比较引人注目的"技术决定一切"的论调，认为科学

---

① 郑伟民、黄苏、解德源：《战后资本主义经济》，经济科学出版社，1986，第180页。
② 《美国福利大揭秘：穷人享有上百种社会福利》，腾讯财经。http://finance.qq.com/a/20120820/005253.htm
③ 陶大镛：《现代资本主义经济研究》，湖南人民出版社，1985，第261-262页。
④ 熊彼特（J.A.Schumpeter）认为，在技术"创新"的条件下，企业的总收入超过其总支出，这种"剩余"就构成了"企业家利润"。
⑤ 米克（R.L.Meek）认为，一些垄断资本家得到的超额利润的一部分，应该是类似重商主义时代的特有的"让渡利润"。

技术是剩余价值的来源,等等。这些言论完全背离了马克思的剩余价值理论,在社会中造成了不小的影响。

(二)剩余价值生产与分配的新变化辨析

当代资本主义剩余价值的生产及分配都发生了变化,马克思的剩余价值理论在面对这些变化时,是否已经过时了呢?我们必须严肃地剖析当前剩余价值的生产及分配的变化,做出符合现实的客观结论。

第一,关于"无人工厂"的剩余价值创造问题。第二次世界大战后,资本主义生产中出现的工业机器人、自动化生产线及"无人工厂",仅仅表示着生产剩余价值的设备与工具更先进了,因为工业机器人虽然与普通的机器不一样,它可以从事一些智能化操作,甚至可以取代人手及人脑的部分功能,但是,机器人仍然是不变资本,它们的价值是由科技人员设计和创造的,是科技人员智慧的结晶。没有科技人员的编程与操作,就不可能有机器人的存在。[①] 机器人在进行产品的生产时,只不过是把自身的价值转移到产品中而已,它本身不创造价值,更不生产剩余价值,正如马克思指出的那样:"像不变资本的任何其他组成部分一样,机器不创造价值,但它把自身的价值转移到由它的服务所生产的产品上。"[②] 同样,在自动化生产线中,直接操作机器的工人减少了,但是从事设计、研究、管理、维修等方面的人员则相对增加了,脑力劳动在生产中的比重不断提高,劳动的复杂程度也显著提升,这种劳动能够极大地提高生产力,生产出更高的价值及剩余价值。

所以,工业机器人、生产自动化作为人类智慧的结晶,它们的使用极大地提高了劳动生产率,创造出了更多的剩余价值。然而,机器人与生产自动化仅仅是资本家获取剩余价值的一种手段,只有工人阶级的劳动才是剩余价值生产的唯一来源。

第二,关于工人参与企业管理及剩余价值的分配问题。在当代资本主义社会的剩余价值生产中,部分工人参与了企业管理与剩余价值的分配,这种现象只是缓解了资产阶级与无产阶级之间的矛盾,但是并没有从根本上消除这种矛盾。尽管当前的剩余价值分配与早期资本主义生产的剩余价值全部被资本家所

---

① 赵振华:《劳动价值新论》,上海三联书店,2002,第64页。
② 马克思、恩格斯:《马克思恩格斯文集》第5卷,人民出版社,2009,第444页。

占有的情况有所不同,然而,在整个社会的生产中,工人依然居于从属的地位,依然被资本家剥削与压迫。仅仅因为工人参与到企业的管理,早已经存在的资本家在管理方面的特权逐渐被工人所享有;因为工人参与管理,工人阶级的利益能够在一定程度上得到保证;因为工人参与管理,在一些西方资本主义国家中甚至出现了企业利润集体化的倾向。然而,所有这些变化都仅仅被框定在生产资料的资本主义私有制的范围内,工人只是参与企业管理,并没有实现对生产资料及资本的真正占有。① 所以,部分工人参与了企业管理及剩余价值的分配,并没有改变工人被剥削的命运,剩余价值的资本主义性质依然没有改变。

第三,关于社会福利制度的问题。不可否认,当代资本主义的福利制度确实可以让一部分低收入者享有超过其收入的生活和服务,换言之,福利制度提高了低收入者的收入。然而,这部分社会福利费用又是来源于哪儿呢?

当代资本主义国家的社会福利费用主要来源于保险税和国家财政收入,包括以下三个部分:其一,工人所交的保险税。这种税费直接从工人的工资中扣除。所以,资本主义国家的福利越好,对工人工资的扣除就会越多。实际上,每一个在岗工人都在用自己的部分工资保障自己失业、退休、生病时的生活,这样,所有工人阶级都是在用自己的部分工资来保障一些失业者及其家人的生存。其二,资本家交的保险税。这种税费也不是资本家对剩余价值的"割舍",而是计入成本中形成产品价格,进而转嫁给消费者。由于工人阶级人数在资本主义社会占据绝对数量,所以,消费的主体就是工人阶级自身,可以说,资本家所交的税费也是来自工人的劳动,只不过交给了国家,再由国家进行二次分配。其三,国家补助。这种费用主要来自政府的财政收入,而财政收入主要来源于各种税收,其中税收的绝大部分都来自工人缴纳的所得税及各种间接税。② 由此可知,当代资本主义国家的社会福利费用主要来源于工人的工资,可以说是劳动力价值的部分转化形式,是"羊毛出在羊身上"。

所以,当代资本主义国家的社会福利制度只不过是国家把工人工资的一部分借助社会福利的形式进行再分配而已,丝毫没有改变剩余价值的资本家所有。那些把社会福利制度看作资本家对剩余价值的"割舍"及工人的"无偿收入"的言论都是迷人眼目的,更是荒谬的。

---

① 高峰、张彤玉:《当代资本主义经济研究》,中国人民大学出版社,2012,第116页。
② 蒋桂珍:《西方"社会福利制度"的理论思考》,《财经问题研究》1991年第8期。

（三）剩余价值理论的当代适用性

虽然当代剩余价值的生产与分配发生了很大的变化，然而它并没有偏离马克思所揭示的资本主义生产运行发展的轨道，其内容与本质依然没有改变，具体如下：

第一，在当代资本主义社会，剩余价值生产的经济条件没有改变，依然是资本主义的生产关系。[①]资本家占有生产资料和资本，而广大工人阶级除了劳动力之外几乎一无所有，只能通过出卖自己的劳动力来获取所谓"工资"，以此来进行劳动力的再生产。

第二，资本主义生产的动机没有改变，依然是尽可能地追求剩余价值的最大化，实现资本的增殖，这也是资本主义生产最永恒的定律。无论资本主义如何变化，这一定律绝不会改变。

第三，剩余价值的来源没有改变，依然是工人阶级的剩余劳动所创造的，只不过创造剩余价值的主体开始由第一产业、第二产业的工人阶级扩大到整个社会领域的工人阶级，甚至是发展中国家的工人阶级。这些工人阶级不仅包括"蓝领工人"，也包括"白领工人"的大部分。

第四，剩余价值的生产手段没有改变，无论是在传统工厂，还是在"无人工厂"，剩余价值生产的手段仍然是绝对剩余价值生产、相对剩余价值生产及超额剩余价值生产。

所以，当代资本主义社会剩余价值的生产与马克思时代剩余价值的生产没有本质的区别。资本主义生产的最终目的就是获取尽可能多的剩余价值，只要资本主义的生产关系没有改变，资本主义生产的各个环节都要受到剩余价值规律的制约。

当前资本主义社会剩余价值生产与分配发生的一些变化，并不代表工人受剥削的程度减轻了或者不受剥削了，相反，工人阶级受剥削程度加重了，工人对资本的依赖加深了。由于科技进步，一些新的科技成果在生产中普遍应用，极大地提高了劳动生产率，然而，在资本主义社会里，劳动生产率的增长速度远远超过了工人实际收入的增长速度。工人的劳动收入与自己创造的价值相比，比例并没有提高。从20世纪80年代之后，工人工资所占国民收入的比

[①] 杜厚文、章星：《当代资本主义社会剩余价值的生产和分配》，《中国社会科学》1991年第1期。

例一直处在历史的低位上。工人所受剥削的加重还体现在工人工作压力的提高上。由于科技的不断进步，各种机器更加精密与先进，运转速度更快，导致工人的工作节奏加快，工作压力显著上升。此外，由于管理方法的"科学化"，以及在管理中信息技术的运用，工人的劳动受到严密的控制与监督。① 科技的进步不仅不能使工人轻松工作，反而加重了对工人的剥削，增加了工人的工作压力和工作强度。正如马克思指出的那样："一切资本主义生产既然不仅是劳动过程，而且同时是资本的增殖过程，就有一个共同点，即不是工人使用劳动条件，相反地，而是劳动条件使用工人，不过这种颠倒只是随着机器的采用才取得了在技术上很明显的现实性。"②

概而言之，当代资本主义社会剩余价值的生产发生了一些变化，但是它并没有偏离马克思所揭示的资本主义生产运行发展的轨道，它的资本主义性质依然没有改变，工人依然是受剥削和压迫的阶级。马克思的剩余价值理论在当代资本主义社会依然具有旺盛的生命力，它依然是我们分析和透视当代资本主义生产的最锐利的理论武器。

三、无产阶级革命理论的当代适用性问题

无产阶级革命是推翻资本主义、建立社会主义制度的必要手段，它在马克思主义理论中占据非常重要的地位。然而，伴随着资本主义的不断发展，无产阶级革命的条件发生了重大变化，阶级矛盾有所缓和，但无产阶级依然是被剥削的阶级，依然处于社会的最底层，他们不可能认同资产阶级的阶级意识而丧失自己的阶级意识。无产阶级的阶级意识并没有丧失，革命的主体依然存在。无产阶级革命理论没有过时，仍然具有鲜活的生命力。

（一）无产阶级革命条件的变化

无产阶级革命理论是马克思和恩格斯的伟大创见，指引着全世界无产阶级的革命斗争。伴随着资本主义的发展，无产阶级的革命理论面临着一些新的挑战。这是因为当代资本主义社会及工厂都有了很大的变化，无产阶级革命的条

---

① 郑伟民、黄苏、解德源：《战后资本主义经济》，经济科学出版社，1986，第193页。
② 马克思、恩格斯：《马克思恩格斯文集》第5卷，人民出版社，2009，第487页。

件也发生了显著变化,具体如下:

第一,资产阶级政府通过对经济的干预,在一定程度上缓和了国内矛盾。西方资本主义国家通过增加财政预算、大量采购商品等途径来确保国内市场的有序发展,通过国有化及计划等方式来协调国内各生产部门的发展,从而在一定程度上避免了生产的无计划性。特别是在经济危机爆发时,资本主义国家就会采取一系列措施救市,从而避免一连串的连锁反应。除此之外,资本主义国家利用自身经济、科技及资金优势,采取跨国公司、合资经营、投资、贷款等方式对发展中国家进行疯狂掠夺,获取了发展中国家廉价的原材料,并通过倾销过剩商品,不断向发展中国家转嫁危机,在一定程度上缓和了国内矛盾。[1]

第二,资产阶级改变了以往的统治与剥削方式,缓和了阶级矛盾。在生产方面,通过科学发明、技术革新、科学管理来提高生产效率,而不是以往单纯依靠延长劳动时间以及提高劳动强度的方法来获取剩余价值。在生活方面,推行了福利政策,通过最低生活保障、医疗保险、养老保险、住房保障等形式改善工人的生活条件,并不断提高工人的工资待遇。例如,在瑞典,凡是年满65周岁的职工都可以享受到原有工资的70%。基本养老金的缴存比例为职工工资的8.4%,补充养老金则需要缴纳工资的12.5%,由雇主承担。瑞典的医疗保险只要职工缴纳其工资的13.5%,就可以让全家每个人都享受到免费的医疗保险,等等。[2]瑞典还有很多社会福利制度,可以说形成了"从摇篮到坟墓"的社会保障制度。在意识形态方面,资产阶级通过各种渠道向工人灌输资产阶级的世界观与人生观,美化资本主义制度的优越性,鼓吹美国的生活方式,吹嘘社会福利政策,把工人参与管理美化为企业的"管理革命",等等。

资产阶级的以上种种做法,虽然是为了维护本阶级的统治,但客观上也提高了工人的生活水平,对工人的思想起到了很大的麻痹作用,在一定程度上缓和了阶级矛盾。

第三,工人阶级状况与工人运动也发生了重大变化。首先,"白领工人"数量增多,甚至超过了"蓝领工人",呈现出"中产阶级化"趋势,影响越来越大,社会地位不断提高。特别是在一些宇航、信息、核工业等新兴产业部门,"白领工人"的数量甚至超过企业人数的一半。其次,工人阶级也发生了

---

[1] 黄安淼:《当代资本主义的发展与马克思主义》,中国人民大学出版社,1994,第115页。

[2] 赵景峰:《当代资本主义经济新变化与发展趋势》,科学出版社,2014,第80页。

巨大变化。由于科技的发展，生产对劳动者素质及专业技能要求的提高，大量熟练工人及专业技术人才被雇佣，熟练工人在企业中的比例越来越高，甚至占到工人人数的40%以上，成为当代工人阶级的中流砥柱，他们工作相对稳定，流动性较小。再次，工会组织及工人运动陷入了低谷。一些诸如钢铁、煤炭等传统行业由于效益低下以及改进技术等原因，雇佣工人数量大幅度减少，工会组织的力量受到很大削弱，特别是20世纪80年代以来，工人运动陷入低潮时期。

面对工人革命条件的变化，一些西方学者开始对马克思无产阶级革命理论提出了质疑，甚至根据"白领工人"数量已经超过"蓝领工人"而宣称无产阶级正在逐渐消亡；还有一些西方学者根据工人生活质量的提高而宣称工人阶级已经被资本主义所同化，没有"阶级意识"了；甚至一些学者根据工人运动的低潮认为工人已经"革命"不起来了；等等。早在20世纪20年代，卢卡奇就在《历史与阶级意识》中指出，由于资本主义的物化意识侵蚀了无产阶级的阶级意识，使无产阶级看不到资本主义的社会现实，意识不到自身的历史使命，从而陷入了阶级意识的危机之中。"正像资本主义制度不断地在更高的阶段上从经济方面生产和再生产自身一样，在资本主义发展过程中，物化结构越来越深入地、注定地、决定性地沉浸入人的意识里。"① 此外，资产阶级加强了对无产阶级的意识控制，"把有意识组织起来的思想纳入到自己的意识之中"，② 用它的"虚假"意识欺骗无产阶级，使无产阶级不能形成本阶级的阶级意识。马尔库塞关于当代资本主义社会阶级斗争平息和消失的观点是很有代表性的。他在《单向度的人》一书中认为，以美国为首的当代工业社会是依靠生产和高消费来维持其存在的，这种生产率动员起整个社会，产生了"超越和凌驾于任何特定的个人和集团利益之上"。③ 所以，技术越进步，下层群众对官僚们就越依赖，统治者的统治就越加牢固。"传统的麻烦之点不是正被清除，就是正被隔离，引起动乱的因素也得到控制"，"在政治领域内，这种趋势通过对立派别明显的

---

① 卢卡奇：《历史与阶级意识》，杜章智、任立、燕宏远译，商务印书馆，1992，第156页。
② 同①书，第125页。
③ 赫伯特·马尔库塞：《单向度的人——发达工业社会意识形态研究》，刘继译，上海译文出版社，2008，第5页。

一致或趋同而清楚地显现出来"。① 这样，不仅多党主义"消失了"，两大政党之间的纲领也已经千篇一律，而且工人阶级已经丧失了其否定性和革命性。所以，马尔库塞认为当代工人阶级已经不再是社会革命的主体力量了，资本主义社会的阶级斗争已经平息了。

（二）工人阶级的阶级意识并没有丧失

不难发现，西方学者认为工人阶级革命性缺失的主要根据为：一是工人阶级的革命意识被消解；二是工人运动处在历史的低潮期，革命主体不存在了，已经"无法革命"。为此，我们要认真审视这些根据，看它们是否与客观现实相符合，并且对这两个证据与工人阶级革命性之间的关联做出马克思主义的分析，从中得出符合现实的结论。

第一，工人的阶级意识尽管不可能凭空产生，但与其受压迫程度密切相关。虽然当代西方工人阶级的生活水平及生活质量与马克思时代的工人相比，有了显著的提升，工作环境也有了很大改善，但是，工人阶级受剥削的地位仍然没有改变。马克思认为，工人阶级"能够扩大自己的享受范围，有较多的衣服、家具等消费基金，并且积蓄一小笔货币准备金。但是，吃穿好一些，待遇高一些，特有财产多一些，不会消除奴隶的从属关系和对他们的剥削，同样，也不会消除雇佣工人的从属关系和对他们的剥削。由于资本积累而提高的劳动价格，实际上不过表明，雇佣工人为自己铸造的金锁链已经够长够重，容许把它略微放松一点"。② 虽然无产阶级的收入有了很大提高，但是，社会的两极分化不但没有得到扭转，反而呈现扩大的趋势。首先，贫富收入差距扩大。纽约大学经济学家爱德华·沃尔夫在2010年做的一项调查中指出，美国80%的中下层人口仅仅拥有社会财富的15%，他们的金融财富也仅仅为7%。40%的美国下层民众仅仅拥有社会财富的0.3%。其次，穷人的数量依然巨大。1990年美国的贫困人口达到3360万人，1991年达到3570万人，1990年、1991年贫困人口所占比例为13.5%与14.1%，贫困人口数量与所占比例有所上升，1998年美国的贫困人口依然高达3448万人。③ 再次，财富分配差距巨大。西

---

① 赫伯特·马尔库塞：《单向度的人——发达工业社会意识形态研究》，刘继译，上海译文出版社，2008，第17页。

② 马克思、恩格斯：《马克思恩格斯文集》第5卷，人民出版社，2009，第714页。

③ 李棕：《当代资本主义论》，社会科学文献出版社，2007，第232页。

方资本主义国家收入的贫富两极分化必然会导致财富分配的两极分化。例如，1983年美国10%的富裕家庭持有8765亿美元的股票，占到所有股票总额的89.3%，其中0.5%的超级富户拥有4566亿美元的股票，占到所有股票总额的46.5%，而其余的90%的普通中下层家庭只拥有1050亿美元的股票，仅仅占到股票总额的10.7%。而在同一时期，10%的富裕家庭拥有债券2977亿美元，占到所有债券总额的90.3%，其中0.5%的超级富户拥有1436亿美元的债券，占到所有债券总额的43.6%，而普通中下层家庭只拥有319.7亿美元的债券，仅仅占到债券总额的9.7%。到1999年，10%的富裕家庭所拥有的股票及债券占到全部数额的88%与90%，与1983年的比例相当。[①] 财富分配的差距巨大，社会财富越来越多地向少数富人集聚。

所以，伴随着贫富两极分化的加剧，工人阶级的相对贫穷不仅没有改变，反而差距更大，他们依然受到资本家的剥削和压迫，这就必然决定他们不可能认同资产阶级的阶级意识而丧失自己的阶级意识，工人的阶级意识依然存在。

第二，根据无产阶级的"中产阶级化"趋势，就断言无产阶级的革命主体不存在的结论也是站不住脚的。随着无产阶级生活水平的提高及工作环境的改善，一些资产阶级学者开始否认无产阶级的存在，大肆渲染"工人阶级消失论"以及无产阶级的"中产阶级化"等言论。作为诸多"中产阶级论"者典型代表的C.赖特·米尔斯就认为："虽然新中产阶级并无财产，小业主也经常遭受经济状况恶化之苦，但是这些阶层的成员并不乐于接受社会主义的意识形态。"[②] "中产阶级论"是一种美化当代资本主义的理论，企图掩盖工人被剥削的事实，达到削弱无产阶级斗志的目的。"中产阶级"是一个人为捏造的概念，它以劳动方式、收入及职业作为划分阶级的标准，是把一些资产阶级、一些无产阶级及中间阶层掺杂在一起的"混合体"。只要我们运用马克思的阶级划分原则，即根据对生产资料的占有以及在劳动中的地位作为划分阶级的标准来审视所谓"中产阶级"，我们就可以发现，"中产阶级"中的大部分仍然是无产阶级，他们依然处于社会的最底层，依然遭受着资本的剥削与压迫，他们的抗争意识并没有消失，革命的主体依然存在。所以，依据所谓"中产阶级"的出

---

① 黄素庵、甄炳禧：《重评当代资本主义经济——科学技术进步与资本主义经济的变化》，世界知识出版社，1996，第223–224页。

② C.赖特·米尔斯：《白领——美国的中产阶级》，杨小东等译，浙江人民出版社，1987，第325–326页。

现，就妄言无产阶级的革命主体不存在的结论是不正确的，也是荒谬的。

第三，工人运动虽然陷入低谷，但并不意味着它永远处于低谷。首先，每一事物都有其运动发展规律，工人运动也不例外，它不仅有高潮之时，也应该有低谷之时。工人运动不可能一直处在高潮时期，也不可能一直维持在低谷阶段。工人运动是低谷期还是高潮期，与外部环境及条件密切相关，这涉及经济、政治及社会的因素，等等。①所以，根据工人运动暂时处于低谷就断言革命主体丧失之类的观点是经不起推敲的，也是站不住脚的。其次，即使现在工人运动处于低潮期，也并不代表工人运动永远沉寂下去。特别是2008年全球金融风暴之后，很多国家和地区爆发了工人运动。"在欧洲，希腊发生了13次总罢工和数十次对政府大楼的占领，法国发生了7次总罢工，其他国家也发生了多次总罢工和群众斗争，如英国、爱尔兰、西班牙等。"②从2009年欧洲的部分工人运动可以看出，革命的主体依然存在，工人阶级的传统斗争意识正在觉醒。

尽管当代工人阶级的结构发生了很大变化，工人的生活水平、工作环境也有了很大改善，但是工人阶级受剥削压迫的处境依然没有改变，工人的相对贫困正在加剧，所以，工人阶级不可能认同资产阶级的阶级意识而丧失自己的阶级意识，他们依然是革命的主体。

（三）无产阶级革命理论的当代适用性

不可否认，当前工人阶级和资产阶级的矛盾正在走向缓和，工人阶级采用暴力手段进行革命的可能性减弱。然而，当代资本主义社会的基本矛盾依然存在，只要这一基本矛盾没有消失，那么，工人阶级与资产阶级的矛盾就依然存在。当前阶级矛盾的缓和并不意味着阶级矛盾与阶级斗争的消失。在当代资本主义社会，工人阶级依然是被资本家剥削的阶级，他们依然处于社会的最底层，依然是革命的主体力量，无产阶级革命理论依然具有鲜活的生命力。所以，西方学者关于无产阶级革命意识消失以及革命主体力量丧失的观点是不正确的，更是荒谬的。

---

① 刘志明：《正确认识第二次世界大战后西方国家工人阶级的革命性》，《马克思主义研究》2013年第1期。

② 聂运麟、杨成果、刘卫卫：《经济危机、工人阶级的斗争与反帝阵线的策略——第十二次共产党和工人党国际会议述评》，《当代世界与社会主义》2011年第1期。

马克思主义暴力革命理论的形成有其特定的条件。马克思、恩格斯在《共产党宣言》中提出了共产党人的目的就是要使用暴力的手段推翻资产阶级政权。在1848年欧洲工人运动风起云涌的时期，马克思较多地强调采取暴力的手段进行革命，很少涉及采取其他的手段夺取政权。巴黎革命失败之后，工人阶级运动进入低谷，马克思与恩格斯结合当时国际工人运动的实际情况，提出了要采用暴力与和平两种手段进行斗争。他们甚至还告诫工人，凡是可以用和平宣传的方式达到目的的地方，就不需要举行暴力革命。1871年7月，马克思在同《世界报》记者的谈话中指出："工人的联合不可能在一切细枝末节上都完全一样。例如，在英国，显示自己政治力量的途径对英国工人阶级是敞开的。在和平的宣传鼓动能更快更可靠地达到这一目的的地方，举行起义就是发疯。"①马克思还指出，各国工人阶级要根据各国的实际情况进行斗争，例如像美国、英国等一些国家，工人利用和平手段就有可能达到革命的目的。

到19世纪末期，恩格斯根据西方资本主义国家统治的新特点以及工人和平斗争的实际情况，明确指出要充分利用资本主义的民主制度，通过和平斗争的形式来推动无产阶级革命的思想，并支持无产阶级利用议会制度与普选权进行斗争。他曾经设想："在人民代议机关把一切权力集中在自己手里、只要取得大多数人民的支持就能够按照宪法随意办事的国家里，旧社会有可能和平长入新社会，比如在法国和美国那样的民主共和国，在英国那样的君主国。"②同时，恩格斯强调和平斗争方式是建立在一定的条件之上的，即"必须以对方也在法律范围内活动为前提。……否则，……起义就成为公民的首要义务"。③他要求各国无产阶级要根据各国的实际状况及斗争条件具体情况具体对待，不断改变斗争策略。

当前新的形势与环境，要求工人阶级及其政党在思想上坚定资本主义必然灭亡、社会主义必然胜利的革命信念，同时，还要清醒地认识到斗争的复杂性、艰巨性、长期性，做好长期斗争的思想准备；在斗争策略上要审时度势，根据实际情况不断改变斗争策略，把合法斗争与非法斗争结合起来；在斗争方

---

① 马克思、恩格斯：《马克思恩格斯文集》第3卷，人民出版社，2009，第611页。
② 马克思、恩格斯：《马克思恩格斯文集》第4卷，人民出版社，2009，第414页。
③ 同①书，第401页。

法上要采用多种斗争手段,积极主动地进行议会活动及其他政治活动,不断教育和发动广大人民群众,不断积蓄革命的力量。只有经过长期的思想上、政治上、组织上的准备,才可能推翻资本主义制度,建立社会主义制度。

第八章 结 语

马克思的工厂观思想发端于《1844年经济学哲学手稿》，聚焦于《德意志意识形态》，成熟于《资本论》。在《1844年经济学哲学手稿》的"以异化劳动为主体的经济学批判"中，产生马克思工厂观研究理论诉求的初始表达。然而马克思面临着两个理论困境：私有财产的本质来历以及异化劳动发生的根源。于是，马克思进展到《德意志意识形态》，用"分工"破解了这两大理论难题，初步草创了唯物史观。最后，马克思在《资本论》中全面而深刻地揭示了工厂观思想以及资本主义的经济运行规律。

资本主义的工厂历经了行会手工业—工场手工业—机器大工业三大发展阶段。伴随着城市与乡村的分化，城市中从事某一行业的手工业者开始倾向于在某一街区劳动，逐渐形成了行会手工业。行会手工业采用的是一种师傅、帮工、学徒的封建等级制度，这种等级制度也导致了学徒与帮工对工作的屈从性。由于手工业者对劳动的屈从以及在生产过程中的精益求精，其生产的产品具有了很高的艺术性。然而随着行会手工业的发展，行会手工业内部出现了诸多问题，行会手工业开始解体与转型。

在原有行会手工业向工场手工业转型的过程中，工场手工业主要通过把不同专长的手工业者集合在一个工场内及把同一专长的手工业者联合在一个工场中两种方式发展起来，可以分为混成的工场手工业和有机的工场手工业两种形式。工场手工业的分工把原来独立的手工业者变成了只能生产某一产品零部件的局部工人，使工人更加隶属于资本，成为资本的附属物。

工业革命的爆发，使机器生产开始出现。当机器生产体系一旦获得用机器制造机器并走向大工业的惯性时，就开始了对传统劳动方式的消融，建立起以机器生产为基础的生产方式。机器大工业在促进生产力发展以及资本主义生产方式确立的同时，也把妇女儿童纳入到剥削的范围，并通过延长工作日以及提高劳动强度加强了对工人的剥削，给工人的身心健康带来了严重的摧残。

马克思工厂观是唯物史观创制过程的一个关键性环节。如果不清楚工厂观是如何产生的，就不明白资本主义的产生历程，也就无法完整地研究资本主义，必然会导致唯物史观关于人类历史的宏大叙事无法构建起来。马克思工厂观也是《资本论》研究的必要理论环节。如果没有对工厂观的探析，《资本论》关于剩余价值理论、工作日理论、局部工人与整体工人理论是建构不起来的，更是不完整的。

当代资本主义工厂已经发生了深刻变化，但是，马克思工厂观所坚持的基本理论和立场依然没有改变，马克思工厂观对于我们今天透视和批判现代性依然具有重要的现实意义。在当代资本主义工厂中，工人依然被看作赚钱的机器，工人的劳动也依然处于异化状态，工人仍然是"单向度"的人。马克思的工厂观也受到了诸多挑战，例如"中产阶级"的阶级性问题、剩余价值理论的当代价值问题、无产阶级革命理论的当代适用性问题，等等。我们只有在坚持马克思工厂观的基本立场与基本观点的基础上，不断地进行理论创新，才能使马克思工厂观思想不断与时俱进。

参考文献

［1］ 马克思,恩格斯.马克思恩格斯文集［M］.北京：人民出版社,2009.
［2］ 马克思,恩格斯.马克思恩格斯选集［M］.北京：人民出版社,1995.
［3］ 卡尔·马克思.资本论［M］.北京：人民出版社,2004.
［4］ 卡尔·马克思.卡尔·马克思历史学笔记［M］.北京：中国人民大学出版社,2005.
［5］ M.M 波斯坦.剑桥欧洲经济史［M］.北京：经济科学出版社,2002.
［6］ 查尔斯·辛格,E.J.霍姆亚德,A.R.霍尔.技术史［M］.上海：上海科技教育出版社,2004.
［7］ 罗素.西方哲学史［M］.何兆武,李约瑟,译.北京：商务印书馆,1963.
［8］ 约瑟夫·熊彼特.经济分析史［M］.北京：商务印书馆,1996.
［9］ 亚当·斯密.国民财富的性质和原因的研究［M］.北京：商务印书馆,1972.
［10］ 大卫·李嘉图.政治经济学及赋税原理［M］.北京：商务印书馆,1976.
［11］ 热纳维埃夫·多古尔.中世纪的生活［M］.北京：商务印书馆,1998.
［12］ 詹姆斯·W.汤普逊.中世纪经济社会史［M］.北京：商务印书馆,1963.
［13］ P 布瓦松纳.中世纪欧洲生活和劳动［M］.北京：商务印书馆.1985.
［14］ 马克斯·韦伯.经济通史［M］.上海：上海三联书店,2006.
［15］ 保尔·芒图.18 世纪产业革命［M］.北京：商务印书馆,1983.
［16］ 卡洛·奇波拉.M.欧洲经济史［M］.徐璇,译.北京：商务印书馆,1988.
［17］ 龙多·卡梅伦,拉里·尼尔.世界经济简史［M］.潘宁,等译.上海：上海译文出版社,2012.
［18］ 汉斯·豪斯赫尔.近代经济史［M］.北京：商务印书馆,1987.
［19］ 刘易斯·芒福德.技术与文明［M］.陈允明,王克,李华山,译.北京：中国建筑工业出版社,2009.

[20] 威廉·配第.赋税论[M].邱霞,原磊,译.北京:华夏出版社,2006.

[21] 大卫·施韦卡特.超越资本主义[M].黄瑾,译.北京:科学文献出版社,2015.

[22] 中井重行.工厂工程管理[M].庄拯时,邓英,吴肇鸿,译.南宁:广西人民出版社,1984.

[23] 保罗·斯威齐.资本主义发展论[M].北京:商务印书馆,2000.

[24] 拉·梅特里.人是机器[M].顾寿观,译.北京:商务印书馆,1959.

[25] 伊曼纽尔·沃勒斯坦.现代世界体系[M].北京:高等教育出版社,1998.

[26] 埃米尔·涂尔干.社会分工论[M].渠东,译.北京:生活·读书·新知三联书店,2000.

[27] 费尔南·布罗代尔.15—18世纪的物质文明、经济和资本主义[M].北京:生活·读书·新知三联书店,1993.

[28] 费尔南·布罗代尔.文明史纲[M].南宁:广西师范大学出版社,2003.

[29] 乌尔里希·森德勒.工业4.0[M].邓敏,李现民,译.北京:机械工业出版社,2015.

[30] 大野耐一.丰田生产方式[M].北京:北京出版社,1979.

[31] 詹姆斯·P.沃麦克.改变世界的机器[M].北京:商务印书馆,1999.

[32] 胡塞尔.纯粹现象学通论[M].李幼蒸,译.北京:商务印书馆,1992.

[33] 赫伯特·马尔库塞.单向度的人:发达工业社会意识形态研究[M].刘继,译.上海:上海译文出版社,2008.

[34] 鲁道夫·希法亭.金融资本:资本主义最新发展的研究[M].福民,译.北京:商务印书馆,1994.

[35] 安东尼奥·葛兰西.狱中札记[M].曹雷雨,译.北京:中国社会科学出版社,2000.

[36] 米歇尔·于松.资本主义十讲[M].潘革平,译.北京:社会科学文献出版社,2013.

[37] 阿尔都塞.保卫马克思[M].北京:商务印书馆,2006.

[38] 卢卡奇.历史与阶级意识[M].杜章智,任立,燕宏远,译.北京:商务印书馆,1992.

[39] C.赖特·米尔斯.白领:美国的中产阶级[M].杨小东,译.杭州:浙江人民出版社,1987.

［40］ 丹尼斯·吉尔伯特，约瑟夫·埃·卡尔.美国阶级结构［M］.北京：中国社会科学出版社,1992.

［41］ 卜祥记.青年黑格尔派与马克思的哲学革命［M］.北京：商务印书馆,2007.

［42］ 高德步.世界经济通史［M］.北京：高等教育出版社,2005.

［43］ 高德步,王珏.世界经济史［M］.北京：中国人民大学出版社,2001.

［44］ 吴国盛.科学的历程［M］.长沙：湖南科学技术出版社,1995.

［45］ 张一兵.回到马克思：经济学语境中的哲学话语［M］.南京：江苏人民出版社,2009.

［46］ 俞吾金.被遮蔽的马克思［M］.北京：人民出版社,2012.

［47］ 俞吾金.重新理解马克思：对马克思哲学的基础理论和当代意义的反思［M］.北京：北京师范大学出版社,2005.

［48］ 余源培,吴晓明.马克思主义哲学经典文本导读［M］.北京：高等教育出版社,2005.

［49］ 余源培.马克思主义哲学的理论与历史［M］.上海：复旦大学出版社,2000.

［50］ 肖前.历史唯物主义原理［M］.北京：人民出版社,1991.

［51］ 陈先达,靳辉明.马克思早期思想研究［M］.北京：北京出版社,1983.

［52］ 衣俊卿.西方马克思主义概论［M］.北京：北京大学出版社,2008.

［53］ 李鹏程.马克思早期思想探源［M］.北京：人民出版社,2008.

［54］ 曲彦斌.行会史［M］.上海：上海文艺出版社,1999.

［55］ 金志霖.英国行会史［M］.上海：上海社会科学院出版社,1996.

［56］ 马克垚.西欧封建经济形态研究［M］.北京：中国大百科全书出版社,2009.

［57］ 厉以宁.资本主义的起源：比较经济史研究［M］.北京：商务印书馆,2003.

［58］ 朱龙华.世界历史·上古部分［M］.北京：北京大学出版社,1991.

［59］ 林其泉.分工的起源与发展［M］.厦门：厦门大学出版社,1988.

［60］ 宋则行,樊亢.世界经济史［M］.北京：经济科学出版社,1998.

［61］ 乔瑞金.马克思技术哲学纲要［M］.北京：人民出版社,2002.

［62］ 王伯鲁.马克思技术思想纲要［M］.北京：科学出版社,2009.

［63］ 谢富胜.分工、技术与生产组织变迁：资本主义生产组织演变的马克思主义经济学阐释［M］.北京：经济科学出版社,2005.

［64］ 谢富胜.控制和效率：资本主义劳动过程理论与当代实践［M］.北京：中国环境科学出版社,2012.

[65] 萧国亮,隋福民.世界经济史[M].北京:北京大学出版社,2007.

[66] 李琮.当代资本主义论[M].北京:社会科学文献出版社,2007.

[67] 倪力亚.论当代资本主义社会的阶级结构[M].北京:中国人民大学出版社,1989.

[68] 胡连生,杨玲.当代资本主义的新变化与社会主义的新课题[M].北京:人民出版社,2000.

[69] 黄素庵,甄炳禧.重评当代资本主义经济:科学技术进步与资本主义经济的变化[M].北京:世界经济出版社,1996.

[70] 黄安淼.当代资本主义的发展与马克思主义[M].北京:中国人民大学出版社,1994.

[71] 刘俊奇.当代资本主义的发展与危机[M].北京:中国社会科学出版社,2014.

[72] 高峰,张彤玉.当代资本主义经济研究[M].北京:中国人民大学出版社,2012.

[73] 金波.主要资本主义国家近代经济发展史[M].北京:当代中国出版社,1994.

[74] 赵景峰.当代资本主义经济新变化与发展趋势[M].北京:科学出版社,2014.

[75] 吴德礼.虚拟经济与实体经济[M].北京:中国财政经济出版社,2014.

[76] 李慧彬,张丽娜.金融资本绩效与制度安排[M].北京:中国财政经济出版社,2013.

[77] 刘东.虚拟资本与投资银行[M].北京:中国金融出版社,2002.

[78] 鲁品越.资本逻辑与当代现实:经济发展观的哲学沉思[M].上海:上海财经大学出版社,2006.

[79] 洪远朋.《资本论》教程简编[M].上海:复旦大学出版社,2002.

[80] 符绍珊.企业组织结构模式创新研究[M].北京:中国经济出版社,2008.

[81] 王虎学.马克思分工思想研究[M].北京:中央编译局出版社,2012.

[82] 秦庆武.社会分工与商品经济[M].南京:南京出版社,1992.

[83] 张军.现代产权经济学[M].上海:上海三联书店,1991.

[84] 张彤玉,崔学东,李春磊.当代资本主义所有制结构研究[M].北京:经济科学出版社,2009.

[85] 张世鹏.当代西欧工人阶级[M].北京:北京大学出版社,2001.

[86] 杜金铭,杨应芹,方玉媚.科技经济社会[M].成都:西南交通大学出版社,1999.

[87] 石俊田,徐佳.科技革命与经济体制[M].沈阳:东北大学出版社,2008.

[88] 胥悦红.企业管理学[M].北京:经济管理出版社,2013.

[89] 靳辉明,罗文东.当代资本主义新论[M].成都:四川人民出版社,2005.

[90] 赵振华.劳动价值新论[M].上海:上海三联书店,2002.

[91] 王喜文.工业4.0:通向未来工业的德国制造2025[M].北京:机械工业出版社,2015.

[92] 徐明天,徐小妹.富士康真相[M].杭州:浙江大学出版社,2010.

[93] 李三虎.十字路口的道德抉择:马克思的技术伦理思想研究[M].广东:广州出版社,2006.

[94] 陶大镛.现代资本主义经济研究[M].长沙:湖南人民出版社,1985.

[95] 卜祥记.《资本论》的理论空间与哲学性质[J].中国社会科学,2013(10):4-21.

[96] 卜祥记,周巧.马克思《资本论》资本论研究的理论前史探源[J].学习与探索,2014(1):21-30.

[97] 卜祥记.资本主义起源问题的检讨[J].社会科学战线,2009(1):81-91.

[98] 卜祥记.《资本论》当代性诠释的哲学视角[J].江苏社会科学,2008(6):39-45.

[99] 卜祥记.对《神圣家族》理论重要性的当代性解读[J].上海行政学院学报,2007(2):16-34.

[100] 章忠民.三次工业革命与哲学发展转型[J].福建论坛(人文社会科学版),2013(5):53-58.

[101] 章忠民.确定性的寻求与本质主义的兴衰[J].哲学研究,2013(1):81-86,107.

[102] 章忠民.货币:一种人学的读写[J].学术月刊,2003(8):10-13,19.

[103] 张雄.拜物逻辑的批判:马克思与波德里亚[J].学术月刊,2007(12):28-36.

[104] 张雄.现代性逻辑预设何以生成[J].哲学研究,2006(1):26-36,127.

[105] 张雄.现代性后果:从主体性哲学到主体性资本[J].哲学研究,2006(10):27-34.

[106] 张雄.货币:一种哲学向度的思考[J].哲学动态,2003(8):8-10.
[107] 鲁品越,骆祖望.资本与现代性的生成[J].中国社会科学,2005(3):59-69,206.
[108] 鲁品越.资本逻辑与人的发展悖论[J].学习与探索,2013(2):1-10.
[109] 鲁品越.资本论的基本思想及其在中国实践中的发展[J].思想理论教育,2016(3):12-16,21.
[110] 吴承明.论工场手工业[J].中国经济史研究,1993(4):148-151.
[111] 李楠.马克思剩余价值理论与当代社会[J].马克思主义研究,2003(2):75-82.
[112] 隋广军,陈和.产业演进下的企业组织的形式及抉择[J].国际经贸探索,2007(1):30-35.
[113] 孟宪平.论马克思主义科技动力观及其价值[J].社会主义研究,2010(2):26-30.
[114] 罗昌宏.马克思、恩格斯的科技观[J].武汉大学学报(社会科学版)2001(5):588-595.
[115] 郑忆石,丁乃顺.马克思科学技术观的双重向度[J].新疆社会科学,2011(6):8-11.
[116] 金志霖.论西欧行会的组织形式和本质特征[J].东北师大学报,2001(5):71-77.
[117] 金志霖.试论英国手工业行会与市政当局的关系:兼论英国不存在行会革命[J].华东师范大学学报(哲学社会科学版),1994(5):23-28.
[118] 金志霖.中世纪英国行会与资本主义生产[J].世界历史,1989(5):89-97.
[119] 宝兴.中世纪欧洲的行会道德[J].道德与文明,1994(4):36-38.
[120] 代轩宇.西欧行会组织的发展与演进[J].中北大学学报(社会科学版),2011(2):37-41.
[121] 关晶.西方学徒制的历史演变及思考[J].华东师范大学学报(教育科学版),2010(1):81-90.
[122] 王蒲生,杨君游,李平,等.产业哲学视野中全球生产方式的演化及其特征:从福特制、丰田制到温特制[J].科学技术与辩证法,2008(3):96-101.
[123] 徐丹.马克思分工理论的演变逻辑及其学术意义[J].江苏社会科学,2015(5):108-113.

[124] 张玮.近代化进程中传统手工业的再透视:包买商制度和手工工场[J].甘肃社会科学,2007(2):116-119.

[125] 徐雅民,薛汉伟.原始积累、工场手工业、产业革命与空想社会主义[J].教学与研究,1992(4):74-76.

[126] 陈翠芳.葛兰西"文化领导权"的中国解读[J].马克思主义研究,2011(10):100-106.

[127] 孙乐强.马克思机器大生产理论的形成过程及其哲学效应[J].哲学研究,2014(3):32-38.

[128] 王伯鲁.马克思机器技术思想的梳理与解读[J].中国人民大学学报,2008(4):148-155.

[129] 张箭.论工业革命的开端[J].自然辩证法通讯,2009(4):57-61,24.

[130] 张爱华,邓小伟.《资本论》中的分工与人的发展思想探析[J].马克思主义与现实,2010(4):16-22.

[131] 谢富胜.马克思主义经济学中生产组织理论的发展[J].经济评论,2005(4):40-49.

[132] 谢富胜.马克思主义经济学中生产组织及其变迁理论的演进[J].政治经济学评论,2005(1):88-107.

[133] 王章辉.欧美大国工业革命对世界历史进程的影响[J].世界历史,1994(5):1-7.

[134] 武力,高伯文.试论马克思主义工业化理论的实践与发展[J].马克思主义研究,2003(4):63-71.

[135] 吴敏燕.马克思近代科学技术制度综合创新论:《机器。自然力和科学的应用》的哲学意蕴[J].哲学动态,2008(11):35-40.

[136] 李翀.金融资本的发展与经济的虚拟化[J].东南学术,2003(6):13-17.

[137] 李忠人.论近代资本主义的发展图式[J].山西大学学报(哲学社会科学版),2001(5):60-63.

[138] 吴茜.关于当代资本主义新变化的争论及其实质[J].社会主义研究,2010(3):121-125.

[139] 李青宜.资本主义的新变化与马克思的"两个必然"思想[J].当代世界与社会主义,2006(2):36-40.

[140] 胡连生,杨玲.当代资本主义的变化与科学社会主义的发展[J].学习与

探索,1996(5):64-68.

[141] 杨虹.如何认识当代资本主义的新变化[J].思想理论教育导刊,2005(2):34-37.

[142] 朱炳元,陆扬.当代资本主义经济虚拟化金融化的六大趋势[J].毛泽东邓小平理论研究,2011(10):69-76,85.

[143] 裴小革.论剩余价值论的现实意义[J].经济思想史评论,2006(1):36-56.

[144] 林勇.所有权与经营权:分离与控制[J].经济学家,1995(2):81-88.

[145] 刘志明.正确认识第二次世界大战后西方国家工人阶级的革命性[J].马克思主义研究,2013(1):136-143.

[146] 聂运麟,杨成果,刘卫卫.经济危机、工人阶级的斗争与反帝阵线的策略:第十二次共产党和工人党国际会议述评[J].当代世界与社会主义,2011(1):70-74.

[147] 张雷声.论资本逻辑[J].新视野,2015(2):14-20.